V&R

Elmar Etzersdorfer / Georg Fiedler /
Michael Witte (Hg.)

Neue Medien und Suizidalität

Gefahren und Interventionsmöglichkeiten

Unter Mitarbeit von Jürgen Schramm und Jürgen Kratzenstein

Mit 12 Abbildungen und 3 Tabellen

Vandenhoeck & Ruprecht

Bibliografische Informationen Der Deutschen Bibliothek

Die Deutsche Bibliothek verzeichnet diese Publikation
in der Deutschen Nationalbibliografie;
detaillierte bibliografische Daten sind im Internet
über ‹http://dnb.ddb.de› abrufbar.

ISBN 3-525-46175-5

© 2003 Vandenhoeck & Ruprecht in Göttingen.
Internet: www.vandenhoeck-ruprecht.de
Alle Rechte vorbehalten. Das Werk und seine Teile
sind urheberrechtlich geschützt. Jede Verwertung in anderen
als den gesetzlich zugelassenen Fällen bedarf
der vorherigen schriftlichen Einwilligung des Verlages.
Hinweis zu § 52a UrhG: Weder das Werk noch seine Teile
dürfen ohne vorherige schriftliche Einwilligung des Verlages
öffentlich zugänglich gemacht werden. Dies gilt auch
bei einer entsprechenden Nutzung für Lehr- und Unterrichtszwecke.
Printed in Germany.
Druck und Bindung: Hubert & Co., Göttingen

Gedruckt auf alterungsbeständigem Papier.

Inhalt

Grußwort von Ulla Schmidt 9
Geleitwort von Werner Felber 11
Vorwort der Herausgeber 13

■ Einführung, Rahmenbedingungen

Georg Fiedler: Suizidalität und neue Medien.
Gefahren und Möglichkeiten 19

Joachim Wenzel: Vertraulichkeit und Anonymität
im Internet. Problematik von Datensicherheit und
Datenschutz mit Lösungsansätzen 56

■ Bestehende Angebote

Cordula Eisenbach-Heck und Traugott Weber:
Sechs Jahre »TelefonSeelsorge im Internet«. Ein Bericht
über die Entwicklung der E-Mail-Beratung 73

Jürgen Kratzenstein und Edgar van Eckert:
Sechs Jahre Telefonseelsorge im Internet. Ein Bericht
über die Entwicklung der Chat-Beratung 87

Monique Aebischer-Crettol: SMS-Beratung 101

m.: Online-Suizid-Foren und -Chats 112

Jürgen Schramm: Persönlicher Kommentar
zum Beitrag von m. 123

Elmar Etzersdorfer und Michael Witte:
Kommentar zum Beitrag von m. 125

■ **Psychiatrische und psychoanalytische
Verstehenszugänge**

Georg Fiedler und Reinhard Lindner: »Ich setze mich gleich
ins Auto und fahre gegen einen Baum!«. Über den Umgang
mit Suizidalität und Suiziddrohungen in E-Mails 131

Armin Schmidtke, Sylvia Schaller und Anja Kruse:
Ansteckungsphänomene bei den neuen Medien – Fördert
das Internet Doppelsuizide und Suizidcluster? 150

Reinhard Lindner und Georg Fiedler: email@suizidal.de –
Psychotherapiebeginn im Internet 167

Elmar Etzersdorfer: Alter Wein in neuen Schläuchen?
Überlegungen zu den Interaktionen mittels neuer Medien
aus psychoanalytischer Sicht 178

■ **Weitere Projekte mittels neuer Medien**

Ursula Lindauer: Online-Therapie mit Webcam und
MIMMIs. Ergebnisse des Forschungsprojekts
»*www.screentherapy.de*« 195

Reinhold Fartacek und Anton Nindl:
www.lebens-klick.info. Stellenwert der Website
für die Arbeit von *Suizidprävention Salzburg* 212

Christiane Fux: Blickpunkt Depression – Die Internet-
Community bei NetDoktor 226

Gerald Schömbs: Mit neuen Medien neue Zielgruppen
erreichen. Wie man das Internet besser nutzen kann
(anstatt es zu bekämpfen) 233

■ **Kinder und Jugendliche**

Michael Witte: Kinder und Jugendliche im
»world *wild* web« 247

Jürgen Schramm und Stefanie Schramm: *JugendTelefon*
und *JugendTelefon-Online*. Erfahrungsbericht und
Ausblick einer niedrigschwelligen suizidpräventiven
Einrichtung 262

Hans Wedler: Helfen die neuen Medien in der
Suizidprävention? Ein kritischer Rückblick 282

Die Autorinnen und Autoren 292

Grußwort

Viele Menschen beschäftigen sich irgendwann in einer Lebenskrise mehr oder weniger konkret mit der Frage: »Wozu weiterleben?«. Im Jahr 1999 starben mehr als 11.000 Menschen durch Suizid. Damit übersteigt die Zahl der Suizidtoten die der Verkehrs- und Drogentoten bei weitem. Insbesondere die Anzahl von Suizidversuchen und Suiziden bei Kindern und Jugendlichen ist erschreckend hoch. So steht der Tod durch Suizid in der Altersgruppe der 15- bis 25-jährigen nach den Unfällen an zweiter Stelle der Todesursachen.

Trotz dieser Tatsachen wird das Thema »Suizid und Suizidversuch« in unserer Gesellschaft leider immer noch viel zu häufig tabuisiert. Viele Menschen reagieren mit Hilflosigkeit und Unbehagen, wenn sie damit konfrontiert werden. Ratlosigkeit und Vorurteile erschweren eine notwendige und vielleicht mögliche Hilfestellung.

Eine psychische Erkrankung, eine psychische Ausnahmesituation oder eine psychosoziale Krisensituation mit Bedrohtheitscharakter sind häufig die Ursachen für suizidales Denken und Handeln. Aus psychischer oder psychosozialer Not heraus ergibt sich aus der Sicht des Betroffenen oft »kein anderer Ausweg« mehr.

Das Erleben von Angst und Schuld, Versagen und Ohnmacht kennzeichnet aber nicht nur die Situation der Betroffenen, sondern häufig auch die von Angehörigen, Freunden, Helferinnen und Helfern nach einem vollendeten oder versuchten Suizid.

Hieraus ergibt sich sowohl die Notwendigkeit zu therapeutischer Intervention, zu Begleitung und Unterstützung der Betroffenen und Angehörigen als auch zur Intensivierung vorbeugender Bemühungen.

Die Stärkung von Gesundheitsförderung und Selbsthilfe ist ebenso wie die Stärkung und besondere Berücksichtigung der Belange psychisch Kranker ein Anliegen der Bundesregierung, das im Rahmen des Gesundheitsreformgesetzes 2000 weiter ausgebaut wurde.

Zur Prävention psychischer Störungen gehören auch Bemühungen zur Prävention von Suizidalität. Dass Prävention hier sinnvoll und erfolgreich sein kann, zeigen auch erste Ergebnisse des »Kompetenznetzwerks Depression und Suizidalität«, das vom Bundesministerium für Bildung und Forschung gefördert wird und gemeinsam mit dem Bundesministerium für Gesundheit konzipiert wurde.

Gerade zum Thema Suizidprävention sind aber noch viele konkrete Fragen und Problemstellungen offen. Ein Beispiel ist der wachsende Einfluss der »Neuen Medien«. Phänomene wie so genannte Suizid-Foren geben Anlass zur Besorgnis und müssen in weitere Überlegungen mit einbezogen werden.

Die Deutsche Gesellschaft für Suizidprävention trägt wesentlich zur Diskussion und Beantwortung dieser Fragen bei. Als Bundesgesundheitsministerin erkenne ich dies ausdrücklich an und wünsche allen Beteiligten weiterhin viel Kraft und Erfolg für ihre wichtige Arbeit.

Ulla Schmidt, Bundesministerin für Gesundheit

Geleitwort

Die Kontakte unter den Menschen medialisieren sich gegenwärtig radikal in Richtung Vereinzelung und Tabuverlust. Schätzungsweise 2 bis 5 Prozent der Menschen sitzen allabendlich allein zu Hause am PC und kommunizieren anonym oder pseudonym mehr oder weniger differenziert mit anonymen oder pseudonymen Partnern, von denen sie nicht einmal wissen, ob sie weiblichen oder männlichen Geschlechts sind. Neben konstruktiven Themen und vor allem Sexualität beanspruchen zunehmend »unheimliche« bis destruktive Themen niederschwellige Aufmerksamkeit und Mitteilungsbereitschaft: Der Tod ist immer dabei.

Aufgerüttelt wurde die Öffentlichkeit, als über Internet gemeinsame Suizidverabredungen – über Ländergrenzen hinweg, also global – getroffen und realisiert wurden. Ein Schauer ging durch die bis dahin ahnungslose Gesellschaft. Die Deutsche Gesellschaft für Suizidprävention – Hilfe in Lebenskrisen e. V. (DGS) reagierte schnell und machte die Problematik zum Tagungsthema.

Auch in den Reihen der DGS gab es kaum übereinstimmende Meinungen, wenig Kenntnisse und keine Rezepte. Befürchtungen auf der einen Seite: moralische Verrohung, Nachahmung, beklemmende Anstiftung – *Medien als Kreateur*; Beschwichtigungen auf der anderen Seite: allbekannte Wünsche, starre Verhaltensweisen, Chance für Kommunikationsverweigerer – *Medien als Transporteur*.

Es ist spannend, den analysierenden und ausgleichenden Prozess in dem vorliegenden Buch zu erleben bei einem neuen Thema, das so noch nie bearbeitet wurde. Wir sind alle aufgefordert, uns über »Suizidalität und neue Medien« Meinungen zu bilden, die nicht ohne ausreichende Kenntnisse möglich sind. Verschließen und Vorurteile oder Fragen und Offenheit sind die Pole, die gegenwärtig belegt werden; Letzteres bietet größere Chancen. Ich wünsche diesem Bericht das, was ihm gebührt: Verbreitung und Aufmerksamkeit, kritischen Konsum und tiefe Verinnerlichung.

Prof. Dr. Werner Felber, Vorsitzender der DGS

Vorwort

Die Suizidprävention sieht sich in den letzten Jahren mit völlig neuen Kommunikationsmöglichkeiten konfrontiert, von SMS, E-Mail, Chat und Foren bis zu Psychotherapie über das Internet mit gleichzeitiger Übermittlung von Ton und Bild. Dadurch werden eine Reihe von Fragen aufgeworfen: Entstehen neue Möglichkeiten der Suizidprävention? Gibt es neue Gefahren? Braucht es neue Konzepte der Beratung und Prävention? Ist das bisherige Wissen um Suizidprävention dafür ausreichend? Dieses Buch versucht eine erste Bestandsaufnahme und befasst sich, wie im Untertitel vermerkt, mit den Gefahren und Möglichkeiten, die sich aus der Entwicklung der neuen Medien ergeben.

Das Internet ist ein sehr junges Medium und seine Entwicklungen sind zu neu, um schon wissenschaftlich untersucht zu sein. Deshalb geht es uns darum, die unterschiedlichen Ansätze vorzustellen und deren Vertretern Gelegenheit zu geben, ihren Weg und ihre Grundhaltungen zu verdeutlichen.

In einem ersten Teil gibt *Georg Fiedler* einen einführenden Überblick und zeigt die große Bandbreite unterschiedlicher Facetten auf, die bei der Thematik berührt werden. Dabei widmet er sich besonders den kontrovers diskutierten Themen der Suizid-Foren im Internet. *Joachim Wenzel* geht auf Fragen der Datensicherheit ein, die auch für helfende Interaktionen mittels neuer Medien hohe Relevanz haben. Er kann dabei auf seine Erfahrungen bei der Erstellung eines Sicherheitskonzepts für das Projekt »TelefonSeelsorge im Internet« zurückgreifen, das er detailliert vorstellt.

Der nächste Teil stellt einige der bereits bestehenden Angebote vor. Eine Vorreiterrolle hat im deutschsprachigen Raum die Telefonseelsorge, die bereits Ende 1995 mit einem Pilotprojekt »TelefonSeelsorge im Internet« begonnen hat. *Cordula Eisenbach-Heck* und *Traugott Weber* berichten über die bisherigen Erfahrungen mit E-Mail-Beratung und zeigen anhand der Zugriffszahlen, dass es sich um einen exponentiell an Bedeutung gewinnenden Bereich handelt. Waren 1996 noch 341 Kontakte zu verzeichnen, so stiegen diese bis 2001 auf 11.290 Kontakte an. *Jürgen Kratzenstein* und *Edgar van Eckert* berichten über ein spezifisches Angebot der Telefonseelsorge mit Chat-Beratung, das 2000 gestartet wurde. Von Juli 2000 bis Ende 2001 kam es zu insgesamt 1.679 Chat-Beratungen mit 915 Ratsuchenden. Der Anteil derer, die Suizidgedanken hatten, war mit 30 Prozent relativ hoch und verweist auf den Bedarf für angemessene Angebote. *Monique Aebischer-Crettol* stellt ein anderes Modell der Beratung vor, das sie seit einiger Zeit in der Schweiz anbietet und das ausschließlich über SMS stattfindet. Durch die Besonderheiten dieser ebenfalls relativ neuen Kommunikationsform ergibt sich die Notwendigkeit kurzer Interventionen, die sich als stützend und ermutigend verstehen; die Autorin gibt einige Beispiele.

Die wohl gegenwärtig umstrittenste Form eines Hilfsangebots mittels neuer Medien sind die Suizid-Foren. Gerade in den Massenmedien wurden die Suizid-Foren in den letzten Jahren mitunter skandalisiert, es wurde der Vorwurf erhoben, dass sie Anstiftung zum Suizid betreiben, indem sie möglichst sichere Mittel, sich das Leben zu nehmen, zu verbreiten suchen. Es wurde vereinzelt über Vereinbarungen zum gemeinsamen Suizid berichtet, die über das Internet getroffen worden waren. Die Diskussion über diese Suizid-Foren war bislang häufig einseitig und dramatisierend und damit unserer Meinung nach der sachlichen Diskussion wenig dienlich. Wir haben den Forenmaster – so die Bezeichnung für den Leiter eines Forums – des »Erwachsenenforums Suizid«, der sich »m.« nennt, eingeladen, seine Sicht der Foren, ihrer Funktionen und ihrer Möglichkeiten, darzustellen. Er schreibt unter dem Pseudonym »m.«, um seine bürgerliche Existenz zu schützen. Wir wissen, dass dieser Beitrag zu kontroversen Diskussionen führen wird und mancher der Auffassung sein wird, in einer Veröffentlichung, die der Suizidprävention dienen soll, sprenge dieser Aufsatz den Rahmen. Wir haben ihm daher zwei Kommentare zur Seite gestellt. *Jürgen Schramm* schildert, wie es zu dem Beitrag kam, *Elmar Etzersdorfer* und *Michael Witte* fügen einen inhaltlichen Kommentar an.

Es erscheint uns notwendig, das Phänomen der Suizid-Foren offen und damit hinsichtlich möglicher Gefahren, die nicht übersehen werden dürfen, wie auch des möglichen Nutzens zu diskutieren. Zu den potentiellen Gefahren ist auch auf den Beitrag von *Armin Schmidtke, Sylvia Schaller* und *Anja Kruse* zu verweisen, die Ansteckungsphänomene mittels neuer Medien untersuchen. Diese Phänomene sind als »Werther-Effekt« seit langem bekannt, bislang aber nur bei traditionellen Medien wie Zeitungen oder Fernsehen beobachtet worden. *Schmidtke* und Kolleginnen stellen die erste Untersuchung vor, die sich mit einem Suizid-Forum im Internet befasst. Sie fanden nach Suizidaufrufen eine Häufung weiterer Aufrufe. Offen bleibt zum gegenwärtigen Zeitpunkt die Frage nach den Auswirkungen (kommt es, vergleichbar mit dem bekannten Werther-Effekt, auch zu mehr Suizidhandlungen oder bleibt es bei Mitteilungen?). Eine weitere Fragestellung, die es zu überprüfen gilt, bezieht sich auf mögliche suizidpräventive Effekte solcher Foren.

Ein dritter Teil stellt verschiedene psychiatrische und psychoanalytische Verstehenszugänge zu der Thematik vor. *Georg Fiedler* und *Reinhard Lindner* erläutern die Grundsätze für den Umgang mit E-Mails suizidgefährdeter Menschen anhand von zwei Kasuistiken, welche die Brisanz der neuen Möglichkeiten deutlich vor Augen führen. In einem weiteren Beitrag versuchen *Reinhard Lindner* und *Georg Fiedler* anhand einer klinischen Vignette eine erste Bewertung der therapeutischen Beziehungen, die sich mittels Internet beobachten lassen. *Elmar Etzersdorfer* stellt aus psychoanalytischer Sicht eine Interpretation der Möglichkeiten und Grenzen therapeutischer Beziehungen mittels Internet vor und sieht vor allem für analytische Beziehungen deutliche Grenzen. Er weist in diesem Zusammenhang auf die besonderen Schwierigkeiten für Helfer hin, Beziehungen ausreichend einschätzen zu können.

Der nächste Teil thematisiert verschiedene Angebote, die bereits im Netz zu finden sind. So stellt *Ursula Lindauer* ihr Projekt der Online-Psychotherapie mittels Webcam und MIMMIs vor, bei dem Bild- und Tonübertragung und damit unmittelbarer Austausch auch über große Entfernung ermöglicht werden. *Reinhold Fartacek* und *Anton Nindl* skizzieren die Bedeutung der Website für das Salzburger Suizidpräventionsprojekt, eine regionale österreichische Initiative. *Christiane Fux* stellt das Gesundheitsportal »NetDoktor« vor, das eine Internet-Community zu Fragen der Depression beinhaltet. *Gerald Schömbs* berichtet über die Initiative »Freunde fürs Leben«, einen Versuch, das Internet für Präventionsbemühungen zu verwenden.

Zwei weitere Beiträge beschreiben Besonderheiten des Internets für Kinder und Jugendliche, die gegenwärtig die höchste Nutzerquote über das »world wild web« aufweisen und daher eine besondere Zielgruppe darstellen. Neben dem Beitrag von *Michael Witte* wird von *Jürgen Schramm* und *Stefanie Schramm* das »JugendTelefon Online« vorgestellt, ein spezielles Angebot der Telefonseelsorge im Internet von und für Jugendliche.

Den Abschluss bildet eine kritische Überschau aus der Sicht des erfahrenen Suizidologen *Hans Wedler*, der die in den verschiedenen Beiträgen aufgeworfenen Fragen, Einwände und Hoffnungen aus der jahrzehntelangen Erfahrung in der Suizidprävention noch einmal beleuchtet.

Wir sind überzeugt, dass die neuen Medien für die Suizidprävention eine Reihe brisanter und neuer Fragen aufwerfen und wir sind uns im Klaren, dass dieser Band nur eine erste Bestandsaufnahme und Bewertung darstellen kann. Die Schnelligkeit, in der die Technik voranschreitet, mag diese Einschätzungen ebenso wie die Möglichkeiten rasch verändern. Wir hoffen, eine Grundlage zu geben, auf der diese Diskussionen weitergeführt werden können.

Elmar Etzersdorfer
Georg Fiedler
Michael Witte

Einführung, Rahmenbedingungen

■ Georg Fiedler

Suizidalität und neue Medien
Gefahren und Möglichkeiten

Im Februar 2000 ging durch die Medien folgende Meldung: Eine junge Österreicherin und ein Norweger haben sich von einer hohen Klippe im norwegischen Fjord-Distrikt gestürzt. Sie hatten sich über ein »Suizid-Forum« im Internet zum Suizid verabredet. Dieses Ereignis wurde von den »alten« Medien – Zeitungen, Zeitschriften, Radio und Fernsehen – umfangreich aufgenommen. In der Folgezeit wurde die Öffentlichkeit besonders auf die Gefahren des Internets für Suizidgefährdete hingewiesen. Die traditionellen Medien zeichneten über die Suizidalität und die neuen Medien ein düsteres und abgründiges Bild.

»Asche im Netz« war der Bericht im »Spiegel« (9/2000) über den Doppelsuizid in Norwegen überschrieben mit dem Hinweis auf die »Freitod-Propaganda-Seiten« der Newsgroup »alt.suicide.holiday«, kurz »a.s.h.«, über welche die beiden Suizidenten den Kontakt hergestellt haben sollen. Im Dezember 2000 wies ein weiterer Betrag im »Spiegel« (51/2000) auf die Suizid-Foren hin und stellte sie in einen Zusammenhang mit der Gothic-Szene und dem Satanismus. Solveig Prass von der Eltern- und Betroffeneninitiative Sachsen wurde mit der unbewiesenen Behauptung zitiert: »Personen, die Selbstmordabsichten äußern, bekommen einen Begleiter zur Seite gestellt, der sie bis zum Vollzug des Suizids überwacht.« Der »Spiegel« fuhr im Februar 2001 fort mit drei gleichzeitigen Beiträgen[1]: »let it be« (9/2001) in der Print-Ausgabe, etwas dramatischer »Wie hänge ich mich am besten

---

1 Am gleichen Tag wurden die Internetseiten der meisten deutschsprachigen Suizid-Foren »gehackt«, das heißt von Unbekannten so verändert, dass jeder Nutzer, der eines der Suizid-Foren aufrief, zur Online-Ausgabe des »Spiegel« umgelenkt wurde.

auf« in der Online-Ausgabe und »Tödliches Netz. Die Selbstmord-Sucht im World Wide Web« in »Spiegel TV«. Es wurde über so genannte Selbstmord-Foren im Internet berichtet, über die Möglichkeiten, sich »todbringende Medikamente« über das Internet zu besorgen und sich allgemein über Suizidmethoden zu informieren und zum Suizid zu verabreden. Es wird der Eindruck vermittelt, dass nichtsuizidale Jugendliche beim Surfen im Internet in den »Selbstmord-Foren« suizidal »angesteckt« und quasi in den Tod getrieben werden. Der Psychiater Thomas Bronisch wird mit der Befürchtung zitiert, er sehe »eine bedrohliche Entwicklung, auf die man reagieren müsse. Noch haben wir keine Suizidepidemie, aber ich rechne fest damit, dass das kommen wird«. Die Beiträge im »Spiegel« und in »Spiegel TV« zogen eine Reihe von Berichterstattungen in diversen Print- und elektronischen Medien bis weit ins Folgejahr nach sich. Die »Ärztliche Praxis Neurologie – Psychiatrie« (5/2002) stellte fest: »Suizid-Foren im Internet helfen Lebensmüden sich umzubringen«, »Todessehnsucht im Netz« sieht die »Süddeutsche Zeitung« (6.8.2002), »Kommt über das Internet unheilvolles deutsches Erbe wieder hervor?« befürchtet »Die Welt« (6.11.2002) und die »Frankfurter Rundschau« (19.11.2002) beschreibt die entsprechenden Webseiten als eine düstere Szenerie. Die Suizid-Foren erhielten erneut Publizität durch den ARD-Tatort-Krimi »1000 Tode« im November 2002, in dem sich ein Mädchen im Internet zum Suizid verabredete und der durch einen via Internet geplanten Doppelsuizid in Berlin am Abend der Ausstrahlung begleitet wurde. »Heute nicht Tatort gucken – Selbstmordszenen gefährden Jugendliche« warnte »Bild am Sonntag« am Vormittag des gleichen Tages in einer ganzseitigen Aufmachung auf der Titelseite. Im Januar 2003 nahm sich ein junger Mann in den USA vor laufender Webcam das Leben. Mittlerweile wurden die Suizid-Foren in mehreren Fernsehserien, zum Beispiel »Kommissar Rex« (Folge: »Wenn Kinder sterben wollen«, Sat1, 6.11.2002) aufgegriffen, in dem Jugendtheaterstück »norway.today« thematisiert und sind somit Bestandteil des gesellschaftlichen Bewusstseins geworden.

Durch die überwiegend dramatisierende Berichterstattung und Warnungen ist der Effekt eingetreten, dass die Suizid-Foren bekannter geworden sind als die mittels neuer Medien gleichermaßen verfügbaren Hilfsangebote. Die Berichterstattung verknüpfte das Unbehagen an den neuen Medien symbiotisch mit dem Unbehagen an der Suizidalität und wurde auf diese Weise weder einer rationalen Auseinandersetzung mit Problematiken der neuen Informationstechnologien gerecht noch der Auseinandersetzung mit den Problemen jener Menschen, die unter Suizidgedanken leiden. Die Kommunikation Suizidgefährdeter im Internet wird allerdings auch in Fachkreisen kontrovers diskutiert (vgl. u. a. Fiedler u. Lindner 2002a, 2002b, 2002c; Bronisch 2002; Clages 2002). Die Kontroverse lässt sich auf zwei Fragen verdichten: Ist das Internet ein Hammer: Zerstört oder beschädigt das Internet die Menschen, die es nutzen? Oder ist es eine Lupe: Macht es Zustände sichtbar, die vorher im Verborgenen lagen? Und: Soll man vor der suizidalen Kommunikation im Internet warnen und versuchen, sie zu verhindern, oder sie tolerieren, verstehen, positiv auf sie Einfluss nehmen und als Anlass nehmen, sich für eine verbesserte Suizidprävention in unserer Gesellschaft einzusetzen?

Technologische Möglichkeiten des Internets

Der entscheidende Impuls zur Entwicklung der neuen Medien ging von der Digitalisierung von Informationen aus. Die Möglichkeit, Informationen in Bits und Bytes zu kodieren, zu speichern und zu versenden, zusammen mit der gewaltigen Ausdehnung von Rechnerkapazitäten, leistungsfähiger Übertragungsprotokolle und zunehmender Vernetzung, schaffen das Potential, nahezu unglaubliche Mengen an Informationen rund um den Globus zu senden und zur Verfügung zu stellen. Waren es am Anfang nur Texte, die bereitgestellt oder ausgetauscht werden konnten, kamen im Verlauf der achtziger Jahre Bilder dazu und in den neunziger Jahren grafisch aufbereitete und animierte Webseiten, Filme, Telephonie, Musik und Videokonferenzen. Durch sinkende Preise für vormalige Hochtechnologien und durch eine zunehmende Benutzerfreundlichkeit der ursprünglich für normale Menschen eher kryptischen Bedienung der Anwendungen haben nach der zuerst militärischen, wissenschaftlichen und wirtschaftlichen Nutzung die Informationstechnologien Einzug in unseren Alltag genommen. Castells (2001, S. 31ff.) spricht von der »informationstechnologischen Revolution«, die – wie die industrielle Revolution – Wirtschafts-, Lebens- und Erlebensweisen, Gesellschaft und Kultur nachhaltig verändert.

Einige Zahlen mögen die Entwicklung beleuchten. Mobilfunk und private Internetnutzung spielten bis Mitte der neunziger Jahre eher eine geringe Rolle. Aus einer Pressemitteilung des Bundesministeriums für Bildung und Forschung zur »Informationsgesellschaft Deutschland« (BMBF 2002) geht hervor, dass die Zahl der Internetnutzerinnen und -nutzer über 14 Jahren sich von circa 14 Millionen Ende 1998 auf über 30 Millionen Ende 2001 mehr als verdoppelt hat. Der Anteil von Frauen an der Internetnutzung stieg im gleichen Zeitraum von rund 30 Prozent auf 43 Prozent an. Die Zahl der Mobilfunkbenutzerinnen und -nutzer erreichte Ende 2001 etwa 56 Millionen. 40 Prozent der psychiatrischen Patienten benutzten nach ersten Schätzungen das Internet (Hegerl u. Bussfeld 2002), wobei sich dieser Anteil nicht wesentlich von dem der Allgemeinbevölkerung unterscheidet. Eine unspezifische Internetrecherche über eine Suchmaschine (*www.alltheweb.com*) mit den Suchbegriffen »Suicide or suicidal or Suicidology« ergab im September 2000 etwa 1 Million Treffer, im März 2002 waren es schon 1,37 Millionen und 7,75 Millionen im März 2003.

Das Internet stellt eine Reihe von Technologien und Diensten zur Verfügung, die in unterschiedlicher Weise auch zur Auseinandersetzung mit der Suizidalität genutzt werden. Informationsvermittlung im Internet kann auf drei Weisen erfolgen: durch den Abruf statischer Informationen, durch asynchrone oder zeitversetzte Kommunikation und durch synchrone oder zeitgleiche Kommunikation.

Statische Informationen (Webseiten)

Sie können in Form von Webseiten, Texten, Bildern, Filmen abgerufen werden, die auf Servern im Internet gespeichert sind und vom Nutzer/Besucher nicht geändert werden können. Die Möglichkeit, Webseiten und ganze Websites im Internet zu publizieren, wird von einer Reihe von Institutionen und Einzelpersonen genutzt, um suizidpräventive Angebote und Informationen zur Verfügung zu stellen (z. B. *www.suicidology.org* von der American Association for Suicide Prevention, *www.uke.uni-hamburg.de* von dem Therapiezentrum für Suizidgefährdete in Hamburg, *www.neuhland.de* von dem Berliner Netzwerk Neuhland im Bereich der Suizidprävention Jugendlicher). Es gibt virtuelle »Friedhöfe«, die Angehörige im Gedenken an ihre Kinder, Partner oder Freunde angelegt haben (*www.1000deaths.com*), und Netzwerke von Angehörigen (*www.survivorsofsuicide.com*), die sich im Bereich der Suizidprävention und Trauerarbeit engagieren. Auf einigen Webseiten publizieren depressive, suizidgefährdete oder sich selbst verletzende Menschen Dokumentationen ihrer Befindlichkeit in Form von Tagebuchauszügen, Gedichten und philosophischen Diskursen (*www.mitglied.lycos.de/suicider/*). Man findet aber auch Webseiten, die den Suizid in mehr oder weniger drastischer Weise propagieren wie die Seite der Sekte der »Church of Euthanasia« (*www.churchofeuthanasia.org*) und zu denen auch die Webseiten von Sterbehilfeorganisationen wie der »Deutschen Gesellschaft für humanes Sterben« (*www.dghs.de*) gehören. Auf anderen Webseiten werden detailliert Suizidmethoden beschrieben (z. B. *http://directory.google.com/Top/Society/Death/Suicide/Methods/*) oder – mit abschreckender oder voyeuristischer Intention – Fotos von Suizidopfern publiziert (*www. suicidemethods.net/pix/listpix.htm*).

Asynchrone Kommunikation (E-Mail, Mailinglist, Newsgroup, Forum)

Die bekannteste Form der zeitversetzten – asynchronen – Kommunikation über das Internet ist die E-Mail. Schon in den achtziger Jahren wurden Techniken entwickelt, um das Internet für die Diskussion in Gruppen zu nutzen. Auf der Basis von E-Mails wurden Mailinglists eingerichtet, die es ermöglichen, über eine zentrale E-Mail-Adresse alle eingeschriebenen Mitglieder der

Liste via E-Mail zu erreichen. »Suicidology«[2] ist die größte Mailinglist auf dem Gebiet der Suizidprävention betrieben von der American Association for Suicideprevention. Die Nachrichten einer Mailinglist sind nicht öffentlich und stehen nur eingeschriebenen Mitgliedern zur Verfügung. Eine Diskussiongruppe für Menschen mit Suizidgedanken ist die englischsprachige Liste »suicide-support«[3].

Im Gegensatz zu den Mailinglists sind die Miteilungen der im »Usenet« organisierten Newsgroups[4] öffentlich einsehbar. Das Usenet ist ein weltweites Netzwerk von Servern, in thematischen Gruppen organisiert, die alle Themen abdecken, die man sich vorstellen kann. Man kann eine oder mehrere thematische Listen abonnieren und in die jeweilige Gruppe Nachrichten senden, die für alle Abonnenten der Gruppe zugänglich sind. Die vermutlich bekannteste Diskussionsgruppe für Suizidgefährdete, »alt.suicide.holiday«[5], hat sich ursprünglich über die Server des Usenet organisiert. Die Mitteilungen der Newsgroups sind langfristig und bis zum Beginn der achtziger Jahre suchbar gespeichert und derzeit über *http://groups.google.com* abrufbar.

Foren oder Diskussionsgruppen können über Web-Browser wie Netscape oder Internet Explorer aufgerufen werden und folgen ähnlich dem Usenet der Metapher des Schwarzen Bretts. Die Mitteilungen (engl.: Postings) werden via Web-Browser an ein Forum oder eine Diskussionsgruppe gesendet und können auf der Webseite der Gruppe von allen interessierten Benutzern abgerufen werden. In diesen Gruppen können sich die Mitteilungen auf eine einzelne bestimmte Nachricht beziehen, so dass ein Posting nicht selten einen langen Diskussionsstrang (engl.: Thread) nach sich zieht. Die Foren können passwortgeschützt sein und somit den Zugang auf registrierte Teilnehmer begrenzen. Da in den Postings in der Regel die E-Mail-Adresse des Ab-

---

2 Zu erreichen über *www.suicidology.org*
3 Zu erreichen über *http://survive.org.uk/crisis.html*
4 Die Mitteilungen der Newsgroups können über eine eigene Software, dem Newsreader, abgerufen werden. Programme wie Netscape haben einen solchen Newsreader in den Web-Browser integriert.
5 Die Mitteilungen dieser Newsgroup können mittlerweile aber über die Homepage von »a.s.h«, *http://ash.xanthia.com*, abgerufen werden.

senders angegeben ist, kann der Leser auch exklusiv mit dem Poster unter Ausschluss der Öffentlichkeit Kontakt aufnehmen. Viele große Anbieter von Internetdienstleistungen, zum Beispiel Yahoo[6], ermöglichen es jedem, der es möchte, ein Forum zu einem Thema seiner Wahl zu eröffnen und zu betreiben. Es sind die sich mit Suizidalität beschäftigenden Suizid-Foren (z. B. *www.selbstmordforum.de*), welche die eingangs dargestellte öffentliche Auseinandersetzung provozierten.

Synchrone Kommunikation (Chat, MUD)

Während es in den bisher beschriebenen Technologien unerheblich ist, wann man eine Mitteilung ansieht, abruft oder sie beantwortet, funktionieren die folgenden Beispiele nach dem Prinzip von Treffpunkten. Die Teilnehmer können nur dann miteinander kommunizieren, wenn sie gleichzeitig eingeloggt sind und an einem bestimmten virtuellen Treffpunkt in Kontakt kommen. Diese Art der Kommunikation kommt einem Gespräch am nächsten.

Der Chat ist eine Form dieser Art von Kommunikation. Mittels einer speziellen Chat-Software kann eine Nachricht geschrieben werden, die unmittelbar von allen Teilnehmern der Chat-Gruppe gelesen und beantwortet werden kann. Alle Teilnehmer eines Chats müssen zum gleichen Zeitpunkt im Netz sein. Auf den über die Welt verstreuten und vernetzten Servern, zum Beispiel des Internet Relay Chat Systems (IRC), wird die Möglichkeit geboten, sich in so genannten Channels zu bestimmten Themen zu treffen und Mitteilungen auszutauschen. Man kann eigene Channels errichten und auf Besuch warten oder einen der bestehenden Channels aufsuchen und sich mit anderen austauschen. Es besteht aber auch die Möglichkeit, ein Chat-System auf einem bestimmten Server zu errichten und den Zugang zu kon-

---

6 Gibt man auf der Seite *http://groups.yahoo.com* den Suchbegriff »suicide« ein, werden über 700 Diskussionsgruppen gefunden, die sich mit diesem Thema beschäftigen. Eine große Zahl der Gruppen hat allerdings weniger als 20 Teilnehmer und ist eher inaktiv. Nur wenige dieser Gruppen dienen dem Austausch Suizidaler, häufig sind Angehörige die Betreiber der Gruppen oder sie widmen sich Fragen der Suizidprävention.

trollieren. Chats sind im Gegensatz zu den Foren »flüchtig«, das bedeutet, sie werden nicht protokolliert. In »Flüsterräumen« besteht die Möglichkeit, mit einem anderen Teilnehmer unter Ausschluss der Gruppe exklusiv Kontakt aufzunehmen und »Seitengespräche« zu führen. Die meisten der »Suizid-Foren« bieten auch eine Chatmöglichkeit an.

MUDs[7] oder Subsysteme mit ähnlichen Abkürzungen (z. B. MOO, MUSH) sind virtuelle Räume. Der Namensursprung kommt von Phantasie-Rollenspielen wie »Dungeons and Dragons«, in denen sich Spieler in Phantasiewelten bewegen, Drachen töten, Feinde besiegen oder Schätze finden. Die Umwelt, in der man sich befindet, wurde ursprünglich in Texten beschrieben. Man erhielt Multichoice-Handlungsoptionen, von deren Auswahl der weitere Verlauf des Spiels abhing. Solche virtuelle Welten wurden für die Spieler auf Internetservern installiert, in denen sie auf andere Spieler treffen und mit ihnen kommunizieren, sich mit ihnen anfreunden oder bekämpfen, Häuser bauen und Familien gründen konnten. Schon früh wurde diese Form der virtuellen Welten nicht nur für Spiele eingerichtet, sondern als Konträume virtueller Communities, in denen man die Möglichkeit zum Austausch, Kenenlernen, Diskutieren und anderes mehr hatte. Ein bekanntes Beispiel aus den achtziger Jahren ist »JennyMUSH«, ein an einer kalifornischen Universität eingerichteter Treffpunkt zur Unterstützung von Frauen, die Opfer sexueller Gewalt waren. Wenn man sich in einem MUD einloggt, kann man sich den Namen, das Geschlecht und andere Persönlichkeitsmerkmale frei wählen.[8] Ein für Suizidgefährdete eingerichtetes MUD ist mir nicht bekannt.

---

7 MUD bedeutet ausgeschrieben Multi-User Dungeons, übersetzt mit »Mehrbenutzer-Verliese«, manche übersetzen das Kürzel aber auch freundlicher mit »Multi-User Domains«.
8 Mittlerweile werden die virtuellen Welten, in denen man sich bewegen kann, zunehmend bildlich dargestellt, und die teilnehmenden Personen können sich visuell gestalten. Eines der erfolgreichsten Computerspiele der Welt, das mittlerweile online gespielt werden kann, ist eine Alltagsimulation: »Die Sims«. Man kann in diesem Spiel Figuren gestalten, ihnen ein Gesicht, Kör-

Merkmale der computervermittelten Kommunikation

Die computervermittelte Kommunikation unterscheidet sich technologisch und psychologisch von der Face-to-face-Kommunikation: Man sieht und hört seinen Kommunikationspartner nicht und muss seine Identität nicht preisgeben, wodurch auch ein Potential für Missbrauch geschaffen wird. Man kommuniziert nicht durch Gesprochenes und Gesten, sondern durch das »Tippen auf der Tastatur« und vom »Bildschirm lesen« (Döring 1999). Die eigenen Beiträge können oft von Tausenden gelesen werden und sind langfristig gespeichert und verfügbar. Nicht zuletzt hat die Kommunikation über den Computer auch Einfluss auf das Beziehungserleben und die Beziehungsgestaltung im Internet.

Allgegenwärtigkeit und Verfügbarkeit

Das Internet hat Aspekte von Allgegenwärtigkeit in Raum und Zeit: Man kann mit einer Mitteilung oder seiner Webseite jederzeit eine begrenzte oder unbegrenzte Zahl von potentiellen Lesern erreichen, so wie man selbst fast immer erreichbar ist, und die Mitteilungen können auf unbegrenzte Zeit verfügbar sein (so wie bei *http://groups.google.com* die Usenet-Mitteilungen der letzten 35 Jahre). Allerdings bleibt unbekannt, wer diese Mitteilungen wann liest. Man kann außerdem auf der ganzen Welt in Mailinglisten, Foren und in virtuellen Communities präsent sein und sich an Diskussionen beteiligen.

---

per, Kleider, Namen und Charaktereigenschaften verleihen und dann in Gestalt dieser Figur in einer virtuellen Welt mit anderen in Kontakt treten. Man muss arbeiten, um Geld zu verdienen, kann Karriere machen, kann flirten, sich verlieben, heiraten, Kinder kriegen, muss sein Haus sauber machen, kann neue Häuser bauen, muss auf Toilette gehen und sich waschen, kann verhungern, unter Beziehungsdeprivation leiden, krank werden und sterben. Online steht hinter jedem Charakter ein realer Mensch, der in seiner tatsächlichen Identität den Mitspielern nicht bekannt ist (*http://thesims.ea.com*, *http://thesimsonline.ea.com*).

Fehlen visueller, akustischer und szenischer Informationen

Gegenüber der Face-to-face-Situation fehlen in der computervermittelten Kommunikation viele Informationen, die uns normalerweise helfen, unser Gegenüber einzuordnen und das Gesagte mit Bedeutung zu versehen: das Aussehen des Gegenübers, seine Mimik, Gestik, Stimme, sein Tonfall, sein emotionaler Ausdruck und weitere kontextuelle Informationen. Dies allein als eine Beschränkung der Ausdrucksmöglichkeiten zu begreifen, sieht Döring (1999, S. 212f.) als eine Idealisierung der Face-to-face-Kommunikation, die auch Restriktionen unterliege. Sie weist darauf hin, dass auch »Netzbekannte« tiefe und dauerhafte Freundschaften eingehen, die in einem direkten Kontakt nicht zustande gekommen wären. In der Tat hat auch die Internetkommunikation emotionale Qualitäten und einen eigens zu interpretierenden medienspezifischen Kontext (s. den Beitrag von Fiedler und Lindner in diesem Band).

Anonymität und Pseudonymität

»What you see is what I say« ist nach Cherny (zit. n. Reid 1998, S. 29) die Basis der sozialen Interaktion im Internet. Zumindest haben die meisten Benutzer die Illusion, dass sie im Internet als reale Person nicht identifizierbar sind.[9] Da viele Anbieter kostenlose E-Mail-Adressen anbieten (www.*hotmail.com*, *www.web.de*, *www.gmx.de*), ohne eine valide Identitätsprüfung vorzunehmen, kann man nach dem Erwerb einer solchen Adresse auch unter einem Pseudonym E-Mails versenden, die nicht ohne weiteres auf den Absender zurückführbar sind. In den Foren, Chatrooms und den MUDs ist es üblich, sich unter einem Pseudonym oder Nickname einzuloggen. Damit ist nicht nur eine Verschleierung der

---

9 Sie können zumindest sicher sein, dass ein erhebliches Interesse an der Aufdeckung ihrer Identität vorhanden sein muss, da die Ermittlung eines bestimmten Nutzers über die IP-Adresse seines Computers mit beträchtlichem Aufwand verbunden ist. Auch können Betreiber oder Anbieter von Webseiten zu Providern wechseln, bei denen sie sicher sein können, dass diese ihre Identität nicht preisgeben.

eigenen Identität, sondern auch die Konstruktion einer »Netzidentität« möglich, indem Persönlichkeitsmerkmale (Alter, Geschlecht, Aussehen, soziale Zugehörigkeit, Biografie, Verhaltensweisen) neu gestaltet und auch gelebt werden. Mittlerweile gibt es eine Reihe von Beschreibungen, Theorien und Hypothesen zur Identitätskonstruktion im Netz und ihrer psychischen Funktion (Turkle 1998; Reid 1998; Döring 1999; Punday 2000). Es wird auf die Möglichkeit hingewiesen, im realen Leben nicht ausgelebte Aspekte des Selbst zu realisieren, neue soziale Rollen auszuprobieren und die Wirkung von Handlungen zu erproben.

Besonders häufig scheint das als »Genderswapping« beschriebene (Döring 1999, S. 291ff.) Wechseln des Geschlechts zu sein. Dass die Möglichkeiten der Anonymisierung häufig genutzt werden, legt auch eine Untersuchung von Carl (1998, S. 223ff.) nahe: 70,6 Prozent der von ihm Befragten[10] haben schon einmal ein Pseudonym verwendet, 37,7 Prozent gaben zu, schon einmal unwahre Angaben zu ihrer Person gemacht und 18,8 Prozent schon eine Identität vorgetäuscht zu haben, wobei 60,2 Prozent der Auffassung sind, auch ihnen sei schon einmal eine Identität vorgetäuscht worden.

Freiheit und Kontrolle

Die potentielle Anonymität in der Kommunikation im Internet fördert das Ausleben von Verhaltensweisen, die im realen Leben nicht gezeigt werden, weil sie umgehend sanktioniert würden oder zumindest deren Sanktionierung befürchtet würde. Dies von einigen als »Enthemmung«[11] (»Disinhibition«, Joinson 1998; Holland 1996; Suler, Internet) beschriebene Phänomen kann dazu führen, das in der Internetkommunikation Gedanken und

---

10 Für die Untersuchung wurden 6259 Betreiber privater Homepages angeschrieben, von denen 1267 verwertbare Fragebögen zurückgesendet wurden.
11 Ich lehne mich hier an die Definition von Joinson (1998), der das Phänomen der Disinhibition allgemeiner, und nicht, wie andere Autoren, nur auf negative bzw. aggressive Kommunikationen bezieht. Allerdings ist die Bestimmung dieses Effekts im Einzelfall eher spekulativ, da unbekannt ist, wie sich der jeweilige Poster in den Interaktionen außerhalb des Internets verhält.

Empfindungen ausgedrückt werden, die dem Partner im Zimmer nebenan nie gesagt würden. Auf diese Weise können besondere und emotional intensive »Netzbeziehungen« entstehen[12], die auch in persönliche Beziehungen übergehen. Demgegenüber besteht gleichzeitig ein großes Ausmaß an Kontrolle über die Beziehungen. Man kann den Kontakt jederzeit Abbrechen, um sich vor Verletzungen zu schützen. In der Untersuchung von Carl (1998) gaben 25 Prozent der befragten Internetnutzer an, ihre Identität zu verschleiern, um erst einmal Informationen über den Kommunikationspartner zu erlangen, 17 Prozent um zu sehen, wie andere auf ihn reagieren, und weitere 6 Prozent, weil sie Informationen zu einem privaten Thema wollten.

Möglichkeit von Missbrauch und Manipulation

Die Kehrseite des Phänomens der Enthemmung besteht in aggressiven, beleidigenden und herabsetzenden Mitteilungen an andere Diskussionsteilnehmer, die als »Flaming« (Joinson 1998) bezeichnet werden. Das Spiel mit Identitäten ermöglicht in seiner psychischen Wirkung auch regelrecht gewalttätige Aktionen. Die schon erwähnte virtuelle Community »JennyMUSH« für Frauen, die Opfer sexueller Gewalt waren, wurde eines der ersten dokumentierten Opfer massiven Missbrauchs. Einer der ursprünglich als Frau eingeloggten Teilnehmer änderte sein Geschlecht in »man«, seinen Namen in »Daddy« und sandte an die zwölf anderen eingeloggten Frauen obszöne Mitteilungen und Beschreibungen von Szenen sexueller Gewalt (Reid 1998, S. 31). Ein weiterer in der Netzwelt bekannter Missbrauch ist die »virtuelle Vergewaltigung« durch »MrBungle« im »LambdaMOO«. Der

---

12 Zu den Auswirkungen des Phänomens auf den Beginn einer Psychotherapie siehe den Beitrag von Lindner und Fiedler in diesem Band sowie Lindner und Fiedler 2002.

Teilnehmer MrBungle bemächtigte sich der Identität zweier Teilnehmerinnen und ließ sie sexuell grausame Äußerungen und Handlungen vornehmen. Diesen Vorgang erlebten die Teilnehmerinnen in ihrer Ohnmacht, »MrBungles« Treiben ein Ende zu setzen, auch physich als Gewalt (Reid 1998).

Eine weitere potentielle Form des Missbrauchs wäre die kriminelle Nutzung der psychischen Notlage von Forenteilnehmern. Dies liegt zum Beispiel vor, wenn suizidgefährdeten Diskussionsteilnehmern via E-Mail der Verkauf von tödlichen Medikamenten angeboten wird (z. B. »Spiegel Reporter« 4/2001, aber auch Fälle, die mir berichtet wurden). In die gleiche Kategorie fällt auch die fiktive Geschichte des Tatort-Kriminalfilms »1000 Tode« (ARD, 3.11.2002)[13]. Plassmann (1998) hingegen untersucht mit dem Konzept des »virtuellen Objekts«[14] die Möglichkeit der elektronischen Manipulation von Objekten und deren Folgen für die Objektbeziehungen. Er sieht die Gefahr, dass durch die industrielle elektronische Konstruktion Veränderung oder Ergänzung von Objekten mit virtuellen (im technischen Sinn: nicht wirklich existenten), aber sinnlich wahrnehmbaren Anteilen Beziehungserleben und -gestaltung kommerziell ausgebeutet und natürliche Objekte verdrängt werden könnten.

---

13 In dem »Tatort« wurde eine junge suizidale Frau durch vorgespielte Einfühlsamkeit von dem Täter zum gemeinsamen Suizid auf dem Bodensee überredet. Es kam jedoch nicht zu dem Doppelsuizid. Der Täter entführte die junge Frau und versuchte, sie vor laufender Kamera zum Suizid zu bewegen, um den Film über das Internet zu verkaufen.

14 Plassmann definiert »virtuelle Objekte« als »elektronisch veränderte, ergänzte und geschaffene Objekte. Sie sind in der Regel zusammengesetzt aus einem natürlichen und einem elektronisch manipulierten Teil, die beide ineinanderfließen und für das wahrnehmende Subjekt nicht mehr trennbar sind. Auch in der psychischen inneren Repräsentanz weist dieses Objekt die Merkmale des Virtuellen auf, sie sind ganz oder überwiegend phantasiert, ohne klare Herkunft und Geschichte, ohne klaren räumlichen Ort«.

Die subjektive Seite der computervermittelten Kommunikation

Beziehungen werden im Internet mittels eines Computers mit einem oder mit mehreren Adressaten aufgenommen, wobei sich unbewusste und bewusste konflikthafte Beziehungsvorstellungen und -phantasien sowohl auf den Computer als auch auf die Adressaten hin entwickeln können. Diese Vorstellungen werden durch die Eigenheiten des Computers und der computervermittelter Kommunikation beeinflusst.

Der Computer ...

Leithäuser (1997, S. 70; ebenso Löchel 1997) beschreiben den Computer als ein »evokatorisches Objekt«, das zu »Affekten, Phantasien, Wertungen und Philosophieren herausfordert«. Löchel geht davon aus, dass »die Beziehungen zum technischen Objekt Computer entlang ähnlicher Vorlieben und Abneigungen, Ängste und Wünsche aufgenommen werden wie auch Beziehungen zu anderen Menschen oder anderen Dingen dieser Welt« trotz der unterschiedlichen Beschaffenheit dieser Objekte (1997, S. 318), die ihre Quellen in frühen Objektbeziehungen haben. Löchel fand biografisch bedingte, konflikthaft erlebte, geschlechtsausgeprägte Beziehungsfiguren: die der Angst und Aggression (etwas kaputt zu machen, etwas nicht zu sehen, die Kontrolle zu verlieren) sowie die der Bindung (durch Kampf und Herausforderung an ein ideales Objekt, durch Sog und Regression). Barglow (1994, S. 127) konstatiert das regressive Potential des Computers: Die technologische Entwicklung gehe entgegengesetzt der menschlichen. Während der Mensch in den ersten Jahren lerne, die Grenzen zwischen dem Ich und den Objekten der Außenwelt zu ziehen, löse die technologische Entwicklung diese Grenzen zunehmend auf. In dem Sinn sei der Computer ein »präödipales Objekt«.

... und das Netz

Das subjektive Erleben und die Art der Internetkommunikation werden durch deren oben skizzierte Merkmale beeinflusst. Holland (1996) weist darauf hin, dass das Fehlen der physischen Präsenz des Gegenübers per se regressive Prozesse fördert, so wie es mit dem Setting des Psychoanalytikers hinter der Couch beabsichtigt wurde. Während Holland die Regression und in der Folge die Enthemmung als Konsequenz der Eigenheiten computervermittelter Kommunikation ansieht, bemerkt Young (1996a, 1996b 1996c), dass sich gerade besonders scheue, schizoide sowie narzisstische Menschen mit Grandiosität in ihrem »Make-up« von der Internetkommunikation angezogen fühlen, die ihre emotionalen Anteile von den intellektuellen und imaginativen abspalten. Die von der computervermittelten Kommunikation geförderten Phantasien von Omnipräsenz, Zeitlosigkeit, Allwissenheit und Geschütztheit können gleichzeitig mit den Gefühlen in Konflikt stehen, unbedeutend zu sein, sich aufzulösen, abgelehnt und verletzt zu werden (s. den Beitrag von Lindner u. Fiedler in diesem Band).

Turkle (1998) wiederum sieht positiv die Möglichkeit, Aspekte des Selbst in anderen Identitäten auszuleben. Dies bewertet Young (1996b) dagegen als euphemistisch und verweist auf die psychopathologische Nähe zur Schizophrenie und multiplen Persönlichkeitsstörung[15], (wobei man meines Erachtens vorsichtig mit dem Psychopathologisieren dieses Phänomens sein sollte).

Auch wenn die Einschätzungen der subjektiven Seite der computervermittelten Kommunikation nicht einheitlich sind, so deutet vieles darauf hin, dass besonders die potentielle Kontrolle und der Schutz durch Anonymität Menschen ermöglichen, Seiten des Selbst zu kommunizieren, die im Alltag eher unterdrückt werden. Dabei können Bedürfnisse realisiert werden, die eher einem regressiven Beziehungsmodus entsprechen. Auf den Wegen der computervermittelten Kommunikation können Beziehungen zu technischen und menschlichen Objekten mit der gleichen

---

15 Podoll et al. (2002) beschreiben die Nutzung des Internets durch eine Patientin mit multiplen Persönlichkeitsstörungen.

emotionalen Qualität entstehen wie zu Objekten in der nahen Umgebung. Ebenso wie in den Face-to-face-Kontakten wird in den Netzbeziehungen die innere Konflikthaftigkeit der Individuen in der Interaktion aktualisiert.

Suizidalität im Internet

Suizidalität entsteht in Beziehungen und ist auf Beziehungen gerichtet. Sie kann als Ausdruck einer seelischen Krise verstanden werden, in der die Menschen hoffnungslos und verzweifelt sind und ihre Situation als ausweglos erleben. Die Verzweiflung kann in Hass, Wut und Ärger umschlagen, die gegen die eigene Person gerichtet werden. Auslöser suizidalen Erlebens sind interpersonelle Konflikte, Trennungen oder Tod von wichtigen Bezugspersonen, Kränkungen, berufliche Probleme, schwere Erkrankungen und – besonders im höheren Alter – Vereinsamung und Selbstwertverlust. Aus psychoanalytischer Sicht korrespondiert die krisenhaft erlebte äußere Situation mit einer vorhandenen, meist unbewussten intrapsychischen Konfliktthematik. Suizidalität oder suizidales Erleben kann somit allgemein als Lösung eines inneren Konflikts vor dem Hintergrund früher traumatisch erlebter Beziehungserfahrungen und nicht ausreichend bewältigter Ablösungs- und Autonomiekonflikte verstanden werden. Dabei ist Suizidalität keine nosologische Einheit, sondern ein entwicklungsgeschichtlich unterschiedlich geprägtes und ausgestaltetes Symptom, das in verschiedenen Lebensphasen (Adoleszenz, mittleres und höheres Lebensalter) mit einer geschlechtsspezifischen Korrespondenz in unterschiedlicher Ausprägung aktualisiert werden kann. Suizidalität tritt einerseits bei allen psychiatrischen Erkrankungen gehäuft auf, besonders bei den Depressionen, psychotischen und Suchterkrankungen, ist andererseits aber nicht notwendig an ein psychiatrische Erkrankungen gebunden (zur Konzeption der Suizidalität s. Gerisch et al. 2000, Götze et al. 2002).

Suizidale Menschen haben oft große Schwierigkeiten, sich mit ihren Suizidgedanken an andere Menschen zu wenden, weil sie sich als gescheitert, schwach und wertlos erleben und fürchten, von den anderen auch so gesehen und damit entwertet oder abgelehnt zu werden. Sie ziehen sich aus Beziehungen zurück, verbergen ihre Befindlichkeit oder versuchen, ihre inneren Zustände durch »Selbsttherapie« zu beruhigen: durch Rauchen, durch den Konsum von Alkohol, Marihuana oder andere Drogen. Der Suizid erscheint als einzige Entscheidungsfreiheit, die noch verbleibt. Die Haltung zum Suizid ist jedoch unbewusst ambivalent: Es geht nicht unbedingt darum zu sterben, sondern darum, so wie bisher nicht weiterleben zu können. Hilfe wird dann oft gleichzeitig gesucht und vermieden, etwa indem ein Arzt aufgesucht wird und die Suizidgedanken nicht angesprochen (Michel et al. 1997; Petrie 1989) oder auch in laufenden Therapien verschwiegen werden. Die in den Beziehungen erlebte Ohnmacht weckt Wünsche nach Omnipotenz, Kontrolle und allumfassenden Schutz vor Verletzungen.

In diesem inneren Dilemma, einerseits der Sehnsucht nach Unterstützung, nach menschlichem Kontakt und Verständnis und andererseits der – durchaus nicht unberechtigten – Befürchtung, abgelehnt, nicht ernst genommen, nicht verstanden, entwertet und hospitalisiert zu werden, bieten die kommunikativen Möglichkeiten des Internet einen Weg an, kontrolliert und geschützt mit anderen Menschen Kontakt aufzunehmen.

Suizid-Foren

So verwundert es nicht, dass sich die ersten Postings einer Usenet-Gruppe zum Suizid (»net.suicide«) schon auf das Jahr 1981 zurückverfolgen lassen, also in die Pionierzeit des Internets. Die englischsprachige Usenet-Gruppe »alt.suicide.holiday«, kurz »a.s.h.«, ist das Vorbild für viele Forenmaster. »a.s.h.« wurde 1986 zur Diskussion der Frage eingerichtet, warum sich die Anzahl der Suizide an Feiertagen erhöhe. Im Lauf der Jahre wurde die unmoderierte Diskussionsgruppe ein umfassendes Forum zu Fragen der Suizidalität, das von einem umfangreichen Webangebot begleitet wird. In den neunziger Jahren wurden die ersten deutschsprachigen Suizid-Foren gegründet.

In den Foren werden suizidale Befindlichkeiten, Gefühle und Gedanken ausgetauscht, Suizidmethoden diskutiert und auch –

seltener – zu Verabredungen zum Suizid vorgeschlagen oder Suizide angekündigt. Es finden sich positive und negative Erfahrungen mit Ärzten, Therapeuten und stationären Behandlungen, Behandlungsmethoden und Medikamentenwirkungen, es wird über den Sinn des Lebens philosophiert, es werden Gedichte publiziert oder schlicht Banalitäten ausgetauscht. Fekete und Osvath (2001) analysierten 966 Postings der Usenet-Group »alt.suicide.holiday« und klassifizierten die Postings in folgende Themenfelder:
– Bitte um Unterstützung oder Angebot von Unterstützung,
– Suizidmodelle, Verabredungen und Vorbilder,
– Fragen nach Suizidmethoden und Information,
– die Auswirkung des Suizids auf die Hinterbliebenen und andere Konsequenzen dieser Handlung,
– die Rolle der Religion und die Beziehung zu Gott,
– die Relation des Suizids zur Bestandsaufnahme und zu Feiertagen,
– Maskierung des Suizids als Unfall,
– Philosophische und ethische Fragen und einen unmittelbaren »Cry for Help«.
– Ebenso wurden zahlreiche Suizidankündigungen dokumentiert.

Die Suizid-Foren sind verschieden ausgerichtet und wenden sich an die Bedürfnisse unterschiedlicher Teilnehmer, wie die folgenden Beispiele zeigen.[16]

Forum: »Das Geschenk der Selbsttötung«[17]

> *Subject: selbstmordpartner gesucht (16.11.2001)*
> *suche einen selbstmordpartner. bin 19 jahre und für alle formen offen.*

---

16 Rechtschreib- und Grammatikfehler wurden in den Beispielen nicht korrigiert, die Absenderadressen und Nicknames entfernt.
17 Das Forum hat sich mittlerweile aufgeteilt. In dem ursprünglichen Forum »Das Geschenk der Selbsttötung« sind Methodendiskussionen und Verabredungen zum Suizid unerwünscht. Das ausgelagerte Forum »Der Akt der Selbsttötung« beschäftigt sich ausschließlich mit Methodendiskussionen.

Subject: Re: selbstmordpartner gesucht (19.11.2001)
Bin 25 und weiß nicht, wie.
Habe vorhin überlegt:
1. von hohem Gebäude springen
2. erschießen
3. Gift zu sich nehmen
4. Pulsadern aufschneiden
5. nichts mehr essen
Es sollte eine Methode sein, die nicht allzu sehr weh tut und bei der man GARANTIERT nicht überlebt. Ich möchte nicht als Invalide weiterleben.
Was meinst Du?

Subject: Re: selbstmordpartner gesucht (20.11.2001)
Sich eine Plastiktüte über den Kopf zu ziehen , sie luftdicht am Hals abzukleben , ein paar Schlaftabletten dazu zu nehmen ist mit abstand die sicherste, einfachste und sanfteste Methode

In dem Forum wurden damals innerhalb von drei Tagen fünf Mitteilungen mit der Suche nach Suizidpartnern gepostet. Ansonsten waren die bestimmenden Themen in diesem Forum die Diskussion um Suizidmethoden. In dem Forum *www.selbstmordforum.de* sind Methodendiskussionen verpönt. Die Beiträge sind im Schnitt deutlich länger, es wird viel über Phantasien und belastende Lebensereignisse gesprochen oder es werden Gedichte gepostet.

Forum: »www.selbstmordforum.de«
ich kann nicht mehr!
hallo!
ich bin neu hier und mein problem ist das ich einfach nicht mehr leben möchte,wenn ich das überhaupt jemals getan habe.ich sitze hier,und bin einfach am ende.ich bin 25,meine 2-jährige beziehung ist seit einer woche im eimer,ich erkenne mich nicht im spiegel habe nie etwas besonderes in meinem leben geleistet,habe menschen verletzt und entäuscht,liebe die mir entgegen gebracht wurde habe ich ausgeschlagen.

> *tja,das ist meine statistik nach 25 erdenjahren.*
> *ich fühle mich so leer.*
> *und ich möchte gehen.für immer.vielleicht denkt ihr,ich bin nur ein spinner der sich im depressiven selbstmitleid suhlt und sich mit pubertären problemen selbst das leben schwer macht,aber ich meine es ernst.*
> *ich will nicht mehr leben ...*
> *ich wollte das hier nur niederschreiben,weil ich niemanden habe mit dem ich über DIESE gefühle sprechen kann.danke*
>
> *Re: ich kann nicht mehr*
>> *Hm ... ist es pubertär, wenn man an seiner verlorenen Liebe verzweifelt?*
>> *Gut, dann bin ich auch pubertär, denn mir geht es *genau* wie Dir, ich habe exakt die gleichen Gefühle und Selbstzweifel.*
>> *Aber erst einmal Willkommen im Forum!*
>> *Nun, Tipps kann *ich* Dir sicher keine geben, denn wie gesagt gehts mir ja genauso. Darum spare ich mir auch erst einmal jeglichen Kommentar zu dem Rest Deines Postings, kann Dir aber nur versichern, dass zumindest ich diese Gefühle weder für pubertär noch für dumm halte.*

Offenbar kommen in den beiden Gruppen unterschiedliche psychische Bedürfnisse zum Ausdruck. In der ersten Gruppe finden sich eher aggressive Phantasien wieder, in der zweiten eher depressive Phantasien und Wünsche, gehalten zu werden. In der zweiten Gruppe sind die Beiträge wesentlich stärker aufeinander bezogen.

Stützende Aspekte der Forendiskussionen

Die Teilnahme an den Forendiskussionen könnte stützende und entlastende Funktionen haben. Entlastend kann sein, dass man
1. erfährt, dass andere genauso fühlen wie man selbst,
2. dass man Verständnis für die eigene Befindlichkeit erhält,

3. dass man die suizidalen Aspekte des Selbst kommunizieren kann, ohne dafür verurteilt oder in Frage gestellt zu werden,
4. dass man sich selbst in den Diskussionen stützend und helfend für andere erleben kann,
5. dass man die Möglichkeit der Distanzierung durch Ironie und Humor hat und
6. dass man besonders in den Methodendiskussionen auch aggressive Affekte kommunizieren kann, entweder durch die Beschäftigung mit dem Szenario der eigenen Tötung oder durch die Tötung eines anderen, indem man die »beste« Methode beschreibt.

Die Punkte 1 bis 5 beinhalten psychisch stützende und entlastende Faktoren in Beziehungen, sowohl im Alltag als auch in der klinischen Praxis. Allerdings werden sie durch die Spezifika der computervermittelten Kommunikation für manche Menschen leichter erfahrbar.

Punkt 5 scheint in den Forendiskussionen netzspezifisch ausgeprägter und organisierter. Auch Suizidankündigungen und die Diskussion über Suizidmethoden können, so paradox es klingt, lebenserhaltend sein. Die Gewissheit, seinem Leben jederzeit ein Ende setzen zu können, kann eine tröstliche Phantasie sein, die hilft, aktuelle Krisen zu überstehen, da immer noch die Entscheidungsfreiheit verbleibt. Vor diesem Hintergrund entdramatisieren sich auch viele der Beiträge in den Suizid-Foren und es wird verständlich, warum die befürchtete »Suizidepidemie« bislang ausgeblieben ist. Denn die Kommunikation der Befindlichkeiten und Phantasien mit anderen nimmt den Druck, eine suizidale Handlung zu vollziehen. Die Methodendiskussion führte bislang nicht zum kollektiven Suizid ihrer Partizipanten. Wer sich wirklich töten will, muss sich nicht die Methode in einer Diskussion mit anderen in einem Forum suchen. Nicht nur viele Webseiten, auch den Printmedien und dem Fernsehen können viele Suizidmethoden entnommen werden.

Katrin Jäger beschreibt, welche Bedeutung ihre Teilnahme an der Mailingliste von »a.s.h«. im Verlauf einer schweren depressiv-suizidalen Krise hatte und wie die kommunikativen Möglichkeiten des Internets ihren Bedürfnissen entgegenkamen:

»Nach ein paar Tagen und Nächten, die ich mit der Lektüre der Nachrichten verbrachte, wusste ich, dass ich hier richtig war. Hier konnte ich zum ersten Mal meine Gedanken aussprechen – ohne Angst haben zu müssen, mich auf einer geschlossenen Station wiederzufinden. Dieser offene und ehrliche Ton war Balsam für meine Seele. Und was das Beste war: ich konnte die Intensität des Austauschs selbst bestimmen.

Das ist der deutlichste Unterschied zum Gespräch im Krankenhaus. ... Ich wollte und konnte mich nicht auf einen neuen (therapeutischen) Gesprächspartner einlassen: reden dann, wenn der andere Zeit und Lust hat. ... Eine Newsgroup ist etwas anderes: Ich kann selbst entscheiden, wann ich wie viele Kontakt haben will. Ich kann selbst bestimmen, wann ich neue Mails herunter lade und sie lese. Und (noch viel wichtiger): Ich kann selbst entscheiden, wann und welche Mails ich beantworten will. ... Das waren aufrichtigere und ehrlichere Beziehungen, als ich sie sonst vielfach erlebt hatte (1998, S. 42)«.

Katrin Jäger befand sich zu der Zeit auch in einer Psychotherapie. Nach meinen Beobachtungen sind nicht wenige Teilnehmer in ärztlicher Behandlung. Für manche, wie für Katrin Jäger, scheint die Forenteilnahme eine vorübergehende Phase zu sein, andere nehmen über viele Jahre an den Diskussionen teil. In einigen Fällen wird davon berichtet, dass die Forendiskussionen in ein persönliches Kennenlernen übergingen oder auch zu einer ärztlichen Behandlung führten. Die Forendiskussionen können also auch für manche Teilnehmer ein Schritt sein, sich seiner Befindlichkeit in Face-to-face-Situationen zu stellen.

Gefährdende Aspekte der Forendiskussionen

Gefährdende Auswirkungen der Forendiskussionen könnten sein:
1. eine Destabilisierung durch die zunehmende Identifikation mit der ausgedrückten Hoffnungslosigkeit in Postings,
2. eine Destabilisierung durch uneinfühlsame und kränkende Postings oder durch den Suizid eines Forenmitglieds,
3. eine Destabilisierung durch erneutes Erleben von Trennung und Ohnmacht nach dem Suizid eines Forenteilnehmers,

4. die Möglichkeit, sich über große Entfernungen mit Unbekannten zum Suizid zu verabreden, und
5. die Vermeidung, für sich professionelle Hilfe zu suchen,
6. Imitationsverhalten (s. den Beitrag von Schmidtke u. Schaller in diesem Band),
7. die Überforderung engagierter Forenteilnehmer durch schwere Krisen anderer Teilnehmer,
8. die vereinfachte Möglichkeit der Beschaffung von Suizidmitteln oder von Anleitungen zum Suizid,
9. die Bekanntmachung und Verbreitung bisher unbekannter Suizidmethoden,
10. bewusster Missbrauch und Manipulation der Forendiskussion durch nichtsuizidale Teilnehmer.

Die Punkte 1 bis 7 beschreiben psychisch destabilisierende und gefährdende Faktoren in Beziehungen suizidgefährdeter Menschen, die sowohl im Alltag als auch in der klinischen Praxis vorfindbar sind. Allerdings können sie durch die Spezifika der computervermittelten Kommunikation zum Teil leichter kontrolliert werden.

Die Punkte 8 bis 10 beschreiben Faktoren, die in der netzspezifischen Kommunikation ausgeprägter vorkommen können. In einzelnen Fällen wird von gezielten Angeboten von Suizidmitteln und der Verbreitung neuer Suizidmethoden berichtet (Saalfelde et al. 2002) sowie von dem vermuteten Missbrauch der Notsituation von Forendiskutanten (Prass 2002), der potentiell denkbar wäre.

In der Literatur werden weitere Gefährdungen von Forendiskussionen genannt, die ich selbst so nicht einschätze. Bronisch (2002) sieht Suizid-Foren als »Medien der Verführung zum Suizid« sowie die Foren als »mögliche Träger von Suizidepidemien« und bemängelt »eine ausgesprochen pathologische Kommunikation«. Prass (2000, 2002), eine besonders engagierte und häufig zitierte Kritikerin der Foren, sieht in ihnen sektenartige Strukturen, die ihre Teilnehmer dazu bewegen, zu »glauben« (Prass 2002, S. 14f.), sie seien suizidal, und sie aktiv in den Suizid treiben. Jedoch verstehe ich die Foren eher als Ausdruck einer »Subkultur« denn als »Sekte« oder »Kult« mit den entsprechenden

Strukturen und Dynamiken (s. hierzu Fiedler u. Lindner 2002a). Auch wirkt die Auffassung, jemand könne »glauben«, er habe Suizidgedanken, etwas befremdlich. Darüber hinaus widerspricht Prass' Auffassung, dass bei ursprünglich Gesunden durch die Teilnahme an Forendiskussionen »Persönlichkeitsstörungen erzeugt werden«, sowohl der psychiatrischen Definition (Dilling et al. 1991) als auch dem Wissen über die Pathogenese von Persönlichkeitsstörungen (u. a. Kernberg 2000).

Forschungsstand und -probleme

In der medizinisch-psychologischen Fachliteratur sind bislang nur wenige Beiträge zum Thema Internetkommunikation und Suizidalität zu finden, von denen die meisten eher die Form von Statements oder essayistischen Charakter haben (Alao et al. 1999; Baume et al. 1997; Bronisch 2002; Janson et al. 2001; Fiedler u. Lindner 2002a, 2002b, 2002c; Mehlum 2001a, 2001b). Weitere Beiträge beschäftigen sich kasuistisch mit der Problematik (Lindner u. Fiedler 2002; Podoll 2002) oder sind Erfahrungsberichte (Jäger 1998). Besonders häufig wird in den Medien eine Streitschrift von Prass (2000) zitiert, die sie unlängst zu einem Buch erweiterte (Prass 2002). Bislang liegen mit den Arbeiten von Fekete und Osrath (2001) und Schmidtke und Schaller (in diesem Band) erst zwei empirische Untersuchungen zu der Thematik vor. Darüber hinaus untersuchte Mall (2003) die Erfahrungen von suizidpräventiven Institutionen im Internet.

Die Beantwortung der meisten Fragen ist also offen: Wer sind die Teilnehmer der Suizid-Foren und welchen Alters, welchen Geschlechts und welcher Lebensgeschichte sind sie? Welche Kommunikationsmuster lassen sich in den Foren finden? In welchem Umfang nehmen sich Besucher der Suizid-Foren das Leben oder begehen Suizidversuche? In welchem Umfang hat die Forenteilnahme zum Suizid motiviert, ihn verzögert oder wäre der Suizid oder Suizidversuch auch ohne Forenteilnahme wahrscheinlich gewesen? In welchem Umfang nehmen durch die Suizid-Foren vollendete Verabredungen zum Suizid zu? Welchen Einfluss hat die Berichterstattung in Print- und elektronischen

Medien auf die Häufigkeit von Verabredungen zum Suizid von Forenteilnehmern, Suizidankündigungen und die Forendiskussionen insgesamt? Welche Fälle von Missbrauch der Forendiskussionen gibt es und welche Möglichkeiten, diesen zu verhindern? Welche psychischen Funktionen hat der Besuch der Foren für die Teilnehmer, insbesondere die Methodendiskussionen? Welche Möglichkeit der Beeinflussung der Forendiskussionen gibt es? Eine genauere Untersuchung dieser und weiterer Fragen wäre als Grundlage für solide Einschätzungen und Entscheidungen wünschenswert.

Ein vollständiges Bild der suizidalen Kommunikation im Internet wird jedoch kaum zu erhalten sein. Döring (1999, S. 171ff.) nennt vier mögliche Methoden zur Untersuchung der computervermittelten Kommunikation: die Beobachtung, die mündliche Befragung, die schriftliche Befragung und das Experiment, wobei die ersten drei Methoden die bevorzugten Forschungsstrategien sein dürften. Die Beobachtung der öffentlichen Forendiskussionen bildet nur ein Teil des Geschehens ab, da ein anderer Teil der Diskussionen in den schwer zu beobachtenden Chats abläuft und ein Posting in einem Forum durch eine nichtöffentliche E-Mail an den Poster beantwortet werden kann. Auf diese Weise können auch Hinweise auf Suizidmethoden, der Verkauf von Suizidmitteln oder eine Verabredung zum Suizid unter Ausschluss der Öffentlichkeit stattfinden. Eine teilnehmende Beobachtung, in der sich der Beobachter selbst als suizidal ausgibt, ist als ethisch fragwürdig zu betrachten. Schriftliche und mündliche Befragungen werden immer einem erheblichen Selektionseffekt unterliegen. Interviews haben den Vorteil, dass mit ihnen auch der unsichtbare Teil der Forendiskussionen sowie der persönliche Hintergrund der Teilnehmer umfassender exploriert und verstanden werden kann, allerdings mit dem Nachteil der begrenzten Quantifizierbarkeit. Besonders bei den Befragungen werden die Untersucher auf die Akzeptanz der Forenteilnehmer angewiesen sein.

Verbieten oder Tolerieren?

Das öffentliche Bild der Suizid-Foren ist derzeit mehr durch die anfangs skizzierte Medienberichterstattung geprägt als durch wissenschaftliche Erkenntnisse. In diesem Bild werden Vermutungen und Behauptungen zu Gewissheiten: Es seien überwiegend Jugendliche, die sich in den Foren bewegen, die Jugendlichen gerieten zufällig in die Foren und würden dort suizidal »gemacht«, die Foren seien Sekten, die einen Todeskult trieben und zum Ziel hätten, ihre Mitglieder in den Tod zu treiben, die Zahl der Suizide von Kindern und Jugendlichen steige aufgrund der Suizid-Foren, wer in einem Forum kommuniziere, lehne jegliche Therapie ab und halte auch andere davon ab, und so weiter. Zudem herrscht auch eine Konfusion über die Kommunikationstechnologien und den ihnen innewohnenden Möglichkeiten: Webseite, Forum, Mailinglist und Chat werden häufig synonym gebraucht. Insgesamt ist das tatsächliche Phänomen aber vielschichtiger.

Mittlerweile finden sich in den Archiven der Internetforen, Mailinglists und Usenet-Gruppen zum Suizid Millionen (!) von Postings. Allein unter *http://groups.google.com* lassen sich mehr als 173.000 Threads von »alt.suicide.holiday« abrufen, wobei ein Thread bis zu weit über 100 Mitteilungen enthalten kann. Die Gruppe »alt.suicide.methodes« umfasst derzeit über 35.000 Threads. Die Zahl der Postings in den deutschen Foren und Gruppen könnte die Anzahl von 100.000 erreichen oder auch überschreiten. Deshalb ist es ohne weiteres möglich, beliebige negative Beispiele für die fatale Wirkung der Forendiskussionen anzuführen als auch positive Beispiele: Jede These findet den gewünschten Beleg. Angesichts dieser Dimension des Austauschs suizidaler Gedanken ist zu erwarten, dass bei einer großen Anzahl von Suiziden und Suizidversuchen ein Kontakt zu einem Suizid-Forum in der Vorgeschichte festgestellt werden kann. Schließlich gehören die Forenteilnehmer einer Hochrisikogruppe an. Die Anzahl von bislang weltweit ungefähr 20 dokumentierten Internet-bezogenen Suiziden ist jedenfalls noch weit von epidemischen Ausmaßen entfernt, sogar wenn man die Anzahl als gewaltige Unterschätzung betrachtet. Die selektive, in den Vordergrund gerückte

Darstellung vereinzelter negativer Fallbeispiele dagegen trägt Züge der Tabuisierung von Suizidalität und der Diskriminierung und Kriminalisierung der Äußerung von Suizidgedanken.

Ein besonderes Merkmal der Kritik an den Foren ist, dass sie sich auf die Diskussion suizidaler Befindlichkeiten insgesamt bezieht und sie diskriminiert. Nicht die Frage, *warum* Menschen in den Foren suizidale Befindlichkeiten diskutieren und sich töten, wurde gestellt, sondern angeprangert, dass sie es offen ausdrücken und tun. Anders als bei dem geschilderten Missbrauch in der virtuellen Community von »JennyMUSH« bestand die Forderung dann konsequenterweise pauschal in der Schließung oder Kontrolle der Foren und nicht in Überlegungen zur Verhinderung des Missbrauchs. Somit kann der öffentliche Diskurs auch als ein Ausdruck der Tabuisierung der Suizidproblematik verstanden werden. Die häufiger zitierte These von Prass (2000, 2002), welche anprangert, dass nichtsuizidale Jugendliche in den Foren von angeblich kriminellen Forenmastern erst suizidal gemacht und dann in den Tod getrieben werden, verleugnet die eigenständige Existenz der Suizidproblematik, indem sie als das Produkt dubioser Machenschaften ausgegeben wird.

Wenn beklagt wird, dass die Foren von dem Leitgedanken getragen werden, ein »Recht auf den selbstbestimmten Tod« zu haben, und damit den Suizid fördern, wird nicht nur negiert, dass die Einklagung dieses »Rechts« auch ein Ausdruck lebenserhaltender Autonomiebestrebungen sein kann. Gleichzeitig wird damit den Suizidalen ein Recht streitig gemacht, zudem es durchaus einen gesellschaftlichen Diskurs gibt (u. a. über Améry 1976; Lorenzen 2001) und das viele Helfer als selbstverständlich nehmen: Auf die Frage »Glauben Sie, dass jeder Mensch das Recht hat, Selbstmord zu begehen« gaben in einer Studie (Ritter et al. 2002) 59 Prozent der befragten Wiener Allgemeinmediziner an, es »kommt auf seine persönliche Situation an«, 15 Prozent »immer« und 17 Prozent »nie«. Auch in einer früheren Befragung deutscher Ärzte wurden die Items, die Verständnis für eine Suizidhandlung thematisierten, zwischen 30 und 50 Prozent positiv beantwortet (Reimer et al. 1986). Auch wenn ich die Auffassung nicht teile, der Suizid sei ein Ausdruck von Freiheit und Selbstbestimmung, muss ich doch feststellen, dass es diskriminierend ist, bei Menschen mit Suizidgedanken diese Haltung zum Suizid nur deshalb zu verurteilen, weil sie ihn vollziehen könnten.

Nicht zuletzt versehen auch die Forderungen von Prass (2000, 2002) nach dem Einsatz und der Schaffung von rechtsstaatlichen Mitteln zur Unterbindung der Forendiskussionen, die Forderung von Bronisch (2002) zur Kontrolle der Suizd-Foren sowie die in Clages (2002) formulierte Aufforderung an die Ärzte, »sich über die Selbstmordseiten in die Diskussion mit Lebensmüden einzuschalten und Kontakt mit den Betroffenen über E-Mail aufzunehmen«, um notfalls die »Lebensmüden« mit Hilfe der Polizei zu retten, die öffentliche Äußerung von Suizidgedanken mit der Konnotation des Kriminellen.

Es stellt sich deshalb die Frage, ob die von manchen Kritikern beklagte geringe Bereitschaft mancher Forenteilnehmer, sich in Behandlung zu begeben, durch die gegenwärtige Diskussion nicht gerade verstärkt wird. Denn bestätigt die Kritik nicht die Befürchtung vieler Forenteilnehmer, ihre Autonomie zu verlieren, nicht verstanden, kontrolliert und hospitalisiert zu werden, wenn sie sich offenbaren?

Der öffentliche Diskurs um die Suizidalität im Internet trägt zudem Züge der Nivellierung – als gäbe es *den* Suizidgefährdeten, *das* Suizid-Forum und *die* kompetente Hilfe. Es negiert die Erkenntnis, dass das, was für den einen stützend sein mag, den anderen gefährdet. Die Teilnahme an den Suizid-Foren kann einzelne Menschen gefährden und zum Suizid führen. Deshalb die Diskussion von Suizidgefährdeten zu verbieten und zu kontrollieren, scheint nach dem gegenwärtigen Stand des Wissens nicht nur überzogen, es verschließt auch Wege zu den Menschen, denen man eigentlich helfen will.

Über die Suizid-Foren wurde nicht nur in den Medien berichtet, sie werden auch rekursiv von den Medien beeinflusst und verändert. Nachdem die Suizid-Foren durch Medienberichte bekannt wurden, nahm nicht nur die Anzahl der Postings zu, es häuften sich auch in mehreren Foren Postings von nichtsuizidalen »Touristen«, die zum Teil die Forenteilnehmer beschimpften und belehrten. Suizidankündigungen und Einladungen zum gemeinsamen Suizid nahmen zu. Die Wirkungsweise von Imtitationseffekten durch das Medium Internet ist ebenfalls noch nicht geklärt: Entstehen sie innerhalb der netzspezifischen Kommunikation oder über den Umweg der Berichterstattung in Printmedien und Fernsehen, also eher auf dem klassischen Weg, für den die Imitationseffekte bislang festgestellt werden konnten (u. a. Schmidtke u. Schaller 2000; Pirkis u. Blood 2001a, 2001b)? Auch besteht die Gefahr, dass die in fiktiven Fernsehspielen und Filmen entwickelten Missbrauchszenarien dazu stimulieren könnten, tatsächlich realisiert zu werden. Andererseits führte die Mediendiskussion zur weitgehenden Ächtung der Verabredungen zum Suizid und der Löschung entsprechender Postings als auch zur Aufnahme von Links zu Webseiten von Hilfseinrichtungen in den meisten Suizid-Foren.

Statt die Foren zu verbieten, sollten Wege des Dialogs gefunden werden, gemeinsam mit Forenbetreibern die missbräuchliche Nutzung von Forendiskussionen zu verhindern. Dazu gehören aus meiner Sicht der Vertrieb von Suizidmitteln und die Verhinderung der denkbaren Ausnutzung der psychischen Notsituationen von Forenteilnehmern. Wenn man die Diskussion um die Suizid-Foren von den Dramatisierungen entkleidet, verbleiben derzeit nur wenig Argumente für ein prinzipielles Verbot von Forendiskussionen.

Professionelle Hilfsangebote

Es gibt zwar sowohl Beratungs- als auch Psychotherapieangebote im Internet (vgl. Ainsworth 1996; Christl 1998; Janssen 1998; Seemann u. Soyka 1998), hinsichtlich der Möglichkeiten für Suizidgefährdete ist allerdings bislang kaum etwas dokumentiert. Die Durchführung von Psychotherapien im Internet, auch »Cybertherapy« genannt, wird von den meisten Autoren skeptisch beurteilt (Young 1996c; Rotchild 1997; Christl 1998; Janssen 1998; Hoekstra u. van de Wetering 1999). Gerade in psychoanalytisch orientierten Psychotherapien werden Kontakte mit dem Therapeuten über das Internet in der Regel als Agieren des Patienten verstanden, der unbewusst wichtiges Material zwar kenntlich macht, es jedoch außerhalb der Bearbeitung in den Sitzungen hält. Eine gewisse Bedeutung als therapeutisches Medium wird dem Internet am ehesten durch Therapieformen zugeschrieben, welche die therapeutische Beziehung nicht als zentrales Medium der Behandlung verstehen, zum Beispiel bestimmten verhaltenstherapeutischen Methoden (computergestützte Expositionsbehandlungen) oder stützenden Verfahren (Dow et al. 1996; Hoekstra u. van de Wetering 1999; Riley u. Veale 1999). Childress (1999) schlägt im Rahmen humanistischer oder jungianischer Psychotherapien die Verwendung des E-Mail-Tagebuchs oder die Traumdeutung per E-Mail vor. Akute oder chronische Suizidalität wird jedoch allgemein als Kontraindikation für eine Psychotherapie im Internet angesehen (Ainsworth 1996; Kaplan 1997; Hoekstra u. van de Wetering 1999; Seemann u. Soyka 1999). Demgegenüber besteht im Internet eine zunehmende Anzahl von Beratungsmöglichkeiten für Menschen in suizidalen Krisen. Zum Beispiel erleben sich 5 Prozent der Klientel der E-Mail-Beratung der Katholischen Telefonseelsorge in Köln suizidal (Christl 1998). Die Samaritans berichten von fast 50 Prozent Anteil von Suizidalität in der E-Mail-Beratung, was den Anteil an der telefonischen Beratung deutlich übersteigt. Aus der Erfahrung in der Beratung im Internet betont Christl (1998), dass das Internet ein gutes Medium für Menschen mit sozialen Befürchtungen und Ängsten sei. Die Beratung stelle jedoch hohe Anforderungen an die Selbstreflexions- und Supervisionsmöglichkeiten des Beraters, da trotz der distanzierten Form des Kontakts, meist per E-Mail, intensiv und schwer zu handhabende Beziehungen entstehen könnten.

Die Stärke der professionellen Angebote im Internet liegt in der Möglichkeit, suizidale Menschen zu erreichen, die einem Face-to-face-Kontakt erst einmal mit großen Befürchtungen gegenüberstehen. Angebote, die eine Diskussion suizidaler Befindlichkeiten ausschließen oder mit Zwangsmaßnahmen drohen, wie das Forum des »Kompetenznetz Depression«, haben sicherlich durch ihren depressionspräventiven Ansatz einen mittelbaren suizidpräventiven Effekt. Gleichzeitig verleugnen, pathologisieren und tabuisieren sie aber ein wesentliches Erleben von schätzungsweise der Hälfte auch der depressiven Patienten und erreichen somit viele Suizidgefährdete eben nicht.

Die neuen Medien bieten Chancen in der Suizidprävention,

wenn die Art und Weise der Nutzung durch Suizidgefährdete akzeptiert wird. Angebote, welche die kommunikativen Möglichkeiten und Phantasien der computervermittelten Kommunikation – besonders die durch Anonymität ermöglichten – im Grundsatz respektieren, könnten eine wesentliche prä-therapeutische Funktion erfüllen. Der Helfer muss allerdings genauso wie in der klinischen Praxis akzeptieren, dass er nicht jeden Suizid verhindern und nicht jedes Leben »retten« kann. Es ist zu bezweifeln, dass Angebote, welche die Anonymität aufheben, von den meisten Suizidgefährdeten akzeptiert werden würden. Dies gilt wohl auch für Angebote auf der Basis des Video-Conferencing. Es sind bislang jedoch auch noch nicht alle Möglichkeiten ausgeschöpft worden. Denkbar wäre zum Beispiel die Einrichtung geschlossener virtueller Treffpunkte (MUDs) für suizidgefährdete Jugendliche unter professioneller Beteiligung.

Fazit

Das Internet ist ein Medium, das zu Phantasien anregt. Man könnte vermuten, dass die als omnipotent phantasierten Möglichkeiten des Internets sowohl Ideen umfassender Bedrohung als auch omnipotente Rettungsphantasien von Helfern anregen: jedem jederzeit und in jeder Situation – und sei es mit Gewalt – helfen oder alles kontrollieren zu können. Wenn man jedoch das Medium und deren Nutzer in einem größeren Zusammenhang betrachtet, werden auch die Grenzen deutlich.

Die neuen Medien bieten zunächst einmal eine Erweiterung der gängigen Kommunikations- und Informationsmöglichkeiten. So sind die meisten der aufgeführten stützenden und gefährdenden Aspekte der Suizid-Foren nicht spezifisch für die computervermittelte Kommunikation, sondern auch stützend und gefährdend in der alltäglichen Face-to-face-Kommunikation. Auch hier sind Verständnis und verurteilungsfreies Zuhören eher stützend, Kränkungen und die Identifikation mit der Hoffnungslosigkeit anderer eher gefährdend. Die meisten verabredeten Suizide wurden bislang nicht über das Internet arrangiert und Suizidmittel und Schriften über Suizidmethoden können von Sterbehilfeorganisationen bezogen werden, Imitationsverhalten kann durch die Berichterstattung über Suizide in den Massenmedien ausgelöst werden.

So verdeckt der dramatisierende öffentliche Diskurs über das gefährdende Potential der Suizid-Foren die eigentliche Problematik: dass sich jährlich über 11.000 Menschen in Deutschland das Leben nehmen und weit über 100.000 Suizidversuche im Jahr unternommen werden, von denen die wenigsten in einem Zusammenhang mit der Entwicklung der neuen Medien stehen. Die Überbetonung der Gefahren der neuen Medien für Suizidgefährdete erscheint deshalb zum gegenwärtigen Zeitpunkt als ein Artefakt der Wertigkeit von Nachrichten in der Mediengesellschaft. Während es der eingangs erwähnte »Internet-Suizid« in Norwegen sogar als Meldung in die »Tagesschau« brachte, hatte die Gründung des »Nationalen Suizidpräventionspräventionsprogramms für Deutschland« kaum Resonanz.

Die neuen Medien bieten Möglichkeiten, mit suizidalen Menschen in Kontakt zu treten, die vorher kaum erreichbar waren. Sie bieten suizidgefährdeten Menschen einen Raum, in dem sie Befindlichkeiten ausdrücken können, für die sie in ihren gängigen sozialen Kontakten keinen Raum sehen. Diese Nutzung der niedrigschwelligen Kommunikationsmöglichkeiten im Internet wird allerdings nur dann eine suizidpräventive Wirkung haben, wenn sie durch einen Ausbau von niedrigschwelligen Angeboten außerhalb des Internets begleitet wird.

Die neuen Medien bieten aus Sicht der Suizidprävention sowohl Gefahren als auch Möglichkeiten, wobei beide nicht überschätzt werden sollten. Die eingangs gestellte Frage, ob das Internet ein Hammer oder eine Lupe sei, würde ich so beantworten: eine große Lupe und ein kleiner Hammer.

Gefahren	Möglichkeiten
• Möglichkeit der Beschaffung von Suizidmitteln und Anleitungen zum Suizid • Destabilisierung, Verstärkung der Angst, professionelle Hilfe aufzusuchen • Möglichkeit der Verabredung zum Suizid • Desinformation durch qualitativ schlechte oder ideologisch orientierte Informationsangebote • Mangelnde Qualitätssicherung • Missbrauch/Flaming	• Man erreicht Suizidgefährdete, die sonst therapeutische Behandlungen vermeiden • Niedrigschwellige Einleitung von Behandlungen/Psychotherapien • Schnelle Hilfe in akuten Notfällen • Entlastung und Stabilisierung, Selbsthilfe • Fachlich korrekte Information • Hinweis auf Hilfsangebote • Öffentlichkeitsarbeit und Enttabuisierung • Möglichkeiten der Nachsorge nach stationären Behandlungen

Literatur

Ainsworth, M. (1996): ABC's of »Internet Therapy«. www.metanoia.org/imhs (Abruf: 26.02.2002).
Alao, A. O.; Yolles, J. C.; Armemta, W. (1999): Cybersuicide: The Internet and Suicide. Am. J. Psychiatry 156:11: 1836-1837.
Améry, J. (1976): Hand an sich legen: Diskurs über den Freitod. Stuttgart.
Barglow, R. (1994): The Crisis of the Self in the age of Information. Computers, dolphins and dreams. London/New York.
Baume. P.; Cantor, C. H.; Rolfe, A. (1997): Cybersuicide: The Role of Interactive Suicide Notes on the Internet. Crisis 18/2: 73-79.
Bronisch, T. (2002): Suizid-Foren im Internet – Eine Stellungnahme zu Georg Fiedler & Reinhard Lindner. In: Suizidprophylaxe 29, Heft 3: 107-111.
Carl, C. (1998): Soziale Gebrauchsweisen des Internet. Eine techniksoziologische Untersuchung auf empirischer Basis. Diplomarbeit am Fachbereich Philosophie und Sozialwissenschaften der Universität Hamburg.
Castells, M. (2001): Der Aufstieg der Netzwerkgesellschaft. Teil 1 der Trilogie »Das Informationszeitalter«. Opladen.

Childress, C. A. (1999): Interactive e-mail Journals: A Model for Providing Psychotherapeutic Interventions. Using the Internet. CyberPsychology & Behavior 2: 213-221.

Christl, F. (1998): Beratung im Internet. In: Janssen, L. (Hg), Auf der virtuellen Couch: Selbsthilfe, Beratung und Therapie im Internet. Bonn.

Clages, I. (2002): Tödliche Tipps aus dem Netz. Suizidforen im Internet helfen Lebensmüden, sich umzubringen. In: Ärztliche Praxis Neurologie-Psychiatrie 3/Sept./Okt. 2002: 9.

Dilling, H.; Mombour, W.; Schmidt, M. H. (1991): Internationale Klassifikation psychischer Störungen: ICD-10, Kapitel V (F), Klinisch-diagnostische Leitlinien, Weltgesundheitsorganisation Bern, Göttingen/Toronto.

Döring, N. (1999): Sozialpsychologie des Internet. Die Bedeutung des Internet für Kommunikationsprozesse, Identitäten, soziale Beziehungen und Gruppen. Göttingen/Bern/Toronto/Seattle.

Dow, M.G.; Kearns, W.; Thornton, D. H. (1996): The Internet II: Future Effects on Cognitive Behavioral Practice. Cognitive and Behavioral Practice 3: 137-157.

Fekete, S.; Osvath, P. (2001): The Internet – Data on Suicide, Depression and Anxiety. In: Grad, O. (Hg.), Suicide Risk and Protective Factors in the new Millenium. Ljubljana.

Fiedler, G.; Lindner, R. (2002a): Suizidforen im Internet. Suizidprophylaxe 29/1: 26-31.

Fiedler, G.; Lindner, R. (2002b): Eine Stellungnahme zu dem Beitrag von Thomas Bronisch: »Suizidforen im Internet – Eine Stellungnahme zu Georg Fiedler & Reinhard Lindner«. Suizidprophylaxe 29/4: 155-156.

Fiedler, G.; Lindner, R. (2002c): Fragiles Überleben in Suizidforen. Ärztlich Praxis Neurologie – Psychiatrie 6/Nov./Dez. 2002: 8.

Gerisch, B.; Fiedler, G.; Gans, I.; Götze, P.; Lindner, R.; Richter, M. (2000): »Ich sehe dieses Elendes kein Ende als das Grab«: Zur psychoanalytischen Konzeption von Suizidalität und der Behandlung Suizidaler. In: Kimmerle, G. (Hg.), Zeichen des Todes in der psychoanalytischen Erfahrung. Tübingen.

Götze, P.; Fiedler, G.; Gans, I.; Gerisch, B.; Lindner, R.; Richter, M.; Schaller, S.; Schmidtke, A. (2002): Psychotherapie der Suizidalität. Psycho 28: 569-575.

Hegerl, U.; Bussfeld, P. (2002): Psychiatrie und Internet. Möglichkeiten, Risiken, Perspektiven. Nervenarzt 73: 90-95.

Hoekstra, R.; van de Wetering, R. J. M. (1999): Cybertherapie? Tijdschrift voor Psychiatrie 41: 293-297.

Holland, N. N. (1996): The Internet Regression. Vortragsmanuskript. www.rider.edu/users/suler/psycyber/holland.html (Abruf 20.08.2000).

Jäger, K. (1998): Im virtuellen Selbsthilfenetz. Erfahrungsbericht einer Betroffenen. In: Janssen, L. (Hg.), Auf der virtuellen Couch. Selbsthilfe, Beratung und Therapie im Internet. Bonn.

Janson, M. P.; Allesandrini, E. S.; Strunjas, S. S.; Shahab, H.; El-Mallakh, R.; Lippmann, S. B. (2001): Internet observed suicide attempts. Journal of Clinical Psychiatry 62: 478.

Janssen, L. (Hg.) (1998): Auf der virtuellen Couch: Selbsthilfe, Beratung und Therapie im Internet. Bonn.

Joinson, A. (1998): Causes and Implications of Disinhibited Behavior on the Internet. In: Gackenbach, J. (hg.), Psychology and the Internet: Intrapersonal, Interpersonal, and Transpersonal Implications. San Diego/London.

Kaplan, E. H. (1997): Telepsychotherapy. Psychotherapy by Telephone, Videophone and Computer Videoconferencing. The Journal of Psychotherapy Practice and Research 6: 227-237.

Kernberg, O. F. (2000): Schwere Persönlichkeitsstörungen. Stuttgart.

Leithäuser, T. (1997): Ordnendes Denken. Vom medialen Gebrauch des Personalcomputers. In: Schachtner, C. (Hg.), Technik und Subjektivität. Das Wechselverhältnis zwischen Mensch und Computer aus interdisziplinärer Sicht. Frankfurt a. M.

Lindner, R.; Fiedler, G. (2002): Neue Beziehungsformen im Internet. Virtuelle Objektbeziehungen in der Psychotherapie. In: Nervenarzt 73: 78-84.

Löchel, E. (1997): Inszenierungen einer Technik. Psychodynamik und Geschlechterdifferenz in der Beziehung zum Computer. Frankfurt a. M./New York.

Lorenzen, M. (2001): Metaphysik und Ethik des Suizids. Marburger Forum 2/5: 1-19.

Mall, V. (2003): Das Internet als Kommunikationsforum für suizidgefährdete Adoleszente. Dissertation. Fakultät I, Geisteswissenschaften der Technischen Universität Berlin.

Mehlum, L. (2001a): The Internet and Suicide Prevention. Crisis, 21/4: 186-188.

Mehlum, L. (2001b): The Internet and Suicide Prevention. In: Grad, O. (Hg.), Suicide Risk and Protective Factors in the New Millenium, Ljubljana.

Michel, K.; Runeson, B.; Valach, C.; Wassermann, D. (1997): Contacts of suicide attempters with GPs prior to the event: a comparision between Stockholm and Bern. Acta Psychiatr. Scand. 95: 94-99.

Petrie, K. (1989): Recent general practice contacts of hospitalized suicide attempters. NZ Med. J. 102: 130-131.

Pirkis, J.; Blood, W. R. (2001a): Suicide and the Media. Part. I. Reportage in Nonfictional Media. Crisis 22/4: 146-154.

Pirkis, J.; Blood, W. R. (2001b): Suicide and the Media. Part. I. Portrayal in Fictional Media. Crisis 22/4: 155-162.

Plassmann, R. (1998): Virtuelle Objekte und Ihre Verwendung. Über die industrielle Produktion von Objektbeziehungen. Forum Psychoanal. 15: 1-8.

Podoll, K.; Mörth, D.; Saß, H.; Rudolf, H. (2002): Selbsthilfe im Internet. Chancen und Risiken einer Kommunikation in elektronischen Netzwerken. Nervenarzt 73: 85-89.

Prass, S. (2000): Suizid-Foren im Internet. Eine neue Kultgefahr? Berliner Dialog 3: 16-19.

Prass, S. (2002): Suizid-Foren im World Wide Web. Eine neue Kultgefahr. Jena.

Reid, E. (1998): The Self and the Internet: Variations of the Illusion of the One Self. In: Gackenbach, J. (Hg.), Psychology and the Internet: Intrapersonal, Interpersonal, and Transpersonal Implications. San Diego/London.

Reimer, C.; Zimmermann, R.; Balck, F. (1986): Suizidalität im Urteil von klinisch tätigen Ärzten. Nervenarzt 57: 100-107.

Riley S.; Veale D. (1999): The Internet and its Relevance to Cognitive Behavioral Psychotherapists. Behavioral and Cognitive Psychotherapy 27: 37-46.

Ritter, K.; Stompe, T.; Voracek, M.; Etzerdorfer, E. (2002): Suicide risk-related knowledge and attitudes of General Practioners. In: Wien Klein Wochenschr. 114/15-16: 685-690.

Rotchild, E. (1997): E-mail Therapy. Am. J. Psychiatry 154: 1476-1477.

Saalfelde, P.; Groth-Tonberge, C.; Stedtler, U.; Hermans-Clausen, M. (2002): Suizidforen im Internet und ihre Bedeutung für die Intensivmedizin – ein Fallbericht. Anasth. Intensiv. Notf. 39 Suppl. 1: 66-69.

Schmidtke, A.; Schaller, S. (2000): The role of mass media in suicide prevention. In: Hawton, K.; Heeringen, K. van (Hg.), The International Handbook of Suicide and Attempted Suicide. Chichester u. a.

Seemann, O.; Soyka, M. (1999): Psychiatrie und Psychotherapie im Internet. Eine aktuelle Übersicht. Nervenarzt 70: 76-80.

Suler, J.: Essential Issues in Cybertechnology. 2. Disinhibition, Transference, and Personality Types in Cyberspace. www.truecenterpoint.com/ce/essentials2.html (Abruf: 12.02.2003).

Turkle, S. (1998): Leben im Netz. Identitäten im Zeitalter des Internet. Reinbek.

Young, R. M. (1996a): NETDYNAM: Some Parameters of Virtual Reality. Vortragsmanuskript.
www.shef.ac.uk/~psysc/staff/rmyoung/papers/paper17h.html
(Abruf: 26.6.2000)
Young, R. M. (1996b): Primitive Processes on the Internet. Vortragsmanuskript.
www.shef.ac.uk/~psysc/staff/rmyoung/papers/prim.html
(Abruf: 26.6.2000).
Young, R. M. (1996c): Psychoanalysis and/of the Internet. Vortragsmanuskript.
www.shef.ac.uk/~psysc/staff/rmyoung/papers/paper36h.html
(Abruf: 26.6.2000).

Dokumente

Ärztliche Praxis Neurologie – Psychiatrie, 5/Sept./Okt. 2002: Tödliche Tipps aus dem Netz. Suizidforen im Internet helfen Lebensmüden, sich umzubringen.
Bild am Sonntag, 3.11.2002: Experten warnen: Heute nicht Tatort gucken. Selbstmordszenen gefährden Jugendliche.
BMBF (2002): Bundesministerium für Bildung und Forschung. Presseerklärung Nr. 46/2002 vom 06.03.2002: Deutschland jetzt Spitze in der Informationsgesellschaft.
Der Spiegel, 9/2000: Asche im Netz.
Der Spiegel, 51/2000: Sterben ist schön.
Der Spiegel, 9/2001: Let it be.
Die Welt, 6.11.2002: Kreuz, Tod und Gruft. Faszination Selbstmord: Kommt über das Internet unheilvolles deutsches Erbe wieder hervor?
Frankfurter Rundschau: 19.11.2002: Schritte aus dem Leben. Menschen mit Suizidgedanken finden sich im Web – auch zum gemeinsamen Abschied.
Spiegel Reporter, 4/2001: »www.teenage-angst.de«.
Spiegel-Online, www.spiegel.de/reporter/0,1518,123687,00.html
(Abruf: 27.03.2001).
Süddeutsche Zeitung, 6.8.2002: Todessehnsucht im Netz.

Joachim Wenzel

Vertraulichkeit und Anonymität im Internet

Problematik von Datensicherheit und Datenschutz mit Lösungsansätzen

Vertrauliche Kommunikation im Internet

Die Frage nach Sicherheit bei vertraulicher Kommunikation im Internet wurde lange Zeit vernachlässigt – dies sogar von Organisationen und Berufsgruppen, die gesetzlich zu Verschwiegenheit verpflichtet[1] sind. Das geschah offensichtlich nicht aus Desinteresse oder Leichtsinn, sondern in der Regel eher aus Unwissenheit gegenüber den Gefahren der recht neuen Kommunikationsplattform Internet. Selbst Firmen, die im EDV-Bereich tätig sind, haben diese Gefahren lange unterschätzt und manche öffentlichen Einrichtungen sind bis heute noch nicht angemessen mit dieser Problematik befasst. Fragen der Vertraulichkeit und Anonymität im Internet können dabei exemplarisch durch die »TelefonSeelsorge im Internet«[2] verdeutlicht werden. Hier wurde das erste umfassende Sicherheitskonzept einer Beratungseinrichtung nach dem *sewecom*-Standard[3] verwirklicht.

Die TelefonSeelsorge ist seit ihrer Gründung mit medialer Kommunikation vertraut, lange bevor andere Einrichtungen diesen ausschließlich auditiven Kommunikationskanal als einen möglichen Weg für Beratung entdeckt haben. Und auch im Internet wurde sie zur Beratungseinrichtung der ersten Stunde. Bereits 1995 gab es Stellen, die diesen Kommunikationskanal genutzt ha-

---

1 Das betrifft sowohl strafrechtliche Normen (Verletzung von Privatgeheimnissen § 203 StGB) als auch zivilrechtliche Konsequenzen (Schadensersatzpflicht § 823 BGB).
2 Internetadressen: *www.telefonseelsorge.de* und *www.telefonseelsorge.org* – Im Folgenden als TelefonSeelsorge bezeichnet.
3 Internetadresse: *www.sewecom.de*

ben, um Menschen in Not zu erreichen. Die hohen institutionell garantierten Standards der TelefonSeelsorge bei Auswahl, Ausbildung, Weiterbildung und Supervision aller Mitarbeitenden haben die Verantwortlichen in der TelefonSeelsorge dafür sensibilisiert, auch die Sicherheitsfragen im Internet grundsätzlich in den Blick zu nehmen und nicht allein in die Verantwortung der Einzelnen zu stellen.

Vertraulichkeit und Anonymität haben für die TelefonSeelsorge höchste Priorität. Darum wurde von den Verantwortlichen in der TelefonSeelsorge in Bezug auf die Internetberatung sogar die Frage gestellt, ob sie dafür überhaupt geeignet sei. Nur wenn es Möglichkeiten gibt, Sicherheitsstandards zu realisieren, die Vertraulichkeit im Datentransfer für alle Ratsuchenden gewährleisten und die mit der Sicherheit des Telefonnetzes vergleichbar sind, schien es vertretbar zu sein, einen solchen Dienst dauerhaft im Internet anzubieten. Dabei war es immer das Ziel der TelefonSeelsorge, eine anwenderfreundliche Kommunikationstechnik in der E-Mail- und Chat-Beratung anzubieten, die gleichzeitig hohen Sicherheitsanforderungen gerecht wird.

Die TelefonSeelsorge berät im Internet – wie am Telefon – Menschen mit seelischen Problemen. Um diesen Menschen auch im Internet eine möglichst sichere und vertrauliche Beratungsplattform zu bieten, wurde eine Mainzer Unternehmensberatung beauftragt, ein konkretes Sicherheitskonzept zu entwickeln. Es soll auch denjenigen Menschen ein sicherer und unkomplizierter Zugang zum Beratungsangebot ermöglicht werden, die aufgrund ihres seelischen Zustands ein erhöhtes Risikoverhalten zeigen. So wie es etwa bei Banktransaktionen üblich ist, sollen die Menschen auch hier von vornherein einen sicheren Transfermodus zur Verfügung gestellt bekommen.

Bei Sicherheitsfragen handelt sich um ein sehr komplexes Feld, das häufig auf zu vereinfachende Weise angegangen wird. Lösungen, die der Komplexität des Gegenstandsfelds nicht gerecht werden, bringen nur eine scheinbare Sicherheit, die durch ein falsches Sicherheitsgefühl das Gegenteil bewirken kann. Gerade vermeintliche Sicherheit ohne hinreichende Kenntnisse der Problematik öffnen unerwünschten Eindringlingen Tür und Tor.

Leider bestehen bei zahlreichen Providern immer noch eklatante Sicherheitslücken, zu deren Behebung der Anbieter allerdings nicht aufgrund von gesetzlichen Regelungen gezwungen ist; dies geschieht meist erst auf Druck der Kunden.

Um ein möglichst hohes Sicherheitsniveau zu gewährleisten, wurde das Benutzer-Service-Zentrum (BSZ) des Landeskirchenamtes der Evangelisch-Lutherischen Landeskirche Hannovers als kirchliches Rechenzentrum vorgeschlagen. Das BSZ hat sich auf die Bereitstellung sicherer Computer-Infrastruktur spezialisiert und bietet sichere Vernetzung einer Einrichtung mit Anbindung an das Internet an. Die Daten der ökumenischen TelefonSeelsorge bleiben beim BSZ im kirchlichen Raum des »Kooperativen Netzes der Evangelischen Kirche« (KONDEK), was für die Gewährleistung von Vertraulichkeit sinnvoll ist.

Nur die Organisation selbst kann den Sicherheitsbedarf festlegen

Fragen der Sicherheit werden gern nach außen delegiert. Es erscheint den Verantwortlichen einfacher, dieses Problem von Experten lösen zu lassen. Es gibt schließlich Beratungsunternehmen, die sich darauf spezialisiert haben, in einem bestimmten Bereich für Sicherheit zusorgen. Natürlich ist es sinnvoll, für solche Fragen Fachleute heranzuholen. Auch unsere Firma bietet Sicherheitskonzepte für das Internet an. Jedoch versprechen wir nicht das Unmögliche: Sicherheit in das Unternehmen hineinzubringen. Wir können beraten, informieren und förderliche Prozesse initiieren. Welche Inhalte gesichert werden sollen, welchen Stellenwert die zu sichernden Inhalte haben, kann jedoch nur von der Organisation selbst festgelegt werden. Nur wenn in der Organisation selbst die Sicherheitsthematik verankert wird, kann diese auf einem angemessenen Niveau verwirklicht werden. Ist die Einrichtung, die Sicherheit gewährleisten möchte, nicht bereit, sich das Thema zum Eigen zu machen, so ist die Beratung von vornherein zum Scheitern verurteilt.

Bereits bei der Auswahl des Unternehmens, das Sicherheitslösungen verspricht, fängt die Problematik an. Nur wenn die Auswahl aller beteiligten Dienstleister sorgfältig getroffen wird, können die daraus resultierenden Lösungen auch für die jeweilige Organisation angemessen sein. Im Internet wird von Unternehmen sehr viel versprochen, was nicht gehalten werden kann. Überzogene Versprechungen sollten deshalb kritisch bewertet werden. Nur wenn auch die Grenzen von Sicherheitslösungen klar benannt werden, sind in diesem Bereich Dienstleistungen als seriös einzuschätzen. Eine Firma, die behauptet, einer Organisation eine umfassende Sicherheitslösung zu bringen, ohne dass die Organisation sich selbst mit der Problematik befassen müsse, stellt selbst ein Sicherheitsrisiko dar.

Für Leitungsverantwortliche in Organisationen ist es oft schwer, sich in dieser Fragestellung zu orientieren. Meist ist zu wenig Grundwissen vorhanden, um überhaupt geeignete Firmen ausfindig zu machen, die bei der Realisierung eines umfassenden Sicherheitskonzepts für die Kommunikation im Internet helfen können.

Dazu wurde der nachfolgende Sicherheitsstandard entwickelt, der sich nicht nur auf einzelne technische Details bezieht (wie die meisten Sicherheitsstandards), sondern der zentrale Eckpunkte aufzeigt, um ein hohes Maß an Sicherheit gewährleisten zu können.

Grundfragen zur Datensicherheit

Um die Problematik der Datensicherheit besser verstehen zu können, bietet sich hier eine Analogie aus dem Bereich der Biologie an. Leben bedeutet Wachstum, Veränderung und somit immer auch Austausch von Stoffen und Informationen. Stoffwechsel ist sogar ein grundlegender Teil des Lebensprozesses. Wo kein Austausch mehr stattfindet, ist Tod.

Vor diesem Hintergrund kann auch das Internet bezüglich Vertraulichkeit in den Blick genommen werden. Das Internet wird so als eine Ausdrucksmöglichkeit von Lebens- und Kommunikationsprozessen verstanden. Bei Sicherheitskonzepten im Internet geht es somit – allgemein formuliert – um folgende Ausgleichs- und Gestaltungsprozesse:

- Das Balancieren zwischen Abgrenzung und Austausch von Informations- und Kommunikationsprozessen.
- Das geregelte Öffnen und Schließen von Grenzen.
- Das bewusste Gestalten von öffentlichen und privaten virtuellen Räumen.

Das Internet besteht aus unterschiedlichsten (Teil-)Netzwerken und Diensten. Die technischen Standards des Internets – etwa die so genannten Protokolle – wurden ursprünglich nicht nach Kriterien der Sicherheit entwickelt, da es sich bei der Entwicklung damals um ein Netzwerk mit geschlossenem Benutzerkreis handelte und die Erfordernisse heutiger Anwendungsmöglichkeiten nicht vorhergesehen wurden. Fragen nach Sicherheitsstandards wurden erst dann aktuell, als das Internet öffentlich zugänglich wurde und dennoch auch sensible Daten transferiert werden sollten. Vielfach wird das Internet als unsicher bezeichnet. Das ist richtig, bezogen auf die am häufigsten angewendeten Datentransferarten (z. B. E-Mail per SMTP/POP3, http-Protokoll), weil dort keine Sicherheitsstandards integriert sind.

Heute gibt es allerdings zahlreiche technische Möglichkeiten, diese Mängel zu beheben oder zu umgehen. Verschlüsselte Datenpakete können so sicher sein, dass sie nach aktuellem Stand der Technik ohne den passenden Schlüssel nicht zu »knacken« sind. Verschiedene Länder (darunter beispielsweise die USA) wollen deshalb bestimmte Kodierungen weltweit verboten wissen, weil selbst der Staat (Polizei, Geheimdienst) mit seinen Großrechnern nicht mehr in der Lage wäre, einen Informationsaustausch von verdächtigen Personen und Gruppen zu überwachen.

Hier wird deutlich, dass es möglich ist, vertrauliche Informationen im Internet auf Arten zu versenden, die einem höheren Sicherheitsniveau nachkommen als die alltäglichen Medien wie Brief und Telefon: Briefe können abgefangen, Telefone abgehört werden und selbst ein persönliches Beratungsgespräch von Person zu Person in einem Raum kann technisch gesehen ohne Probleme mit einem Richtmikrophon von außen abgehört werden.

Die gängige Praxis im Internet zeigt aber immer noch, dass auf unsicheren Übertragungsarten sensible Daten übermittelt werden, deren Ausspionieren durch Unbefugte sehr einfach möglich ist. Werden hingegen sichere Protokolle verwendet und die Mitarbeiter und Mitarbeiterinnen zu Fragen der Sicherheit geschult, können selbst sensibelste Daten auf einem hohen Sicherheitsniveau im Internet transferiert werden.

Selbst wenn es absolute Sicherheit – weder im Internet noch in anderen Bereichen – nicht geben kann, so sollte dennoch in vertraulichen Bereichen wie Beratung und Seelsorge ein Höchstmaß angestrebt werden, um erst gar nicht in den Ruf von fahrlässigem Umgang mit vertraulichen Daten kommen zu können.

Psychologische und pädagogische Herausforderungen

Internetsicherheit ist zur Zeit nur am Rande ein technisches Problem. Zwar ist die Hard- und Software-Technik für die Sicherheit noch lange nicht ausgereift. Die meisten bestehenden technischen Sicherheitsmöglichkeiten werden jedoch nicht ausgeschöpft, weil die Computer-Anwender sich der Problematik nicht bewusst sind und nicht nach Abhilfemöglichkeiten suchen.

Das Ausmaß der Sicherheitsproblematik wird gemeinhin unterschätzt. Gründe dafür liegen am mangelnde Risikobewusstsein. Erst durch die weltweite Vernetzung im Internet kam es zu einer neuen Bedrohung, die es bei den früher relativ abgeschotteten einzelnen Netzwerken so nicht gab. Außerdem handelt es sich um ein relativ neues Erfahrungsfeld. Aufgrund weniger negativer Erfahrungen ist die mögliche Gefahr nicht im Bewusstsein. Die noch vorherrschenden geringen Computerkenntnisse tragen ebenfalls dazu bei, die Risiken zu unterschätzen.

Das teilweise irrationale Vertrauen ausschließlich in technische Lösungen ist ein weiterer Punkt, der für sichere Prozesse nicht angemessen ist. Spricht man von technischer Sicherheit, so ist schnell die Rede von dem Zauberwort »Firewall«. Selbst in fortschrittlichen Unternehmen kommt es vor, dass Firewall wie ein Zaubertrick verstanden wird. Dies erinnert weniger an Aufgeklärtheit im Informationszeitalter des 3. Jahrtausends als vielmehr an einen »Abwehrzauber« wie bei Harry Potter. Eine Firewall ist in der Realität nur ein (wenn auch zentraler) Teil eines

Gesamtkonzepts, das nicht wirksamer sein kann als der Kenntnisstand der Beteiligten. Selbst eine Firewall ist nur dann von Nutzen, wenn sie von Menschen angemessen konfiguriert und gewartet wird.

Zentrale Faktoren sind also die Kompetenzen der Mitarbeitenden: Grundkenntnisse der Sicherheitsfragen müssen vorhanden sowie Mindeststandards verbindlich sein. Diese umfassen die Bereiche der sicheren Datenübermittlung ebenso wie Aspekte der Sicherheit der Daten auf den lokalen PCs und dem Rechner der Beratungseinrichtung. Die Erfahrung in Unternehmen mit sensiblen Daten zeigt, dass die Schulung der Sicherheitskompetenzen der Mitarbeitenden die wichtigste Herausforderung darstellt, da das Sicherheitsbewusstsein die kritische Variable im gesamten Sicherheitskonzept darstellt. Die gezielte Weiterbildung der Mitarbeitenden ist deshalb ein Kernpunkt. Ein hohes Maß an Sicherheit ist nur zu gewährleisten, wenn die verschiedenen Sicherheitsaspekte den Mitarbeitenden bekannt sind und die aktuellen Sicherheitsstandards eingehalten werden.

Dimensionen von Sicherheit

Datenpakete, die zwischen zwei Rechnern im Internet ausgetauscht werden, können prinzipiell jederzeit »abgehört« werden, da die Übertragung der Daten über unzählige Computer erfolgt, an denen Zugriffsmöglichkeiten für Dritte bestehen. Die zum Mitlesen nötigen Programme lassen sich ohne weiteres aus dem Internet beziehen und auch ohne größere Sachkenntnis einsetzen. Die Sicherheitsvorkehrungen vieler Unternehmen stehen allerdings in keinem Verhältnis zu diesen offensichtlichen Sicherheitslücken.

Zu diesen unsicheren Übertragungsarten gehören neben dem Versand von E-Mails auch der Transfer von Dateien und das Abrufen von Seiten aus dem World Wide Web (WWW). Dabei ließen sich diese Übertragungen durchaus sicher gestalten.

Will man einen hohen Sicherheitsstandard in der Internetkommunikation gewährleisten, so sind unbedingt die sehr unterschiedlichen Dimensionen von Sicherheit zu beachten:

- Unter *Verbindlichkeit* versteht man hier den Nachweis darüber, dass die Datenübertragung auch tatsächlich stattgefunden hat. Dies ist beispielsweise grundlegend für den elektronischen Handel zur Erteilung verbindlicher Aufträge oder Zusagen. Aber auch in anderen Bereichen der Kommunikation über das Internet schützt dieser Nachweis vor Missverständnissen. Möglichkeiten einer Bestätigung sind etwa ein beigefügter elektronischer Zeitstempel, eine Eingangsbestätigung oder die Beglaubigung durch eine dritte, vertrauenswürdige Autorität. Beim Versand von E-Mails ist in der Regel nicht gesichert, dass die Nachricht auch wirklich angekommen ist. Hier kann es im Beratungsprozess leicht zu Missverständnissen kommen.
- *Vertrauliche Daten* müssen vertraulich bleiben. Im Internet als öffentlichem Netz bedeutet dies, dass der Inhalt einer Datenübermittlung nur Absender und Adressat bekannt sind. Dies wird im Allgemeinen durch ausreichende Verschlüsselung der enthaltenen Daten gewährleistet. Die Verschlüsselung von E-Mails wäre in dieser Hinsicht zwar sicher, sie benötigt aber Kenntnisse auf Seiten der Beratenden und der Ratsuchenden. Durch E-Mail-Verschlüsselung würde also eine Hürde aufgebaut, die der Situation der Ratsuchenden nicht angemessen ist.
- Die *Authentizität* der kommunizierenden Parteien muss gewährleistet sein. Sowohl der Empfänger muss den Absender eindeutig identifizieren können als auch umgekehrt. Auf technischer Ebene kann dies durch eindeutige Merkmale, zum Beispiel beigefügte digitale Signaturen oder Zertifikate einer Website (Server-Pass), realisiert werden. Auf der anderen Seite muss, falls dies gewünscht ist, durch das Entfernen solcher eindeutigen Merkmale *Anonymität* hergestellt werden, das heißt, eine oder beide Parteien dürfen anhand von Übertragungsparametern oder Ähnlichem nicht feststellen können, wer der Kommunikationspartner ist. Manche Beratungsdienste benötigen hier eine asymmetrische Lösung: Sie selbst sollen als eine bestimmte Einrichtung eindeutig und sicher identifizierbar sein. Der Ratsuchende soll anonym bleiben können.

– *Integrität* beinhaltet, dass eine Mitteilung auf dem Übertragungsweg nicht verändert wurde. Eine Manipulation der übertragenen Daten, unabhängig ob diese lesbar oder verschlüsselt verschickt wurden, muss vom Empfänger sofort festgestellt werden können. Gerade in einem Beratungsprozess muss gewährleistet sein, dass es nicht zu inhaltlichen Manipulationen durch Dritte kommen kann. Auch dies wäre durch signierte E-Mails zu sichern, wenn dies nicht ein Hemmnis auf Seiten der Ratsuchenden darstellen würde.

Problematik bei E-Mail- und Chat-Beratung

Bei der E-Mail-Kommunikation per SMTP/POP3 ist problematisch, dass es nicht nur einen Datenbestand gibt, der abgesichert werden kann. Vielmehr werden bei E-Mails Datenpakete im Klartext durch das Internet transferiert, die an unzähligen Rechnern abgefangen und kopiert werden können. Jede E-Mail kann unbemerkt mitgelesen werden von Hackern, Providern und anderen. Eine nicht verschlüsselte E-Mail liegt im Klartext vor wie eine Postkarte und kann im Prinzip von jedem Computerbesitzer mit Hintergrundkenntnissen im Internet gelesen werden. Eine verschlüsselte E-Mail hingegen kann zwar je nach Verfahren als ziemlich sicher angesehen werden – sicherer als ein postalischer Brief jedenfalls, der unbefugt geöffnet werden kann –, allerdings ist die Verschlüsselung technisch relativ kompliziert und wird bislang nur von einem geringen Prozentsatz der Internetnutzer beherrscht.

Die Daten der E-Mail-Korrespondenz sind standardmäßig auf den PCs der Ratsuchenden gespeichert, deren Sicherheitskompetenz nicht vorausgesetzt werden kann. Ein sicherer Ansatz muss deshalb bedeuten, dass die Daten auf dem Rechner der Beratungseinrichtung bleiben und von dort aus standardmäßig zur Anzeige auf den PCs der Ratsuchenden in einem sicheren Modus (per SSL = Secure Soccet Layer) abgerufen werden. Eine gefährliche Sicherheitslücke kann hier der Provider darstellen. Bei dessen Auswahl sollte sorgfältig geprüft werden, ob seine Sicherheitskonzepte (auch im Hinblick auf sein Personal) den hohen Anforderungen eines Beratungsdienstes genügen.

Die genannten Probleme sind lösbar und können anwenderfreundlich durch eine webbasierte E-Mail-Beratung realisiert werden. Bei diesem neuen Konzept wird auf das Versenden von Mails generell verzichtet. Die Ratsuchenden bekommen passwortgeschützt einen Zugang (Account) zu den Beratungsseiten auf dem Rechner der TelefonSeelsorge, der ihnen auch Zugriff auf ihren eigenen Beratungsverlauf bietet. Wenn diese Verbindung mit dem Rechner der TelefonSeelsorge aufgebaut wird, befindet sie sich automatisch in einem gesicherten Verschlüsselungsmodus. Dazu bedarf es keiner detaillierten technischen Kenntnisse der Ratsuchenden.

Bei der Chat-Beratung treten ähnliche Probleme auf wie bei der E-Mail-Beratung. Hier ist es ebenfalls wichtig zu gewährleisten, dass ein technischer Standard verwendet wird, der einen verschlüsselten Datentransfer vorsieht. Da die meisten Chats in öffentlichen Kommunikationsräumen verwendet werden, wurde die Frage nach Sicherheit bislang kaum gestellt. Die weit verbreiteten Chat-Lösungen bieten dabei keine sichere Plattform für vertrauliche Kommunikation im Internet. Insbesondere die Zugangsmöglichkeiten zum Administrationsbereich und die Speicherung der so genannten Chatlogs (Dateien mit Textinhalten der Chatter) genügen nicht den hohen Anforderungen der geltenden Datenschutzbestimmungen, wenn es sich um vertrauliche Beratungskontakte handelt.

Der konzeptionelle Sicherheitsstandard *sewecom*

Die Abkürzung *sewecom* steht für *se*cure *we*b *com*munication und bezeichnet einen Sicherheitsstandard, in dem Mindestanforderungen an vertrauliche Kommunikation im Internet konzeptionell erfasst sind (vgl. Abb. 1). Er wurde entwickelt, um Verantwortlichen in Firmen und Organisationen eine Orientierungshilfe zu geben. Gerade Einrichtungen ohne EDV-Abteilung oder Freiberufler wissen oft nicht, worauf sie achten müssen, wenn sie eine angemessen sichere Beratungsplattform haben möchten.

Der *sewecom*-Standard dient dazu, allen Einrichtungen und Personen, die der Schweigepflicht unterliegen, eine Entscheidungshilfe zu bieten, welche Komponenten in einem Sicherheitskonzept enthalten sein müssen, mit dessen Hilfe eine Kommunikation vertraulicher Daten im Internet verantwortet werden kann.

Es handelt sich dabei um einen Meta-Standard, der verschiedene technische Sicherheitsstandards zusammenfasst. Die konkreten Sicherheitsanforderungen können nur von der Organisation selbst festgelegt werden. Die folgenden Eckpunkte wurden beschrieben, um die zentralen sicherheitsrelevanten Themen für ein Mindestmaß an Sicherheit und Datenschutz für vertrauliche Kommunikation zu gewährleisten:

Gesamtkonzept
Bei einem Sicherheitskonzept nach dem *sewecom*-Standard handelt es sich um ein umfassendes Gesamtkonzept, das alle beteiligten Personen und technischen Komponenten umfasst. Nur wenn alle relevanten Bereiche erfasst sind, kann ein hohes Maß an Sicherheit gewährleistet werden.

Leitungsebene der Einrichtung ist eingebunden
Sicherheit muss von der obersten Leitungsebene gewollt sein und vorangetrieben werden. Sicherheitsstandards, die nicht eingefordert werden, erweisen sich möglicherweise schnell als unwirksam, weil sie in Vergessenheit geraten. Nur wenn sich die Leitung ebenfalls die Sicherheitsthematik zu Eigen macht und diese bei Bedarf einfordert, ist eine Realisierung von wirksamen Sicherheitsstandards in der Organisation zu erreichen.

Sicherheitsrichtlinien und -standards
Verbindliche Sicherheitsrichtlinien bilden die Basis für die Umsetzung eines Sicherheitskonzepts. Darin werden die vertraglichen Rahmenbedingungen erläutert und es wird auf Konsequenzen und Sanktionen hingewiesen, die bei Verstößen gegen diese Richtlinien eintreten können. Die Sicherheitsstandards konkretisieren die Richtlinien und sind ebenso verbindlich. Sie müssen regelmäßig an die aktuellen Bedingungen angepasst werden. In ihnen wird festgelegt, welche Sicherheitseinstellungen an den beteiligten PCs vorzunehmen sind, welche Gefahren bei Soft- und Hardware abzuwenden sind und wie Angriffe effektiv abgewehrt

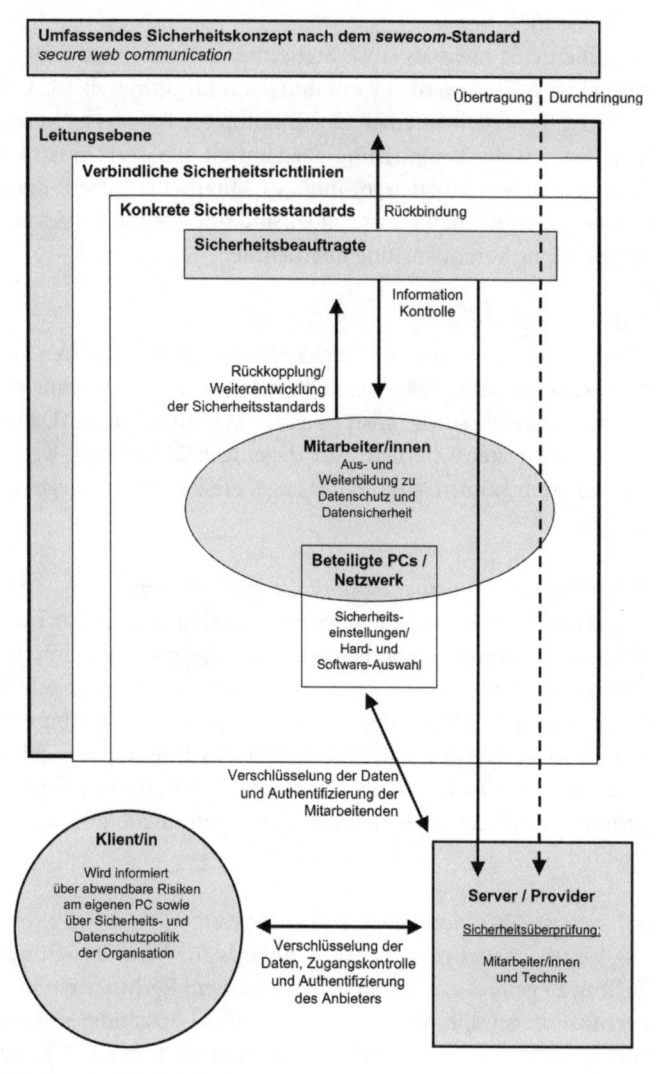

Abbildung 1: Sicherheitskonzept *sewecom*

werden können. In einem Alarmierungsplan wird dabei genau beschrieben, wer für was zuständig ist und wie mit möglichen Angriffen umzugehen ist.

Sicherheitsbeauftragte
Sicherheit darf nicht als etwas Statisches verstanden werden, das einmal eingekauft werden kann und dann für immer da ist. Vielmehr ist Sicherheit in einer Organisation als Prozess zu verstehen, der sich der Veränderung der Umwelt anpassen muss. Um dies angemessen zu steuern, muss es Mitarbeiter geben, die in besonderer Weise dafür ausgebildet sind und die für die gesamte Fragestellung Verantwortung übernehmen.

Mitarbeiterschulung
Alle Beteiligten werden entsprechend ihren Zugangsrechten aus- und weitergebildet. Dies beinhaltet das Grundverständnis des Gesamtkonzepts sowie ausreichende Kenntnisse über Datenschutz und Datensicherheit. Nur diejenigen Mitarbeiter, welche die Gefahren kennen, sind in der Lage, diesen aktiv entgegenzuwirken.

Sichere Server-Infrastruktur/Administrative Zugänge
Die Daten werden auf einem Server gespeichert, der höchsten Sicherheitsanforderungen genügt. Der Zugang zum Internet wird dabei durch Firewall- und Viruswall-Lösungen gesichert, die dem aktuellen Stand der Technik entsprechen. Die administrativen Zugänge sind dabei nicht über das Internet erreichbar, sondern – falls nicht im eigenen Haus – über ein *virtual privat network* (vpn), das ausschließlich durch getunnelte Einwahl erreichbar ist.

SSL-Server-Zertifizierung nach Signaturgesetz
Um den höchsten gesetzlichen Standards für Verschlüsselungstechnik zu genügen, wird ein nach deutschem Recht anerkannter Zertifizierer gewählt. Dieser ist dann von der zuständigen Regulierungsbehörde für Post und Telekommunikation (RegTP) für die Ausstellung von Sicherheitszertifikaten zugelassen. Mit einer Zertifizierung durch eine anerkannte Instanz ist im Internet glaubwürdig nachzuvollziehen, dass es sich bei dem Angebot einer speziellen Beratungseinrichtung auch wirklich um die genannte Einrichtung selbst handelt (Authentifizierung).

Aufklärung der Klienten
Die Klienten werden an deutlich sichtbarer Stelle der Website über die Sicherheitspolitik der Organisation in Kenntnis gesetzt. Insbesondere wird auf den Umgang mit der Speicherung und Löschung von Daten hingewiesen. Des Weiteren wird auf mögliche Gefahren beim PC- und Internetzugang aufmerksam gemacht. Es werden zudem Hinweise oder Links bereitgestellt, die dazu beitragen können, den Zugang der Klienten angemessen sicher zu machen. Der Umgang mit IP-Adressen als Datenspuren muss ebenfalls beschrieben werden.

Ausblick: Sichere Beratungsdienste im Internet

Es kommt in der Praxis des Internets noch immer zu einer deutlichen Diskrepanz zwischen dem subjektiv erlebten Sicherheitsgefühl von Klienten und der tatsächlichen objektiven Unsicherheit im Internet. Daher sollte ein Dienst, der vertrauliche Prozesse zum Gegenstand hat, es nicht der technischen Kompetenz der Ratsuchenden überlassen, ob der Kontakt in einem vertraulichen Rahmen geschieht oder nicht. Vielmehr soll grundsätzlich für einen geschützten Rahmen gesorgt werden.

Seriöse Firmen und Organisationen bringen ihre Kunden/Klienten erst gar nicht in die Situation, vertrauliche Daten in einem unsicheren Modus über das Internet zu senden. Sie fühlen sich für ihre Klientel mitverantwortlich. Ihre Verantwortung beginnt nicht erst beim Eingang der Daten, sondern bereits bei der Aufforderung zur Übermittlung der Daten. Gerade die kommende Generation von Internetnutzern weiß immer weniger von den technischen Hintergründen und Gefahren. Umso mehr sollten Organisationen, die Kommunikation im Internet anbieten, ausschließlich sichere Lösungen anbieten. Der Anbieter hat in diesem Fall eine Sorgfaltspflicht, auch dann, wenn der Nutzer die Technik nicht durchschaut und mögliche Risiken nicht abschätzen kann.

Ratsuchende sollten darauf vertrauen können, dass ein Anbieter mit einem guten Namen alles ihm Mögliche für die Vertraulichkeit und den Datenschutz unternimmt und der Gefahr entgegengewirkt wird, dass sich zwischen Berater und Klienten andere Personen (unerkannt!) in die Kommunikation einschalten.

In letzter Zeit hat sich das Bewusstsein zu Fragen der Datensicherheit immer mehr ausgeprägt. Gerade die überdimensional wachsende Zahl von Computerviren in den Jahren 2002 / 2003 und die Folgekosten von vielen Millionen Euro haben bei Firmen die Einsicht wachsen lassen, dass Sicherheitslösungen sogar Folgekosten reduzieren können. Aber auch bei sozialen, kirchlichen, juristischen und medizinischen Beratungsanbietern im Internet wächst die Bereitschaft zur Auseinandersetzung mit einem Thema, das in der gewohnten Realität – jenseits des Internets – keine Frage ist: Vertraulichkeit ist für die Beratungsarbeit grundlegend.

Bestehende Angebote

Cordula Eisenbach-Heck und Traugott Weber

Sechs Jahre »TelefonSeelsorge im Internet«

Ein Bericht über die Entwicklung der E-Mail-Beratung

Seit Dezember 1995 gibt es das Pilotprojekt »TelefonSeelsorge im Internet«. Unter *www.telefonseelsorge.de* ist neben der Öffentlichkeitsarbeit ein Beratungsangebot im Internet zu finden. Seit 45 Jahren ist die mediale Beratungskompetenz der Telefonseelsorge (TS) national und international anerkannt und unbestritten. Es ergibt sich aus der Weiterentwicklung der Kommunikationsmedien, dass die Telefonseelsorge ihre Beratungsarbeit auch auf das Internet ausgedehnt hat. Die Telefonseelsorge in Deutschland macht dieses Angebot nach den bewährten TS-Standards:
- Verschwiegenheit
- Vertraulichkeit
- allgemeines, unspezifisches Angebot
- Einbringung des Erfahrungsschatzes in medialer Beratung
- Garantie ausgebildeter und medienspezifisch fortgebildeter Telefonseelsorger/innen
- begleitende Supervision für die Telefonseelsorger/innen
- Erstantwort innerhalb von 48 Stunden

Da zurzeit an die zwanzig Telefonseelsorge-Stellen ein vernetztes Angebot machen, gibt es keine Schwierigkeiten, Krankheits- und Urlaubszeiten zu überbrücken. Die seit Mai 2000 arbeitende Fach- und Koordinierungsstelle »TelefonSeelsorge im Internet« sorgt für den reibungslosen Ablauf und begleitet und koordiniert die Arbeit der beteiligten Telefonseelsorge-Stellen.

Motive für das Engagement der Telefonseelsorge im Internet

Das Internet entwickelt sich zum zentralen Kommunikationsnetz der Zukunft mit ungeheuren Zuwachsraten. Im Jahr 2000 nutzten in der BRD 18 Millionen Menschen das Internet, dies sind ein Drittel der Bevölkerung (GfK, Nürnberg, Juli 2000). Die Telefonseelsorge in Deutschland wollte mit ihrer Erfahrung in medialer Seelsorge und Beratung dieses neue Kommunikationsnetz für ihre Arbeit nutzen.

Ein zwischenmenschlicher Kontakt über das Internet ist zum Teil verwandt mit dem Kontakt am Telefon, in beiden Fällen ist der Austausch anonym; die Eindrücke vom Anderen sind im Vergleich zu einer Face-to-face-Situation deutlich reduziert. Der Kontakt über das Internet ist dabei noch extremer sinnesreduziert: Man hört keine Stimme, keine affektiven Färbungen, man weiß nicht, ob der Andere lacht, weint, stöhnt oder fernsieht. Man weiß noch nicht einmal, ob der Gesprächspartner männlich oder weiblich ist. Alles muss »verwortet« werden. Man ist den Aussagen des Gegenübers ausgeliefert, jeder kann von sich Traum- oder Wunschphantasien darstellen. Insgesamt liegt die Vermutung nahe, dass diese Form der Kommunikation gerade von solchen Menschen gesucht wird, die im Umgang mit anderen Menschen gehemmt sind.

Die Telefonseelsorge hat im Internet ernste Beratungsanfragen in kritischen Lebensereignissen, bei psychischen Krankheiten bis hin zu suizidalen Krisen beobachtet. Hier ein seriöses und vertrauenswürdiges Angebot zu machen ist Anliegen der Telefonseelsorge in Deutschland.

Zusammenfassend ist festzuhalten, dass die Telefonseelsorge mit diesem Projekt gezielt auf Menschen zugehen möchte, für die ein anderes Beratungsangebot nicht zugänglich ist (Gehörlose) oder die aus verschiedenen Gründen (Kontaktstörungen, Schwellenängste) den Weg zu einem anderen Beratungs- und Seelsorgeangebot kaum finden würden. Nutzer sind erfahrungsgemäß auch Deutsche im Ausland. Die Telefonseelsorge im Internet kann auf ihren Vertrauensvorschuss als seriöses Angebot und auf ihre Erfahrung in medialer Kommunikation zurückgreifen.

Das konkrete Angebot der Telefonseelsorge im Internet

Zur konkreten Kontaktaufnahme werden derzeit zwei Angebote durch die Telefonseelsorge im Internet gemacht: die E-Mail-Beratung und der Chat-Kontakt (zu Letzterem siehe den Beitrag von Kratzenstein und van Eckert in diesem Band).

Das Verschicken von E-Mails gehört heute zu den beliebtesten und häufigsten Nutzungen des Internets. In digitalisierter Form werden Texte, Bilder, Töne und sogar Filme blitzschnell durch das weltweite Datennetz geschickt. Die Ratsuchenden können per Mail genau zu der Zeit, wenn sie ihr Problem besonders drückt, ihre Mails versenden. Sie brauchen sich nicht nach Öffnungszeiten von Beratungsstellen zu richten und müssen nicht erst Wartezeiten für ein Erstgespräch in Kauf nehmen, ehe sie ihr Problem schildern können.

Ein weiterer, von den Ratsuchenden als Vorteil angesehener Punkt ist, dass auch die Arbeit der Telefonseelsorge im Internet anonym ist. Kein Ratsuchender braucht seinen Namen zu nennen und man kann sich darauf verlassen, dass die TS sich der Verschwiegenheit verpflichtet, für die sie bekannt ist.

Mailer und Mailerinnen nutzen die Beratung der Telefonseelsorge im Internet auch, weil sie sich durch dieses spezielle Medium, das noch mehr Distanz bietet als das Telefon, stärker geschützt fühlen. Sie verraten ihre Gefühlslage nicht durch die Stimme und können als Person nur das sichtbar werden lassen, was sie selbst wollen, indem sie sich zum Beispiel sehr »dosiert« beschreiben. Sie haben also viel stärker selbst die Kontrolle darüber in der Hand, was das Gegenüber an Informationen über sie wahrnehmen kann. Dadurch überwinden die Mailer schneller ihre Schwellenängste und es fällt ihnen leichter, sich zu öffnen und ihre Probleme mitzuteilen. Gleichzeitig sind die Ratsuchenden vor der direkten Reaktion der Telefonseelsorger/innen geschützt. Sie können Gefühle wie Verständnis, Anteilnahme, aber auch Konfrontation und Kritik in den Mails lesen, diese aber durch mehr Distanz leichter entgegennehmen.

Die Beratung per E-Mail ist im Sinne eines längeren Briefwechsels konzipiert. Es kommt aber auch vor, dass der Kontakt über einen ersten Mailwechsel nicht hinausgeht. Meist entsteht jedoch ein Briefwechsel, der über mehrere Wochen oder sogar Monate geführt wird, bis es entweder zu einer gewissen Neuorientierung und Lösung im Umgang mit der vorgebrachten Problematik kommt oder eine andere, weiterführende Begleitung in Angriff genommen wird. Die Mails sind nach einem ersten, meist kurzen Anschreiben im Durchschnitt mehrere DIN-A4-Seiten lang (2 bis 6 Seiten), umfassen in seltenen Fällen auch einmal 20 Seiten. Viele erwähnen, dass allein schon die Tatsache, die eigenen Gedanken und Probleme einmal aufgeschrieben zu haben, ein spannendes Unterfangen und von großem Nutzen war.

Fach- und Koordinierungsstelle der Telefonseelsorge im Internet

Es hat sich in der Praxis gezeigt, dass eine Fach- und Koordinierungsstelle auf Bundesebene notwendig ist, die die mitarbeitenden Stellen fachlich begleitet und koordiniert. Die Abkürzung WWW für World Wide Web verweist darauf, dass der Zugang zu einem anonymen Beratungsangebot der Telefonseelsorge im Internet aus der ganzen Welt möglich ist und zumindest auf der Nutzerseite eine lokale oder diözesane/landeskirchliche Begrenzung nicht durchführbar ist.

Die Telefonseelsorge hat von Anfang an Wert darauf gelegt, nur über eine einzige Zugangsadresse für Ratsuchende im Internet erreichbar zu sein. Zugriff auf dieses Postfach hat die zentrale Fach- und Koordinierungsstelle der Telefonseelsorge im Internet. Mit der Einrichtung dieser Stelle und des zentralen Posteingangs werden folgende Ziele verfolgt:
– Sicherung der Qualitätsstandards der Institution Telefonseelsorge,
– Ausschluss von Mehrfachnutzung (es wäre durch einfachen Mausklick möglich, dieselbe Beratungsanfrage an viele verschiedene Adressen zu versenden und damit Arbeitskapazitäten unnötig zu blockieren),
– Weiterverteilung der eingegangenen Beratungsanfragen an die mitarbeitenden TS-Stellen,
– dadurch Ermöglichung thematischer Schwerpunktbildung und

Berücksichtigung lokaler und regionaler Bezüge bei den Anfragen,
– Pflege der Homepage,
– Sicherstellung der regelmäßigen Briefkastenleerung und Überblick über Bearbeitungslaufzeiten,
– Auswertung des Beratungsangebots der Telefonseelsorge im Internet.

Entwicklung der E-Mail-Beratung in Zahlen

Die Anzahl der Kontakte hat sich in den letzten Jahren rasant entwickelt. Hatten sich 1999 per Mail 2.500 Ratsuchende an die Telefonseelsorge im Internet gewandt, so waren es im Jahr 2000 bereits 5.100 Kontakte, im Jahr 2001 sogar schon 11.290 Kontakte (s. Abb. 1).

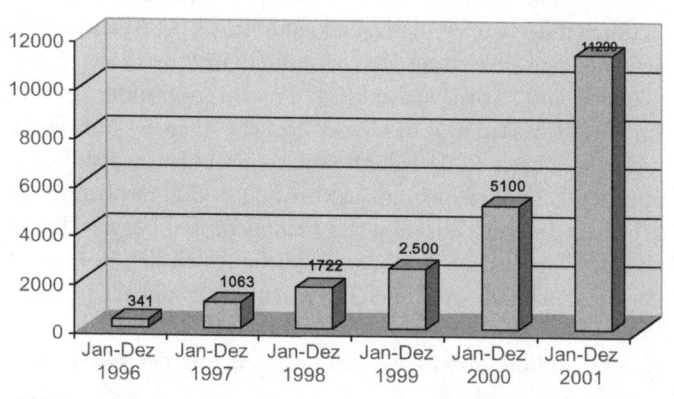

Abbildung 1: Entwicklung der Anzahl von Ratsuchenden in der Telefonseelsorge im Internet

Bei der statistischen Erfassung der Themen wird der Themenkatalog der Telefonseelsorge zugrunde gelegt. Das häufigste Thema ist »Beziehung« (24,5 %). Dabei gibt es sehr verschiedene Ausprägungen: 15 Prozent der Ratsuchenden wenden sich an die TS mit Fragen zur Gestaltung von Ehe und Partnerschaft oder suchen im Beratungskontakt nach Möglichkeiten der Problemlösung; bei 5 Prozent der Ratsuchenden geht es um den Kontakt zu

Freunden/Freundinnen und Kollegen/Kolleginnen und Nachbarn; und fast ebenso hoch (4,5 %) ist der Anteil der Anfragen aus dem Bereich »Familie«. Fragen und Probleme aus den Themenfeldern Arbeit und Schule bewegen 5,7 Prozent der Mailer und Mailerinnen.

Auffallend oft wurde die Sinnfrage – auch immer wieder in Verbindung mit dezidiert religiösem Hintergrund – angesprochen: 13,5 Prozent der Anfragen benennen das Fehlen einer tragenden Sinnantwort als Problem. In 5,5 Prozent der Mails geht es um das Thema Suizid. Einsamkeit ist in 12,5 Prozent der Mails ein Thema.

Angesichts dieser Auflistung verwundert es nicht, dass 32,5 Prozent der Ratsuchenden allein leben. 14,5 Prozent leben mit Partnern zusammen, 13 Prozent zusätzlich mit Kindern. Von 26 Prozent gibt es keine soziographischen Angaben zur Lebensform.

Beim Alter und Geschlecht der Ratsuchenden wurde erwartet, dass hier im Vergleich zum telefonischen Angebot der TS eine deutlich jüngere und vorwiegend männliche Klientel anzutreffen sei. Die erste Erwartung hat sich erfüllt: 50 Prozent der Ratsuchenden sind 20 bis 29 Jahre alt, 13 Prozent sogar unter 20 Jahre. Im Vergleich dazu liegt das hauptsächliche Alter der Anrufer bei 45 bis 55 Jahren. In Bezug auf das Geschlecht hat es aber bereits eine deutliche Verschiebung gegeben. Zu Beginn der Beratungsarbeit im Internet überwog der männliche Teil bei den Ratsuchenden, inzwischen liegt der weibliche Anteil bei 56 Prozent, der männliche nur noch bei 32 Prozent (12 % unbekannt). Damit ist der hohe weibliche Anteil von zwei Drittel des telefonischen Angebots inzwischen fast auch im Internet Wirklichkeit geworden.

Suizidprävention der Telefonseelsorge im Internet

Erfahrungen

Die folgenden Informationen sind aus den Antworten zusammengetragen, die mit Hilfe eines Fragebogens bei den im Projekt »TelefonSeelsorge im Internet« mitarbeitenden Stellen erbeten wurden. Deutlich werden sowohl die Chancen wie auch die Grenzen im Umgang mit dem Medium Internet.

Der Zugang zum Thema Suizid in den Anfragen ist unterschiedlich. In erster Linie wenden sich Menschen an die Telefonseelsorge im Internet, die sich mit dem Gedanken beschäftigen, dem eigenen Leben ein Ende zusetzen; in zweiter Linie wenden sich Menschen aus Familien und dem Freundeskreis Suizidgefährdeter an die TS im Internet. Außerdem kommen Anfragen von Schülern und Studenten, die Fragen für die Erarbeitung von Referaten und Zulassungsarbeiten haben. Hier ist die Verweismöglichkeit zur DGS (Deutsche Gesellschaft für Suizidprävention e. V.) eine wichtige Hilfe.

Die Wege, wie Menschen auf das Beratungsangebot der TS im Internet aufmerksam werden, sind unterschiedlich. In den Anfangszeilen der Mails finden sich Hinweise, auf welchem Weg Ratsuchende zur TS im Internet gekommen sind – in Newsgroups und Foren wird oft die Mailadresse der TS weitergegeben von Ratsuchenden, die bereits Erfahrungen mit Kontakten gemacht haben. Andere stoßen beim Surfen zufällig auf die Homepage der »TelefonSeelsorge«. Auch das Medieninteresse, wie zum Beispiel ein Artikel im »Spiegel« 2001 zu diesem Thema, hat Menschen aufmerksam gemacht; er befasste sich vor allem mit Suizidverabredungen in Suizid-Foren. Nach solch einem Artikel sind die Anfragen bei der TS im Internet jedes Mal gestiegen.

In den Mails des Jahres 2000 hatte das Thema »Suizid« einen Anteil von 5,8 Prozent, der sich im Lauf des Jahres 2001 auf 10,7 Prozent steigerte. Nimmt man hinzu, dass sehr oft als Anlass zum Suizid Einsamkeit, Beziehungsfragen (vor allem Trennung) oder fehlender Lebenssinn genannt werden, dann machen die Anfragen zu diesem Themenkreis gut ein Fünftel aller Kontaktaufnahmen aus.

Oft führt vor allem das Gefühl von Sinnlosigkeit und mangelnder Zukunftsperspektive zu suizidalen Gedanken. Menschen, die an die Telefonseelsorge im Internet schreiben, geben oft an, keinen Sinn mehr in ihrem Leben zu sehen – sei es, weil eine Beziehung zu Ende gegangen ist, sie ihre Arbeitsstelle verloren haben, weil sie gegenüber Leistungsanforderungen in Schule oder Beruf versagen oder weil eine lang dauernde Krankheit oder psychische

Störung sie an die Grenzen ihrer Leidensfähigkeit gebracht hat. Auch Einsamkeit oder fehlende Lebensperspektiven sind Grund, mit dem Gedanken in Kontakt zu kommen, seinem Leben ein Ende zu setzen.

»Es ist mir alles zuviel«, heißt es oft – und so kommt für die Mailer Suizid als gedankliche Lösung oder als Möglichkeit, alles hinter sich zu lassen, in den Blick. Die Ratsuchenden kommen dabei oft direkt zur Sache. Im Chat und in den E-Mails wird sehr schnell davon geschrieben, dass sich jemand das Leben nehmen möchte; oft werden auch konkrete Aussagen zur Todesart und auch zu den Ursachen für den Suizidwunsch gemacht.

Der Umgang der Telefonseelsorge im Internet mit suizidalen Ratsuchenden

Mit der Kontaktaufnahme zur TS im Internet wird Ratsuchenden die Verantwortung für das eigene Leben nicht abgenommen, sondern sie werden ermutigt, diese wahrzunehmen, und ihnen wird Unterstützung angeboten, dies zu tun.

Verlässlicher Kontakt – Möglichkeiten und Grenzen
Suizidalen Ratsuchenden wird die Möglichkeit angeboten, zurückzuschreiben, einen neuen Chat-Termin zu vereinbaren oder auch Möglichkeiten zu kombinieren (Chat-Mail-Telefon, teilweise örtliche Krisenberatung). Dabei benennen die Berater die Möglichkeiten des Kontakts und des Mediums (Antwortrhythmus, bei E-Mail gleichbleibende Kontaktperson), aber auch die Grenzen: Wahrung der Anonymität, Auftragsklärung vom Ratsuchenden, Kontaktintensität.

Bereits zu Kontaktbeginn ist es notwendig, gemeinsame Ziele zu vereinbaren. In der Beratung können alle belastenden Themen vorurteilsfrei angesprochen werden. Der Kontakt soll helfen, eine Brücke zum Leben neu zu bauen oder wieder begehbar zu machen. Aus diesem Grund heißt es auch auf dem Plakat der Telefonseelsorge: »Aus Worten können Wege werden.«

Besonderheiten der E-Mail-Beratung
Vom Telefon her kennen die Berater und Beraterinnen die Möglichkeit, mit Suizidgefährdeten Absprachen über Anrufzeiten zu treffen und zu verabreden, dass in der Zwischenzeit Handlungen unterbleiben, die das Leben beenden. Solche Verabredungen scheinen auch in den Kontakten per E-Mail möglich, ebenso Vereinbarungen über »Sich-Melden«. Hierbei müssen die Berater allerdings die Realität der Arbeitszeiten in den TS-Stellen im Blick haben oder eine Regelung mit der Koordinierungsstelle vereinbaren.

Außerdem ist die Frage offen, ob es anhand des Geschriebenen tatsächlich zu klären ist, ob diese Vereinbarung lediglich der Beraterin oder dem Berater zuliebe getroffen wird. Hier ist es wichtig, bei den angebotenen Formulierungen sehr genau darauf zu achten, welche Worte gewählt werden, was benannt und vor allem nicht benannt wird. Das Fehlen anderer, zusätzlicher Sinneswahrnehmungen macht es schwer, diese Antworten auf Beraterseite einzuschätzen.

Von den Nutzern her betrachtet ist zu fragen, ob die E-Mail-Beratung gewählt wird, um längere Phasen des Nachdenkens und Überprüfens zu haben und ob gerade die fehlende Möglichkeit, Intentionen unmittelbar zu überprüfen als Chance gesehen wird, in einer gewissen Unverbindlichkeit verbleiben zu können.

Grundsätzlich ermöglicht das Medium, je nach Bedarf und Einschätzung der Situation durch die Beraterin oder den Berater, flexibles Eingehen auf die Kontaktbedürfnisse des Ratsuchenden. Zu häufige Mailwechsel während des Tages über einen längeren Zeitraum sind Anlass für supervisorische Begleitung, um sowohl die Beraterrolle zu klären als auch genau zu prüfen, ob die Identität der oder des Ratsuchenden echt ist. Es bleibt allerdings die Frage, ob nicht bei akuter Suizidalität das Telefon gegenüber der E-Mail-Beratung das geeignetere Medium darstellt.

Verweis auf psychosoziale Beratungsmöglichkeiten vor Ort
Damit der Kontakt via Chat oder E-Mail nicht zu einer virtuellen Ersatzwelt aufgebaut wird, ist der Hinweis auf die psychosozialen Möglichkeiten vor Ort notwendig. Diese können Ratsuchende durch den Kontakt zu den Mitarbeitern am Telefon oder durch

eigene Recherchen eruieren – der Chat- oder E-Mail-Kontakt stärkt ihnen dabei den Rücken. So wird die Eigenverantwortung gewahrt und gefördert.

Der Kontakt zu den Beraterinnen und Beratern über das Internet bietet Unterstützung dafür, den Weg zu realen Beratungsangeboten zu gehen – kann diesen aber nicht ersetzen. Ziel des Kontakts über das Netz ist es, die Einbindung in die jeweilige Lebensrealität zu fördern – auch in deren Veränderung. Mit der Rückbindung an die Beraterin oder den Berater lassen sich die Schwellen zur realen Beratung einschätzen; der Kontakt kann ermutigen, die Schwelle dann auch zu übersteigen.

Das Spiel mit dem Tod
Im E-Mail- und Chat-Kontakt fällt es Menschen leichter, ihre Suizidgedanken auszusprechen – sie sind geschützt vor der unmittelbaren Reaktion des Gegenübers und auch davor, dass die eigene emotionale Betroffenheit noch über andere Wahrnehmungskanäle bemerkt wird. So kann leichter über das meist schambesetzte Thema geschrieben werden, können Phantasien und Gedanken eher ins Wort gebracht werden. Wie in einem Rollenspiel ist es denkbar, verschiedene Möglichkeiten des Sterbens und des Weiterlebens durchzuspielen – die Zeitverschiebungen des E-Mail-Kontakts bieten dafür einen guten Raum. In der Verantwortung der Beraterin oder des Beraters liegt es, immer wieder auf den Kontakt zur Realität hinzuweisen, die Möglichkeiten dazu prüfen zu lassen. Dies kann verhindern, dass sich Berater und Ratsuchende wie in einer Spirale nach unten ziehen lassen, die die Hilflosigkeit übermächtig werden lässt auf beiden Seiten. Der virtuelle Kontakt soll nicht zur Ersatzwelt werden, der die Energie verschlingt, die notwendig ist zur realen Lebensgestaltung.

Regelmäßige Supervision
In den vergangenen Jahren hat es sich gezeigt, dass Kontakte mit häufigeren Antwortfrequenzen und Kontakte, die sich über einen langen Zeitraum erstrecken, eine sorgfältige supervisorische Begleitung brauchen. Diese hilft, den Verführungen durch das Medium (kurze Antwortzeiten, direkte Kontakte außerhalb der

TS-Stelle, Aufgabe der Anonymität, Aufbau einer virtuellen Welt und Persönlichkeit) mit Wachheit zu begegnen und das eigene Verhalten zu reflektieren.

Der wöchentliche E-Mail-Kontakt, der die Regel darstellt, hat sich als eine gute Frequenz erwiesen, in der sich Gedanken und Gefühle klären und setzen können, in dem das Geschriebene wirken kann. Es ist vergleichbar mit dem, was zwischen den Stunden in einer Therapie geschieht. Wenn es in bestimmten Fällen angezeigt ist, wird diese Regel aufgehoben – aber immer wieder angestrebt.

Kontaktende
Wird der Kontakt von der oder dem Ratsuchenden abgebrochen, lässt dies viele Fragen offen, die in den Supervisionsgruppen einen Ort haben. Das Ausgeliefertsein an die Vermutungen, die das Zurückkommen der E-Mails auslösen, weil der Account nicht mehr existiert, zwingt zur Auseinandersetzung mit der eigenen Sterblichkeit, zu Berührungen mit Suizid und zum Umgang mit dem Ernstnehmen der Eigenverantwortlichkeit des Gegenübers.

Auch bei Menschen, die sich wegen ihrer Suizidgefährdung an TS im Internet gewandt haben, ist das Thema Kontaktende oder -unterbrechung dann von der Beraterin oder dem Berater anzusprechen, wenn es ihr oder ihm angemessen erscheint. Mit der oder dem Ratsuchenden zusammen das psychosoziale Netz vor Ort zu überprüfen und eine langsame Lösung der Beratungsbeziehung zu besprechen, auszuhandeln und zu vereinbaren ist eine Aufgabe, die noch einmal alle Schichten des Kontakts und der Personen berührt.

Erfahrungen der Telefonseelsorge im Internet

Fach- und Koordinierungsstelle

»TelefonSeelsorge im Internet« hat von Anfang an Wert darauf gelegt, nur über eine einzige Zugangsadresse erreichbar zu sein. Zugriff auf dieses Postfach hat die zentrale Fach- und Koordinierungsstelle der Telefonseelsorge im Internet. Durch die Koordinierungsstelle ist es möglich, flexibel sowohl auf das Mailaufkommen als auch auf die Gegebenheiten in den einzelnen Stellen zu reagieren. Außerdem kann auch eine thematische Zuordnung einzelner Mails vorgenommen werden. Für die Mailerinnen und Mailer entfallen so Wartezeiten, für die Beraterinnen und Berater zusätzliche Weiterleitungen.

Durch die Koordinierung gibt es auch die fachliche Begleitung der mitarbeitenden TS-Stellen und die wissenschaftliche Auswertung des Angebots.

Vernetzung mit anderen Angeboten

Immer wieder erweist sich innerhalb des virtuellen Kontakts die Notwendigkeit einer persönlichen Beratung. Daher ist es in einigen Fällen notwendig, dass eine Weiterverweisung stattfindet. In einigen mitarbeitenden TS-Stellen kann persönliche Krisenberatung sogar von der gleichen TS angeboten werden (z. B. in Duisburg, Krefeld oder Mainz-Wiesbaden), andere Stellen verweisen auf das psychosoziale Beratungsangebot am Ort oder im Netz. Eine Kenntnis kirchlicher und allgemeiner Beratungsangebote ist wie auch bei der telefonischen Beratung unverzichtbar. Dabei werden natürlich auch seriöse andere Beratungsangebote im Netz mit berücksichtigt.

Medienspezifische Aus- und Weiterbildung

Vorraussetzung für den Dienst ist Erfahrung am Telefon; dies bedeutet auch Teilnahme an Fortbildung und regelmäßiger Supervision. Mitarbeiterinnen und Mitarbeiter bei der Telefonseelsorge im Internet erhalten darüber hinaus eine medienspezifische Weiterbildung und Supervision. Von den Hauptamtlichen wurde dabei die Notwendigkeit einer kollegialen Supervision erkannt.

Unmittelbarer Kontakt im Vergleich von Internet und Telefon

Immer wieder wird vermutet, dass es zwar am Telefon möglich ist, einen unmittelbaren Kontakt zu den Ratsuchenden herzustellen, dass dies aber in der Unpersönlichkeit des Internets nicht möglich sei. Die Erfahrungen der Beraterinnen und Berater der Telefonseelsorge im Internet gehen in die entgegengesetzte Richtung: Auch in dieser Form der Begegnung ist es möglich, Empfindungen, Gefühle und Eindrücke an die Gesprächspartner weiterzugeben – allerdings bedarf es dazu einer »Verwortung«. Daher ist es notwendig, diese Fähigkeit auszubilden und auszubauen, um ein möglichst differenziertes Instrumentarium für die Beantwortung der Mailanfragen und die Dialoge im Chat zur Verfügung zu haben.

Kontaktdauer, Antwortrhythmus

Die Kontakte zwischen den Ratsuchenden und den Beraterinnen und Beratern sind von sehr unterschiedlicher Dauer – in einigen Fällen bleibt es bei der ersten Antwort. Manche Kontakte erstrecken sich über sehr lange Zeit, mit unterschiedlicher Intensität, manchmal auch mit »Sendepausen«. Es kommt auch vor, dass schon abgeschlossene Kontakte beim Auftauchen eines neuen Problems wieder aufgenommen werden – ein Zeichen dafür, dass der Erstkontakt als zufrieden stellend erfahren wurde.

»Warte auf Antwort«

Diese Formulierung begegnet uns oft am Ende von Mails. Sie könnte ein Hinweis auf eine Beziehungsverarmung der Mailenden sein. Möglicherweise steht hinter dieser Formulierung auch die Erfahrung, dass speziell in diesem Medium Anfragen oft unbeantwortet bleiben. Umso wichtiger ist es, dass die Mailerinnen und Mailer auf jeden Fall eine Antwort von der Telefonseelsorge im Internet bekommen, in der sie sich ernst genommen fühlen. In dieser Antwort wird ihnen über das Geschriebene hinaus eine verlässliche Beziehung angeboten und damit ein Reaktion auf die Sehnsucht, die oft hinter der Bitte um Antwort zu steht.

Ernsthaftigkeit der Mails

Im Gegensatz zu den Erfahrungen am Telefon, wo die Geduld von den ehrenamtlichen Mitarbeitern derzeit durch gehäufte Scherzanrufe auf eine arge Probe gestellt wird, konnten bisher kaum missbräuchliche oder scherzhafte Anfragen an die Telefonseelsorge im Internet beobachtet werden. Im Gegenteil kommen die meisten Ratsuchenden mit ihren oft sehr ernsten Anliegen direkt zur Sache.

Notwendigkeit eines Sicherheitskonzepts

Unabdingbar bleibt die Notwendigkeit eines guten Sicherheitskonzepts, damit die Vertraulichkeit und das Seelsorgegeheimnis bewahrt bleiben (s. den Beitrag von J. Wenzel in diesem Band). Die »TelefonSeelsorge im Internet« war seit der Digitalisierung der Kommunikationsmedien immer führend darin, auf die Gefahren für den Datenschutz hinzuweisen. Dies tut sie auch, indem sie auf die Gefahr durch Angriffe aus dem Internet aufmerksam macht. Es soll gar nicht mehr mit E-Mails, sondern mit einer webbasierten Lösung gearbeitet werden. Damit wird die »TelefonSeelsorge« ihrem so wichtigen Anliegen des Vertrauensschutzes auch im Internet wieder voll gerecht.

Jürgen Kratzenstein und Edgar van Eckert

Sechs Jahre Telefonseelsorge im Internet

Ein Bericht über die Entwicklung der Chat-Beratung

E-Mail- und Chat-Beratung sind neue Aufgabenfelder der Telefonseelsorge. Es waren zuerst tastende Versuche, Schritt für Schritt finden sie ihren Weg in die Realität. Ich, Jürgen Kratzenstein, möchte zunächst einen praktischen Eindruck von der Chat-Beratung geben, zu der ich gleichsam im Kindergartenalter ihrer Entwicklung gestoßen bin. Die Initiatoren 1995 waren Frank van Well (geb. Christl), TS Köln, und Bernard Dodier von der TS Krefeld. Jürgen Schramm, Leiter der Telefonseelsorge Krefeld, hat den Beginn der Chat-Beratung wesentlich gefördert durch die strukturelle Einbindung der neuen Aufgabe in das Bestehende.

Als ich 1998 zu dieser Gruppe hinzukam, trieb mich die Neugier: Seit über 20 Jahren war ich bis 1989 als Leiter einer TS-Stelle tätig gewesen und wollte nun erfahren, welche Möglichkeiten der Beratung und seelsorgerischen Begleitung der Online-Chat bietet.

Medienspezifische und inhaltliche Besonderheiten in der Chat-Beratung

- Die Chat-Beratung liegt dem Angebot der vertrauten Telefonseelsorge näher als die E-Mail-Beratung, denn Ratsuchender und der Gesprächspartner/Berater sprechen zeitsynchron miteinander, sie können unmittelbar aufeinander reagieren, ähnlich wie am Telefon.
- Die Kommunikation geschieht ausschließlich über Tastatur und Bildschirm. Das bedeutet eine gewisse Zeitverzögerung

und stellt neue medienspezifische Anforderungen, nämlich Gefühle und Empfindungen adäquat wahrzunehmen und auszudrücken. Dieser Tatbestand bewirkt ein Absenken der Eingangsschwelle für den Ratsuchenden, für den Beratenden erfordert er allerdings ein höheres Maß an Aufmerksamkeit, Wachheit und Empathie, sich die individuelle Erlebenslage des Ratsuchenden bewusst zu machen.

– Die Ratsuchenden nehmen im für alle offenen Wartezimmer-Chat gern so genannte Emoticons zur Hilfe, eine Kombination von Zeichen der Tastatur, die waagerecht geschrieben, dann aber um 90 Grad gedreht gelesen werden müssen. Das bekannteste Zeichen ist der Smiley :-) Doppelpunkt, Bindestrich und Klammer geschlossen. Auch Kombinationen von Buchstaben beziehungsweise Abkürzungen von Wörtern werden genutzt, um Gefühle zum Ausdruck zu bringen, etwa »gg« für »great grin« (großes Grinsen). Informationen zu Emoticons und Wortkürzeln findet man leicht im Internet.

– Weil die Schwelle des Erstkontakts in der Chat-Beratung weit niedriger ist als bei der telefonischen Beratung, wird es dem Ratsuchenden erleichtert, schwere Konflikt- und Krisensituationen, das Empfinden der Aussichtslosigkeit oder das Berichten von Selbstverletzungen zu beschreiben. Es geht um intime Tatbestände, für die die Ratsuchenden enorme Anstrengungen aufbieten, um sie im alltäglichen Leben zu verheimlichen. Selbstverletzungen sind mir bis dato in der Telefonseelsorge wesentlich seltener begegnet als im Chat. Wahrscheinlich ist es leichter, über so lebensnahe Ereignisse zu schreiben als sich darüber verbal einem anderen gegenüber zu äußern.

– Bei den Chat-Kontakten ist mir aufgefallen, dass die Ratsuchenden schnell auf den Punkt kommen und ihre Problematik direkt ansprechen. Zwar kommen eingangs Bemerkungen: »Ich bin das nicht gewohnt«, »Ich habe noch nie darüber gesprochen«, die auch auf den ungewohnten Umgang mit der Technik des PC und Chat hinweisen, aber ebenfalls verdeutlichen, dass Hemmnisse überwunden werden, um selbst das niedrigschwellige Gesprächsangebot für sich zu nutzen. Als Ratsuchende brauche ich mich ja nicht zu erkennen zu geben, weder durch Stimme, noch durch Tonfall und Sprachrhyth-

mus, wie dies bei der herkömmlichen Telefonseelsorge der Fall ist.
- Bei den Ratsuchenden in der Chat-Beratung fehlt der lange »Anmarschweg«, wie ich ihn bei den TS oft erlebt habe, dieses Drum-herum-Reden, das »Klammern«, wenn eigentlich schon alles gesagt ist, um den Kontakt um jeden Preis aufrechtzuhalten. Es geschieht in der Chat-Beratung nicht selten, dass die Ratsuchenden von sich aus darauf hinweisen, die angesetzte Zeit sei vorbei, und sie sich verabschieden.

Personengruppe der Ratsuchenden

Ich möchte darauf aufmerksam machen, wie groß in der Chat-Beratung der Anteil der Ratsuchenden jugendlichen Alters ist. Natürlich sind meine Zahlen nicht repräsentativ. Um verlässliche Angaben machen zu können, sind längerfristige und tiefergehende Auswertungen unbedingt erforderlich. Trotzdem ist für mich auffällig, dass der Anteil der Jugendlichen und jungen Erwachsenen in meinen Beratungen sehr hoch ist.
- von 11-19 Jahre: 8 Prozent
- von 20-29 Jahre: 49 Prozent
- von 30-39 Jahre: 24 Prozent

Im Jahr 2001 sind bei fast der Hälfte der Chat-Beratungen die Rubrik »Psychische Krankheit« benannt worden. Überwiegend bezieht sich diese Zahl der Ratsuchenden auf Menschen mit mehrfachen Störungen.

Aus soziologischer Sicht ist – mit aller Vorsicht – zu sagen, dass die Ratsuchenden der Chat-Beratung vornehmlich aus dem Mittelstand kommen. Die Schüler sind auf Gymnasien, die über 20-jährigen Ratsuchenden sind überwiegend im Studium an der Universität oder Fachhochschule. Um den Chat für sich nutzen zu können, müssen bestimmte finanzielle Voraussetzungen vorhanden sein: ein (eigener) PC, ein Internetzugang und die Verbindungskosten.

Erstaunlicherweise wird der Frage der Anonymität, der Verschwiegenheit und Vertraulichkeit nicht mehr eine so große

Wichtigkeit beigemessen, wie wir zumindest zu Beginn der TS-Arbeit angenommen hatten. Mir ist nicht in Erinnerung, dass jemand danach gefragt hat, ob der Chat vertraulich behandelt wird und unter Schweigepflicht zu fallen hat. Es mag sein, dass die Technik des diskreten Chat One-to-One eine solche Verschwiegenheit nahe gelegt und damit für die Ratsuchenden nicht in dem Maß relevant ist, wie man es eigentlich vermuten möchte.

Eigene Erfahrungen

Zu Beginn der Chat-Beratung hatten wir das Dall-Programm im Internet Relay Chat (IRC), unter dem nur Gruppengespräche geführt werden konnten. Die Ratsuchenden konnten dann zwar signalisieren, den Beratenden in einem separaten Raum allein zu sprechen, aber überwiegend war das nicht moderierte Gruppengespräch keine günstige Voraussetzung für einen helfenden Kontakt. Von daher war das Setting insgesamt denkbar unbefriedigend für den direkten Beratungskontakt.

Eine wesentliche Verbesserung der Situation erlebte ich dadurch, dass seit Frühjahr 2000 mit Hilfe der Agentur »zone35 new media« die Chat-Beratung der Telefonseelsorge im Rahmen der Gemeinschaft *www.das-berlin.de* praktiziert werden konnte. Daraus wurde im Sommer 2001 das aktuelle Portal *www.das-beratungsnetz.de*. Der Vorteil für die Beratung besteht darin, dass die Ratsuchenden einen Termin zum One-to-One-Chat vereinbaren können. Beginn und Ende des Termins sind zeitlich fixiert, was von den Ratsuchenden weitgehend akzeptiert wird und auch zur Intensivierung des Kontakts geführt hat. Die Anzahl der nicht genutzten Termine variiert; sie hängt nach dem Start des Portals teilweise auch von Anfangsproblemen der neuen Technik ab, teilweise auch von den nicht hinreichenden technischen Kenntnissen der Ratsuchenden im Umgang mit dem PC oder mit den Gegebenheiten des Chat.

Im Lauf der Zeit habe ich für mich qualitativ veränderte Beratungskompetenzen beim Chat entwickelt. Ich musste mehr Phantasie aufwenden, um das Vertrauen zum Ratsuchenden aufzubauen. Ich musste mehr Geduld aufbringen, um dem oder der

Ratsuchenden seine Schwierigkeiten auch selbst bewusst zu machen. Häufig steht bei ihm oder ihr die Erwartung im Vordergrund, einen schnellen Rat zu bekommen, den man befolgen kann. Ich musste mit dem Bemühen, den oder die Ratsuchenden zu einer weiterführenden, persönlichen Behandlung zu bewegen, behutsam umgehen, um den aufgebauten Kontakt nicht zu gefährden. Das Kommunizieren per Tastatur und Bildschirm beinhaltet eine zeitliche Verzögerung und ist darauf angelegt, eine gewisse Ungeduld zu provozieren. Es geschieht durchaus, dass nicht Rede und Gegenrede geordnet aufeinander folgen, vielfach kommen auch Überschneidungen, ein Nachklappen oder Vorauseilen vor. Es brauchte eine gewisse Zeit, bis ich mich auf diese veränderten Anforderungen in meinem Verhalten eingestellt habe.

Darüber hinaus galt es für mich, die Ambivalenz auszuhalten, den oder die Ratsuchenden einerseits zu einer Entscheidung zu ermutigen und andererseits auf seine oder ihre Einsicht warten zu können. Dieses Verhalten ist zwar ein Grunderfordernis für die helfende Beziehung, bekommt aber eine andere Dimension durch das technische, virtuelle Umfeld des Chat, in dem sich solches Geschehen situativ aktualisiert.

Ich gehe davon aus, dass sich in absehbarer Zeit mehr TS-Stellen als bisher der Chat-Beratung annehmen werden. Allerhand Anzeichen deuten darauf hin, dass wesentlich mehr Ratsuchende den Chat der Telefonseelsorge für sich in Anspruch nehmen möchten, als es gegenwärtig möglich ist, weil das Terminangebot noch zu gering ist.

Prognosen sprechen davon, dass in naher Zukunft der Computer im größeren Umfang zum Telefonieren genutzt werden wird. Dies könnte dann zur Folge haben, dass die Chat-Beratung einen größeren Raum als bisher einnehmen wird, weil die Gegebenheiten und die Technik dem Menschen, auch dem Ratsuchenden, mehr entgegenkommt.

Dank der intensiven Bemühungen der engagierten Mitarbeitenden der Agentur »zone35 new media« ist es gelungen, eine technisch einwandfrei arbeitende Oberfläche zur Verfügung zu haben. So können die Beratungen in einem störungsfreien Kontakt mit den Ratsuchenden vonstatten gehen. Es ist wichtig, dass die Initiatoren selbst beschreiben, wie die Oberfläche *www.das-*

beratungsnetz.de entstanden ist und vor allem wie sie im praktischen Gebrauch funktioniert.

Jürgen Kratzenstein, Telefonseelsorge

www.das-beratungsnetz.de – Hintergrund

Im Juni 2001 startete das Beratungsportal *www.das-beratungsnetz.de* für die Chat- und E-Mail-Beratung. Zwei Jahre zuvor hatte die Agentur »zone35 new media«, eine Partneragentur der Deutschen Telekom AG, ein erstes Modul der Chat-Beratung für ihre Virtual Community *www.das-berlin.de* programmiert. Der Grund war, dass innerhalb der Online-Community sich Nachbarschaftsbeziehungen in *virtuellen Wohnhäusern* gebildet hatten, bei denen sich die *Mieter* und *Mieterinnen* in Chatrooms und Foren über Probleme wie Drogenabhängigkeit, Suizidalität und HIV austauschten. Besondere Problemfragen wurden so auch an die *Stadtverwaltung* der Community herangetragen. Die Agentur schuf daraufhin das Instrument der diskreten, termin-gestützten Chat- und E-Mail-Beratung und machte es zum Bestandteil der Community. Die fachliche Kompetenz dieser Beratung wurde von Beginn an durch etablierten Beratungseinrichtungen gewährleistet, die sich für diese neue Form sozialer Arbeit im Internet begeisterten. Als Pioniere der Online-Beratung waren unter anderem die Telefonseelsorge Krefeld und Köln, und der Verein Beratung & Lebenshilfe e.V. aus Berlin/Brandenburg von Anfang an dabei. Bis ins Jahr 2001 konnten 13 Beratungseinrichtungen, darunter Pro-Familia, die Berliner Aidshilfe und BOA-Drogenberatung, gewonnen werden. Nach dem von der Agentur gesponserten Relaunch im Sommer 2001 kamen viele neue Beratungsstellen hinzu, die seitdem ihre Mail- und Chat-Beratungen auf dem Portal anbieten. Ziel von *www.das-beratungsnetz.de* war und ist es, das Online-Portal der rasant wachsenden Zahl von Online-Nutzern und -Nutzerinnen mit ihren individuellen Sorgen und Problemen auf der einen Seite und den psychosozialen und gesundheitlichen Beratungsstellen auf der anderen Seite als Treffpunkt zur Verfügung zu stellen. Mehr und mehr Menschen verbringen wichtige Lebenszeit im Internet, demgegenüber verfügen beratende Einrichtungen wiederum nur selten über die entsprechenden Mittel, mit ihrer Beratungskompetenz über die einfache E-Mail-Beratung hinaus online voll aktiv zu werden. Das Beratungsnetz möchte beide Seiten im diskreten Chatroom zusammenführen – für den persönlichen Austausch zwischen dem Klienten und seinem Berater.

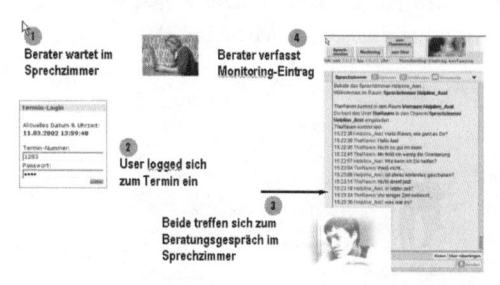

Abbildung 1: Sprechzimmer-Chat

Autonomie und Monitoring

Jede der Einrichtungen verwaltet die eigene Präsenz und den Umfang der Beratungsleistungen völlig selbständig innerhalb eines nur ihr zugänglichen Bereichs. Sie bestimmt die Aktivierung und den Umfang der angebotenen Beratungsart (Chat, Telefon, Mail). Jede Mitarbeiterin und jeder Mitarbeiter der Beratungseinrichtungen erhält dafür einen individuellen, passwortgeschützten Zugang und verfügt über das eigene, virtuelle Sprechzimmer und webbasierte Mailkonto. Ob und wann die Chat-Beratung angeboten wird, bestimmen die Beratenden anhand des Terminkalenders ebenfalls selbst. Die Anzahl der Online-Berater wie auch die Zahl der zur Verfügung gestellten Termine sind theoretisch unbegrenzt. Ratsuchender und Beratender werden nach der Buchung einer Beratung per E-Mail benachrichtigt. Darin wird diese Terminvereinbarung bestätigt, der oder die Ratsuchende erhält einen Zugangsschlüssel, Beratende erhalten vorab den Nickname des oder der Ratsuchenden und die Buchungsbestätigung. Zum vereinbarten Zeitpunkt treffen sich beide im diskreten *Sprechzimmer* (vgl. Abb. 1). Ratsuchende können bei der Terminbelegung und in ihrer Mailanfrage optional persönliche Angaben machen, die die folgende Beratung per Chat oder Mail erleichtern. Diese Angaben und die während der Beratung generierten Gesprächsnotizen bilden eine Dokumentation für die klientenorientierte Supervision. Diese als *Monitoring* gespeicherten Angaben bilden gleichzeitig die Grundlage der statistischen Auswertung, etwa nach Anlass der Beratung, Herkunft, Geschlecht und Altersstruktur. Die Angaben werden auch als Druckversion bereitgestellt (siehe Abb. 2).

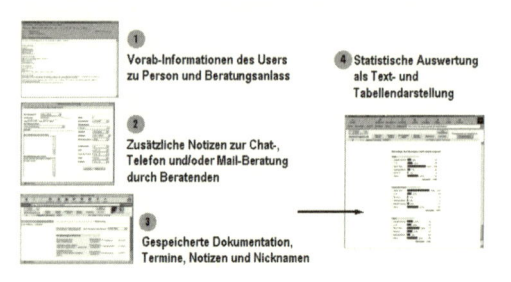

Abbildung 2: Monitoring

Website-unabhängige Einbindung

Beim Beratungsnetz handelt es sich um eine werbefreie Online-Plattform, die daher nicht von hohen User-Zugriffszahlen abhängig ist. Daher können alle Module der E-Mail-, Terminvergabe- und Beratungs-Chats auf den Partnersites als Pop-up-Fenster eingebunden und deren Besuchern direkt angeboten werden, so dass die Ratsuchenden sich für eine Beratung vorher nicht auf *www.das-beratungsnetz.de* begeben müssen, um einen Termin zu buchen oder eine E-Mail zu verschicken. Damit können die spezifisch von der jeweiligen Einrichtung angesprochenen Nutzer ihre Anfragen und Termine direkt über die eigene Internetpräsenz der jeweiligen Einrichtung realisieren.

Nutzen

Jede Einrichtung verfügt über ihr eigenes Online-Beratungsangebot – bei niedrigen Kosten und vielfältigen Interaktionsmöglichkeiten. Die terminbasierten Chats bieten die Möglichkeit, Mitarbeiter-Ressourcen exakt zu planen, denn Anfang und Ende der Sprechstunden sind vorher festgesetzt und alle Beteiligten können sich auf das angebotene Zeitintervall einstellen – anders als beim unkalkulierbaren Umfang und der Anzahl der meist zeitintensiven E-Mail-Anfragen.

Für Ratsuchende

Die Beratungseinrichtung verbessert die Erreichbarkeit ihres Angebots speziell für solche Menschen, die aufgrund lokaler Abgeschiedenheit oder körperlicher Beeinträchtigung bei Kontaktaufnahme und Beratung eingeschränkt sind. Für diese ist das Internet mit Chat und E-Mail das ideale Instrument für die Suche nach optimaler Beratung. Den Ratsuchenden bietet sich gleichzeitig eine besonders niedrigschwellige Möglichkeit, den direkten, persönlichen Beratungskontakt zu vertrauenswürdigen Mitarbeitern kompetenter Einrichtungen herzustellen. Positive Erfahrungen machen die Einrichtungen besonders bei Menschen – häufig Jugendlichen –, die unter schweren seelischen Belastungen leiden wie etwa suizidaler Neigung, selbstverletzenden Verhalten, sexuellem Missbrauch oder Essstörungen.[1] Im Chat können sie dazu ermutigt werden, die Scham zu überwinden und eine reguläre Beratungsstelle aufzusuchen. Auch dabei kommen die Vorteile des Chats als zeitnahe, emotionalisierende Schriftkommunikation besonders zum Tragen. Die Chats stehen daher im Vordergrund der Beratung bei *www.das-beratungsnetz.de*. Zwischen Mai 2001 bis April 2002 wurden weit über 1000 Chats realisiert.

Das Beratungsnetz bietet dem Besucher weiterführende Infor-

---

1 Siehe auch Zwischenbericht 2001 Beratung & Lebenshilfe e.V. Download unter *www.das-beratungsnetz.de/media* Punkt Dokumente, darin S. 4ff.

mationen über jede der beteiligten Einrichtungen, über deren Kompetenzen und Mitarbeiter. Verschiedene User-Foren und Linklisten bieten eine Orientierung zu psychologischen, sozialen und gesundheitlichen Themen und ein *Beratungslotse* führt innerhalb von zahlreichen Beratungsanlässen zielgenau zum individuellen Anliegen. Angemeldete Mitglieder können den informativen Newsletter beziehen und sich persönliche ID-Cards anlegen, optional mit nur den Beratenden zugänglichen Informationen. Das Beratungsnetz veranstaltete zwischen September 2001 und Februar 2002 zwölf moderierte Experten-Chats, in denen ausgewiesene Fachleute zu Themen wie Depression, Suizidalität, Essstörungen oder dem Umgang mit traumatischen Erlebnissen die Fragen der User beantworteten. Die Redaktion bietet zudem tagesaktuelle Artikel an und ein *Quickpoll* dient der wöchentlichen Userbefragung. Daneben arbeitet eine Psychologin täglich von Montag bis Freitag im offenen *Helpline-Chat* in der Orientierungsberatung.

Qualifizierung

Der Verein das-beratungsnetz e.V. erarbeitet im Rahmen der Qualitätssicherung ein mehrstufiges Qualifizierungsprogramm zur Internetschulung zukünftiger Online-Berater. Darin werden die Grundlagen des Internets, Eigenheiten der computervermittelten Kommunikation (CvK) und der konkrete Umgang mit dem System vermittelt. Die Einrichtungen können das Portal danach zur Beratungstätigkeit, zur internen und einrichtungsübergreifenden Kommunikation und dem internen *Knowledge-Sharing* nutzen. Foren, Kontakte zu anderen Einrichtungen und die Mailadressen der Mitarbeiter stehen ihnen zur Verfügung. Fach-Links zu beratungsrelevanten Webseiten dienen dabei der schnellen Informationsbeschaffung. Die Verknüpfung aus konkreter Nutzanwendung zur Online-Beratung bei gleichzeitigem Erwerb von Online-Medienkompetenz der Mitarbeiter machen das Beratungsnetz zukunftsweisend im Bereich der psychosozialen, gesundheitsberatenden und gemeinnützigen Arbeit. Das Modellprojekt »psychosoziale Hilfe online« des Paritätischen Wohlfahrtsverbands Berlin für 40 seiner Mitgliedseinrichtungen ist dafür beispielgebend.

Praktische Erfahrungen

Da *www.das-beratungsnetz.de* auf die Erhebung persönlicher Daten der User verzichtet, um die Anonymität und Niedrigschwelligkeit des Angebots nicht zu gefährden, beziehen sich die folgenden Angaben auf den Zwischenbericht 2001 des Vereins Beratung & Lebenshilfe e.V. Die Erfahrungen entstammen der Arbeit im Projekt »Psychologisch und sozialpädagogische Beratung nach dem Kinder- und Jugendhilfegesetz (KJHG) im Internet, 1.7.2000 – 30.6.2002«. Träger war Beratung & Lebenshilfe e.V. Das Modellprojekt wurde gefördert durch das Ministerium für Bildung, Jugend und Sport (MBJS) in Brandenburg und die Stiftung Deutsche Jugendmarke e.V.[2] Die abschließende wissenschaftliche Evaluation der zweijährigen Pilotphase des Projekts wird vom Institut für angewandte Familien-, Kindheits- und Jugendforschung (IFK) der Universität Potsdam durchgeführt.

Die Mitarbeiter von Beratung & Lebenshilfe realisierten demnach zwischen dem 1.7.2000 und dem 31.12.2001 insgesamt 1679 Chat-Beratungen mit insgesamt 915 Ratsuchenden. Nur etwa 10 Prozent nahmen ihren Termin nicht wahr, was als gering beurteilt werden kann. 274 Ratsuchende (also rund 30 %) gaben als Beratungsanlass Suizidgedanken oder -absichten an.

Eine besondere Bedeutung, so die Erfahrung der Beratenden, scheint demnach die Möglichkeit, per Internet zu kommunizieren, für Klienten mit Suizidgedanken oder selbstverletzendem Verhalten zu haben. Denn sie gehören in der Regel nicht zu denjenigen, die von sich aus herkömmliche Beratungsangebote in Anspruch nehmen. »Für viele von ihnen war es sogar zuviel, sich mit ihrer Stimme an Krisenberatungen per Telefon zu wenden. Dass sich diese Art Klientel nun per Internet verstärkt Hilfe holte, hängt vermutlich damit zusammen, dass die Rat suchende Person bei der Internet-Beratung subjektiv jederzeit die Kontrol-

---

2 Jahresbericht Onlineprojekt 2001, *www.beratung-lebenshilfe.de*

le über das Beratungsgeschehen behalten konnte und den Kontakt jederzeit selbstbestimmt abbrechen und wieder aufnehmen konnte. Somit konnte selbstständig Nähe und Distanz reguliert werden« (Culemann 2002, S. 34)[3].

»Während es in Erziehungsberatungsstellen in der Regel die Eltern sind, die ihre Kinder anmelden, trägt offensichtlich die Niedrigschwelligkeit des Mediums Internet, in dem der Berater/In sozusagen zum Klienten kommt, dazu bei, dass junge Klienten von sich aus und oft offensichtlich auch ohne Wissen der Eltern, Hilfe suchen und Beratung in Anspruch nehmen wollen.«[4]

»Junge Menschen sind auf ihrem Weg der Selbstfindung häufig nicht zu Gesprächen mit Erwachsenen bereit und suchen nach neuen Wegen. Dabei scheint offensichtlich die neue Subkultur Internet eine zunehmend größere Rolle zu spielen. Die Chance, jungen Menschen auf diesem Wege mit professionellen Beratungsangeboten zur Seite zu stehen, sollte genutzt werden« (Culemann 2002, S. 35f.).

Sicherheit

Die Erhebung und Verarbeitung personenbezogener Daten entspricht den Richtlinien des Beauftragten für Datenschutz und Informationsfreiheit des Landes Berlin. Bei jedem Zugriff eines Users auf eine Seite aus dem Angebot von www.das-beratungs-netz.de werden Daten über diesen Vorgang in einer Protokolldatei gespeichert. Diese Daten sind *nicht* personenbezogen; es kann also nicht nachvollzogen werden, welcher User welche Daten abgerufen hat. Die gespeicherten Daten werden nur zu statistischen Zwecken vom Betreiber »zone35 new media« ausgewertet. Eine Weitergabe an Dritte findet nicht statt. Für die möglichst anonyme Beratung wird dem User unsererseits ein E-Mail-Service empfohlen, welcher keine personenbezogenen Daten verlangt. Beispiele hierfür sind: *www.linomail.de* oder *www.ymail.de*.

---

3 Culemann, A. (2002): Chancen und Grenzen der Onlineberatung für junge Menschen. Wege zum Menschen 54/1: 30ff.
4 Jahresbericht Onlineprojekt 2001, *www.beratung-lebenshilfe.de*

Serversicherheit (SSL)

Über das SSL-Protokoll (Secure Socket Layer) ist eine sichere Verbindung gewährleistet. SSL bedeutet, dass sich der Server gegenüber dem Anwender mittels eines SSL-Zertifikats authentifiziert. Um die Vertrauenswürdigkeit der Authentifizierung zu erhöhen und die browserseitige Nachfrage beim Benutzer zu vermeiden, kann das Server-Zertifikat von einer unabhängigen, dritten, »Certification Authority« genannten Stelle signiert werden. Alle über diese Verbindung stattfindenden Datentransfers sind dann verschlüsselt, wobei der aktuell verwendete Schlüssel für jede Verbindung neu ausgehandelt wird. Somit ist die Wahrscheinlichkeit des Ausspähens von Daten, selbst in dem unwahrscheinlichen Fall, das eine Verbindung kompromittiert wird, für die anderen Verbindungen (auch späteren Verbindungen des selben Clients) gleich null.

Mail

Berater erhalten eine Benachrichtigung darüber, dass eine neue Beratungsanfrage für sie eingegangen ist. Sie müssen sich nach dieser Benachrichtigung einloggen und können die Anfrage dann in ihrem persönlichen Bereich bei *www.das-beratungsnetz.de* bearbeiten. Dadurch ist auch diese Beratung durch eine SSL-Verbindung gesichert. Genauso erfährt auch der Ratsuchende vom Eingang einer Beantwortung, er muss sich dann ebenfalls wie beschrieben einloggen, um die Antwort zu lesen.

Chat

Für die Anmeldung zur Chat-Beratung gelten die für die Mail-Beratung angesprochenen Sicherheitsmerkmale. Aus technischen Gründen werden die Texte aus dem Chat, also auch die Inhalte aus den Beratungssitzungen, mit dem verwendeten Nicknamen, dem Datum und der Uhrzeit in einer Protokolldatei gespeichert. Dabei wird die IP-Adresse der jeweiligen Nutzer nicht gespeichert. Diese Protokolldatei ist nur dem Betreiber zugänglich, wird aber nicht ausgewertet, sondern nur vom Chat-System für die Anzeige während des aktuellen Chats verwendet. Eine Personenzuordnung ist nicht möglich.

Zusammengefasst lässt sich die Chat-Beratung auf *www.das-beratungsnetz.de* als äußerst erfolgreich und effektiv beurteilen. Besonders die Affinität der Jugendlichen zu dieser neuen Kommunikationsform und die deutliche Niedrigschwelligkeit des Angebots machen es zu einem aussichtsreichen Instrument auch und gerade in der Suizidprävention.

Edgar van Eckert, das-beratungsnetz.de

Monique Aebischer-Crettol

SMS-Beratung

Ich wurde gebeten, meine Erfahrungen in »SMS-Beratung« vorzustellen. Deshalb hat dieser Beitrag auch diesen Titel. Es mag sein, dass viele eine Dienstleistung per Mobiltelefon in dieser Art sehen: eben als Beratung. Gerade von diesem Berater-Klischee möchten wir uns absetzen. Es liegt uns fern, per Handy Ratschläge zu geben, die für die Ratsuchenden Schläge sein können, die sie nur noch ratloser machen.

Unsere Dienstleistung heisst »SMSS« oder »SMS-Seelsorge«. »SMS« kann in diesem Fall statt als »short message service« auch als »save my soul« und »SMSS« als »save my soul subito« gelesen werden. Uns geht es um das seelische Wohl der Menschen, die sich an uns wenden. Und wenn sich jemand an uns wendet, weiß sie oder er von Anfang an, dass hier in erster Linie Seelsorge angeboten wird. Ob diese in Not befindliche Seele sofort (»subito«) gerettet werden kann, liegt nicht in unserer Hand. Wir bemühen uns, mit ihnen ein Stück Wegs zu gehen, bis sie wieder das Gefühl haben, allein weitergehen zu wollen.

Schon 1995 erkannte der Zürcher Pfarrer Jakob Vetsch, wie vor ihm schon Pfarrer Emil Sulze aus Dresden im 19. Jahrhundert, dass die Kirche zu den Menschen gehen muss, wenn die Menschen nicht mehr zur Kirche kommen. Er baute deshalb die erste Internet-Seelsorge auf. Und er erkannte, dass immer mehr Menschen immer weniger ohne ihr »Handy« meinen auskommen zu können. Und so bot er 1998 die erste Seelsorge über das Mobiltelefon an.

Das Internet und das Mobiltelefon sind als Medium nicht mehr aus unserer Gesellschaft wegzudenken. Allein in der Schweiz verfügen sieben von zehn Mitmenschen über ein Mobiltelefon –

mit steigender Tendenz. So kann es auch bei der Frage in Bezug auf das Engagement der Kirchen auf diesem Gebiet nicht mehr um das Ob, sondern nur noch um das Wie gehen (Helmert 2002).

Das in der Schweiz gestartete Angebot der SMSS war von Anfang an ökumenisch/landeskirchlich ausgerichtet. Wie bei der Internetseelsorge ging es auch hier darum, den Mitmenschen mit den zur Verfügung stehenden und von ihnen bevorzugten technischen Hilfsmitteln entgegenzugehen, ihnen dort, wo sie sich gerade befinden, zu »begegnen« und ihnen in ihren Schwierigkeiten und Problemen »beizustehen«. Dabei soll diese Dienstleitung allerdings nie in Konkurrenz zur Seelsorge durch lokale Geistliche stehen. Wir sehen sie eher als Ergänzung.

Es gibt bei den Jugendlichen und jungen Erwachsenen der Gegenwart wohl kein anderes unmittelbareres und persönlicheres Zeichen der Gruppenzugehörigkeit als das Handy. So kann fast plakativ gesagt werden: »Wer kein Handy hat, hat ein Handycap.«

Diese neue Verlängerung der Person oder Erweiterung des Persönlichkeitsbereichs ist in gewisser Hinsicht sowohl Spielzeug als auch Nabelschnur zu den Eltern oder anderen wichtigen Bezugspersonen beziehungsweise Kommunikationsmittel und Bindeglied für Freunde und einen weiteren Personenkreis.

Wenn die Beziehung zu Eltern und Familie gestört ist und wenn kein Freundeskreis vorhanden ist, versuchen die Jugendlichen, mittels des Handy Ersatzbeziehungen zu knüpfen. In solchen und in anderen Situationen kann aber auch über dieses Medium der Telekommunikation Hilfe oder Beistand gesucht werden. Und gerade in solchen Situationen kann das Wunder geschehen: Es wird wahrgenommen, dass es da eine »unsichtbare Leitung« zu einer »anderen Seite« gibt, von der einfühlsam zurückgeschrieben wird, nachdem die zum Ausdruck gebrachte Not dort zur Kenntnis genommen worden ist. Es kommt mehr als nur ein Echo. Es kommt ein Trost oder ein Angebot weiterer Begleitung oder es kommen Hinweise auf weiterführende Hilfsmöglichkeiten. Der »aus tiefster Not« schreibende Jugendliche fühlt sich daraufhin weniger unverstanden in seiner Einsamkeit, mit seinen sexuellen Problemen, mit seinen Erfahrungen wiederholten Scheiterns und mit seinen Gedanken, sich das Leben zu nehmen.

Monique Aebischer-Crettol

Seelsorge in ihrer geschichtlichen und aktuellen Dimension

Das Seelsorgeverständnis ist zu keiner Zeit statisch gewesen. Im christlichen Kontext hat sich Seelsorge von jeher den Erfahrungen und Einstellungen der Zeit angepasst. Dieser Aspekt darf auch bei der SMSS nicht außer Acht gelassen werden.

Ging es in der alten Kirche vor allem darum, Seelsorge als Mittel des Kampfes gegen die Sünde zu sehen, so stand im Mittelalter die Beichte im Zentrum der Seelsorge. Dabei blieb das Thema der das Seelenheil bedrohenden Sünde weiterhin zentral.

Martin Luther rückte den Trost in die Mitte seelsorglicher Bemühungen: »Nicht der defizitäre Mensch mit seiner Fähigkeit zur Reue und Buße steht als Akteur perspektivisch im Blick, sondern der schenkende und vergebende Gott in Jesus Christus« (Ziemer 2000, S. 58). Im gegenseitigen Zuhören, Trösten, Ermutigen und Bedenken von Handlungsoptionen, ja im Vergeben kann das von Luther betonte Priestertum aller Gläubigen konkrete Gestalt gewinnen: der wechselseitige geschwisterliche Austausch als Grundlage aller Seelsorge. Die Telefonseelsorge, die in der Mehrzahl der Fälle von Laien geleistet wird, inspiriert sich nicht zuletzt von diesem Ansatz.

Im Pietismus ging es und geht es noch heute vornehmlich um den Aspekt der Erbauung, um dann in der Aufklärung den Platz von Bildung als Form konkreter Seelsorge einzunehmen. Durch »Anknüpfung an den schon von Gott her gelegten guten Grund im Menschen« geht es weniger um »Überwindung von Sündhaftigkeit« als um »Besserung« (Ziemer 2000, S. 67).

Im 19. Jahrhundert kam es zu verschiedentlichen Neu- und Umorientierungen. Es wurde unter anderem erkannt, dass die äußere Not bei den seelsorglichen Begleitungen nicht mehr ausgeklammert werden darf. So war es neben Johann Hinrich Wichern der Dresdner Pfarrer Emil Sulze, der zuerst einsah, dass die Kirche zu den Menschen gehen muss und dass Seelsorge die Präsenz des Seelsorgers am Ort des Menschen in Not voraussetzt und sich durch die Zusammenführung geistlicher, sozialer und pädagogischer Erfordernisse auszeichnet.

Die Liberale Theologie wendete sich schließlich zur wirklichen, modernen Welt hin und bereitete damit den Boden, dass neue Erkenntnisse der Psychologie für seelsorgliche Bemühungen fruchtbar gemacht werden konnten.

Es scheint mir klar, dass sich die SMSS nicht zur Verkündigung des Evangeliums oder zur religiösen Unterweisung eignet, so wie das lange Zeit mit dem Verständnis der Erlangung des Seelenheils durch Seelsorge verknüpft worden ist. Allerdings ist auch dieser Aspekt in heutigen Angeboten über das Mobiltelefon in der Schweiz nicht vollständig ausgeklammert. So kann über die Nummer 999 und dann die Eingabe des Wortes »Vers« ein für den betreffenden Tag ausgewählter Bibeltext aufgerufen werden.

Die Art von Seelsorge die über den SMS angeboten wird, entspricht eher einem pastoralpsychologischen Ansatz, wobei Erkenntnisse aus den Human- und Sozialwissenschaften sowie aus der Medizin integriert werden. Es geht prinzipiell eher um eine Orientierung an den Ressourcen als an den Defiziten der Hilfe Suchenden. Prinzipiell kann die von uns geleistete Seelsorge als Zuwendung von Menschen zu anderen Menschen in psychischer, sozialer oder spiritueller, mitunter aber auch physischer Notlage verstanden werden. Es geht dabei immer um eine Interaktion zwischen der Person, die sich an uns wendet, und dem Antwortenden. Wichtig ist uns dabei, dass wir nicht seelsorgerisch auftreten und handeln. Dieses bis in unsere Tage von vielen Kirchenvertretern gepflegte Konzept geht von einem Gefälle vom Seelsorger zum zu Versorgenden aus. Unsere Vorstellung ist hingegen vielmehr die eines einfühlsamen Verstehens der uns anvertrauten Sorgen und eines in der Folge wenn immer möglich fürsorglichen Beistands. Es gibt bei diesem Austausch also keine Hierarchie und wir pflegen von Anfang an das vertrauliche »Du«, ohne dass das als Anbiederung verstanden werden soll. Da es sich bei der Mehrzahl der Schreibenden um Jugendliche handelt und da man/frau sich im SMS- und E-Mail-Verkehr gemeinhin duzt, wird das in der Regel sehr positiv aufgenommen. Wir versuchen jedenfalls stets, uns der oder dem Anderen seelsorglich statt seelsorgerisch anzunehmen.

Es ist verständlich, dass das Handy – wie die Fernbedienung des Fernsehgeräts – zum geläufigen »Zappen« verführt. Statt sich Zeit zu nehmen, den persönlichen Kontakt mit einer Seelsorgerin oder einem Priester zu suchen, gehört es zum Zeitgeist des »subito!«, dass alles schnell, effizient und zur Genüge zu haben sein sollte. So wird überall ein wenig schmetterlingshaft herumgeflattert, statt sich mit der nötigen Geduld dem zu stellen, was das Weiterleben scheinbar in Frage stellt. So wie weithin auch der Nahrungsbedarf Jugendlicher durch Fastfood gedeckt wird, streben sie auch im seelischen Bereich nach einer Art Schnellbleiche. Dieses Bedürfnis muss erkannt und ernst genommen werden. Wenn es dem um die seelische Befindlichkeit des oder der Anderen Sorgenden auch unter diesem Erwartungsdruck gelingt, dass die oder der Andere merkt, dass ihr oder sein Anliegen wahrgenommen, dass der Finger auf die Wunde gelegt wird, die zur Kontaktaufnahme Anlass gab, ist das Gegenteil des »subito!« möglich: Es kommt zum Aufbau einer Beziehung (was häufig der Fall ist), die dazu beitragen kann, auch die schwersten Anfechtungen durchzustehen. Damit solches geschehen kann, bedarf es neben einer soliden pastoralpsychologischen Ausbildung großen Einfühlungsvermögens, Empathie, Intuition und Geduld. Wenn die Entstehung einer Beziehung gelingt, verstehe ich das als Gnade.

Wenn der Austausch sich über mehrere Tage erstreckte, habe ich die Korrespondenten und Korrespondentinnen meist gefragt, ob sie eine E-Mail-Adresse haben und der weitere Austausch über dieses Medium erfolgen könne. Oft war das (bei einem Viertel bis einem Drittel der SMS-Partnerinnen und -Partner) der Fall. Der gemeinsame Weg begann – wie in allen Fällen – anonym über SMS, wurde dann mittels Internet fortgesetzt, gefolgt vom Heraustreten aus der Anonymität, der gelegentlichen Zusendung eines Fotos, um schließlich in die Bitte einer persönlichen Begegnung einzumünden.

Grenzen der SMS-Seelsorge

Die Grenzen der SMS-Seelsorge sehen wir in der durch die Technik vorgegebenen Kürze der Texte (gegenwärtig 160 Anschläge pro Mitteilung). Bei geübten »Melkern« von Handys (dem Eingeben der Buchstaben mit dem Daumen, währenddem das Gerät wie die Zitze eines Euters mit den anderen Fingern umklammert wird) ist es zwar gut möglich, mehrere Mails nacheinander zu senden und so die Länge der Mitteilungen beliebig zu verlängern. Dies wird mehr und mehr auch durch aufwendigere Geräte mit Volltastatur ermöglicht und kann so mit der Zeit wieder zu längeren Mitteilungen führen. Trotzdem dürften aber, gerade im Gegensatz zum Austausch mittels E-Mail, die Kurzmitteilung, der kurze Hilfeschrei oder der Stossseufzer die Regel bleiben.

Es besteht auch die Gefahr, dass die Niederschwelligkeit der Kontaktaufnahme von Einzelnen mit Unverbindlichkeit verwechselt wird. Weiterhin kann eine Gefahr darin gesehen werden, dass es zu einem Rückzug auf die Technik mit gleichzeitig einhergehender weiterer Vereinsamung kommen kann.

Tücken der Technik (z. B. Abstürze im Netz) oder gezielte Störungen durch Dritte können den Austausch gefährden und zu zusätzlicher Verunsicherung führen.

Typisierung des SMS-Austauschs

In groben Zügen können drei verschiedene Typen des Austauschs von Kurznachrichten unterschieden werden:

Telegrammstil

Es wird eine Frage gestellt, eine Bitte geäußert, eine bestimmte Schwierigkeit mitgeteilt. In allen Fällen sind diese Botschaften kurz und klar umrissen. In der Mehrzahl der Fälle können hier auch die Antworten kurz und doch hinreichend erklärend sein. Einige Beispiele mögen das illustrieren:
– Ist Masturbation Sünde? (Varianten: Ist es schlimm sich selbst zu befriedigen?)
– Was bedeutet Onanie?
– Darf man vor der Heirat Sex haben?
– Was meinen Sie zur Homosexualität? (Varianten: Was denkt Gott von/Was sagt die Bibel zur/Wie steht die Kirche zur Homosexualität?)

Beziehungsfragen und existentielle Fragen speziell Jugendlicher

Solche Probleme brechen meist plötzlich auf. Oft können sie von den Betreffenden nicht gelöst werden und vergiften die Beziehung weiter. Der Austausch, der infolge der sich daraus ergebenden Fragen entsteht, dauert über mehrere Tage und ist meist sehr intensiv. Hier einige Beispiele erster SMS-Kontaktaufnahmen:
- Er hat mich sitzen lassen, um mit meiner besten Freundin ins Bett zu gehen. (Variante: Ich habe erfahren, dass sie mich mit meinem Freund betrügt.)
- Ich bin in eine Frau verliebt, weiß aber nicht, wie ich mich verhalten soll.
- Das Leben in der Familie ist die Hölle. Mein Bruder kriegt alles und ich werde dauernd zusammengeschissen.
- Ich bin durch die Prüfung gefallen. Die Misserfolge häufen sich. Alles, was ich unternehme, geht schief.
- Mein Freund ist furchtbar eifersüchtig und schlägt mich.
- Ich fühle mich von den Jungen angezogen, getraue mir aber nicht, mit jemandem darüber zu reden. Wenn meine Eltern davon erfahren, trifft sie der Schlag.

Um diese Art des Austauschs ein wenig besser darzustellen, möchte ich drei Beispiele erwähnen. Beim ersten handelte es sich um eine 17-Jährige, die in der Lehre stand und schwanger war. Beim Zweiten ging es um eine Jugendliche, deren Freund durch einen Autounfall ums Leben kam. Und beim Dritten ging es um ein seit vielen Jahren verheiratetes Paar mit Kinderwunsch, das steril ist.

Solche an sich klaren Anfragen oder konkreten Bitten um Hilfe – auch im Fall schwerer oder als schwer empfundener Probleme – können in der Regel hinreichend beantwortet, die gewünschte Hilfe in der Mehrzahl der Fälle geleistet oder aber eine Weiterleitung an Ärzte oder Fachstellen veranlasst werden.

Viel schwieriger ist es, wenn die Kontaktnahmen nicht klar erkennen lassen, wo der Schuh drückt oder ob nicht unter einem banalen Vorwand ein schwerwiegenderes Problem verborgen wird. Auch dazu einige Beispiele:
- Jetzt reicht's! Ich kann nicht mehr. (Varianten: Jetzt nehme ich mir das Leben. /Ich habe genug und bringe mich jetzt um.)

– Ich habe keine Freundin / keinen Freund. Niemand liebt mich.
– Ich möchte einfach einschlafen und nie mehr erwachen.
– Ich schneide mir die Pulsadern auf. Hilfe!

Weitere Beispiele: Ein junger Mann wollte sich zu einer bestimmten Zeit von einer bestimmten Brücke stürzen. Eine 15-Jährige gebar ein Kind und wurde deswegen von zu Hause ausgestoßen. Zwei Monate später nahm sich der ebenfalls minderjährige Kindesvater das Leben.

Langzeitkontakte

Solche Austausche über längere Zeiträume (Wochen, Monate, Jahre) beginnen in der Regel durch die Schilderung von mehr oder weniger unbedeutenden Problemen. Schon nach kurzer Zeit werden diese Kurzmitteilungen für die Anfragenden außerordentlich wichtig.

Ein junger Mann stellt sich als transsexuell vor. Seit über 14 Monaten versuche ich mit ihm, eine gewisse Ordnung in sein Gefühlschaos und seine Persönlichkeitsstruktur zu bringen. Er wurde als Kind missbraucht, was ihn bleibend desorientierte. Er ist unfähig, mit irgendjemandem in eine normale Beziehung zu treten (er hatte auch jegliche Hilfe durch Psychiater ausgeschlagen), und wurde aufgrund seiner Probleme arbeitsunfähig und Sozialleistungsempfänger. Er ist extrem impulsiv, erträgt keine auch noch so kleine Einschränkung und hat als einzige »Freunde« zwei Hunde, die nicht unwesentlich zur weiteren Verknappung der schon geringen finanziellen Ressourcen beitragen. Er schreibt mitunter mehrmals täglich, auch während der Nacht, wenn er wieder einmal wacht statt schläft. Ich wurde für ihn zum Bindeglied zur Außenwelt.

Weiter möchte ich das Beispiel einer älteren Frau erwähnen, die an einem terminalen Krebs erkrankt ist. Sie schreibt jeden Morgen. Auch für sie ist diese Möglichkeit der Mitteilung eine Sorge um sich selbst. Sie weiß, dass sie nicht eines Tages tot zu Hause liegen bleibt, ohne dass es jemand merkt.

Auch soll das Beispiel eines jungen Mannes mit einer sozialen

Phobie nicht unerwähnt sein. Infolge seiner Krankheit vermeidet er jeglichen Außenkontakt, wenn ihn nicht jemand begleitet. Für ihn ist der SMS-Austausch sein Vorzugsmedium und eine Art Krücke in seiner Invalidität.

Zum Schluss soll das anonymisierte Beispiel des erwähnten jungen Mannes, der sich zu einem angekündigten Zeitpunkt von einer Brücke stürzen wollte, in extenso wiedergegeben werden.

6.12. 18:31 *Ich raste aus. Hilfe!*
Guten Tag. Ich habe deinen Hilferuf gehört. Was kann ich für dich tun?
7.12. 08:34 *Das Leben kotzt mich an*
Kannst du mir sagen, warum und seit wann?
08:38 *Seit ich geboren wurde*
Da übertreibst du wohl. Wie alt bist du? Leidest du unter einer Depression?
08:44 *44*
Hast du jemanden verloren? Leidest du unter einem anderen Verlust?
09:00 *Ja, mein Leben*
Könntest du das ein wenig besser umschreiben? Was ist genau passiert?
09:07 *Ich möchte mir das Leben nehmen*
Hast du es schon probiert oder geplant, wie du es machen willst?
09:08 *Ja, von der Brücke X springen*
Hast du außer mir sonst jemanden ins Bild gesetzt?
09:08 *Nein*
Weißt du schon, wann du es tun willst?
09:29 *Ja, am 8.12. um Mitternacht*
Lebst du allein?
09:30 *Ja*
Hast du einen Arzt konsultiert?
10:02 *Nein*
Es wäre meiner Ansicht nach gut, wenn du das machen würdest. Er könnte dir vielleicht sogar helfen. Soll ich einen für dich suchen?
10:13 *Nein*
Was kann ich für dich tun? Ich möchte so gerne etwas für dich machen.
11:07 Wenn du bei deinem Plan bleibst, hast du vorgesehen, was mit deinem Körper geschehen soll, welche Art der Beisetzung du möchtest?
11:09 *Ja, und dann?*
Wen hast du mit der Erfüllung deiner Wünsche beauftragt? Du hast mir keine Gründe für den vorgesehenen Suizid angegeben. Ist es infolge eines Verlustes, einer Enttäuschung oder aus einem anderen Grund?

	11:53	*Enttäuschung*
		Jemand muss dich schrecklich verletzt haben, dass du eine solche Konsequenz ziehen willst. Kannst du mir es ein wenig schildern? Was meinst du von einem Leben nach dem Tod?
	13:01	*Keine Ahnung, hab's noch nie probiert*
		Du hast recht. Niemand weiß etwas. Aber wenn du dieses Leben verlassen willst, was erwartest du dir vom Tod?
	13:10	*Dass ich Macht habe*
		Was verstehst du unter »Macht haben«? Möchtest du Macht uber jemanden erlangen? Über deine Familie oder deine Mitmenschen?
	13:50	Bist du sicher, dass du erlangst, wonach du strebst? Wählst du nicht eher eine endgültige Lösung für ein vorübergehendes Problem?
	16:00	Was tust du in diesem Augenblick? Ich denke an dich und ich bete für dich. Bitte melde dich wieder.
	16:05	*Aber ich bin noch gar nicht tot*
		Ich wollte nur sehen, ob sich deine Stimmung etwas aufgehellt hat. Willst du dir noch immer das Leben nehmen?
	16:46	*Ich habe eine Kerze für Sie angezündet*
		Danke. Das berührt mich sehr. Ich möchte, dass du mich auch duzt. Ok?
	16:52	*Ok*
		Gibt es etwas, was dich von der Idee, dich umzubringen, abbringen könnte?
	16:56	*Wie alt bist du?*
		Ich bin 62, also viel älter als du.
	17:10	*Danke. Weißt du, ich will mich jetzt nicht mehr umbringen*
		Ich bin dir sehr dankbar. Im Verlaufe des Tages und des Austauschs bist du mir ein Freund geworden. Ich heiße Monique. Und du?
	17:55	*Fabian*
		Ok, Fabian! Ich zähle darauf, dass du mir schreibst, wenn die Suizidabsichten wiederkehren. Ich wünsche dir eine gute Nacht.
8.12.	08:30	Guten Tag, Fabian! War die Nacht besser? Ich schicke dir Gebete und positive Gedanken für diesen Tag. Monique.
	09:00	*Danke*
9.12.	09:50	Hallo Fabian! Wie geht es dir heute Morgen? Wecke ich dich? Wisse, dass ich immer noch in Gedanken und mit Gebeten für dich da bin. Monique.
	12:30	Da ich keine Nachricht von dir erhielt, bin ich beunruhigt. Ich zündete heute Morgen für dich eine Kerze an. Ich hoffe, dass du fühlen kannst, dass sie für dich brennt. Gib mir bitte ein Zeichen. Mir liegt viel an dir. Monique.
	18:00	Hallo, hier ist Monique. Was soll ich tun, damit du mir antwortest?
	18:21	*Es tut mir leid*
		Danke. Vergiss nicht, dass wir Freunde geworden sind und dass wir uns gegenseitig helfen wollen und können. Schreibe mir deshalb, wenn du wieder schwarz siehst.
	18:28	*Ok*

21:47 *Ich habe eine Freundin gefunden und es geht mir besser. Danke für alles*
Nichts hätte mir heute Abend mehr Freude bereiten können. Gott sei Dank! Dank der Freundin bist du nicht mehr allein. Trotz der Freundin wäre ich froh, wenn du einen Arzt aufsuchen und ihm schildern würdest, wie schlecht es dir ging. Gute Nacht. Monique.
22:10 *Ok Gute Nacht*

Literatur

Helmert, G. (2002): Chancen und Grenzen des Mediums Internet für die Seelsorge. Wissenschaftliche Arbeit zur Zweiten Theologischen Prüfung. Prüfungsamt der Evangelischen Kirche Berlin-Brandenburg.

Ziemer, J. (2000): Seelsorgelehre. Göttingen.

■ m.

Online-Suizid-Foren und -Chats

Mein Name ist m. oder m-punkt. Ich bin einer der drei Forenmaster (FM) des Suizid-Forums für Erwachsene (www.erwachsenen.forum.de/vu/). Mit dem Thema Selbsttötung bin ich seit eineinhalb Jahren als Betroffener befasst. Ich möchte betonen, dass zuerst der Gedanke an den eigenen Tod da war und erst dann eine Suche im I-Net begann. Die ersten Kontakte mit Suizid-Foren hatte ich über die a.s.h-Seiten. Von dort war der Weg zu deutschen Foren kurz. Nachdem ich zuerst nur gelesen hatte, mit der Erkenntnis »du bist ja nicht allein«, kamen die ersten Postings. Der Weg zu den Chats war fast automatisch. Der schwierigste Schritt war das eigene Outing. Auch in einem solchen Kreis fällt es nicht leicht zu sagen, »ich will mich töten«. Die Reaktion der anderen war für mich wie ein Schock. Sie waren nicht abweisend, nicht verstört oder versuchten wegzuhören. Es war Verständnis da, Interesse an den Problemen und es war, trotz der Irrealität des Internets, eine seelische Wärme da. Vor allem einen Satz habe ich nie gehört: »Das wird schon wieder werden.«

Was sind Foren und Chats?

Bei Foren handelt es sich um eine Art Newsgroup. Es können dort Nachrichten, Informationen, Probleme gepostet werden und stehen den Lesern zur Verfügung. Diese können auf die Postings antworten. Das führt häufig zu längeren Diskussionsketten, den Threads. Für die Inhalte ist derjenige verantwortlich, der das Posting verfasst. Von Seiten der FM wird das Forum zwar überwacht, aber es soll, im Rahmen der Forenphilosophie, ein freies

Schreiben ermöglicht werden. Dadurch werden weitgehend offene und auch diskrete Plattformen angeboten.

Chats sind Online-Gespräche. Die Teilnehmer treffen sich in einem virtuellen Raum, um in Realzeit miteinander zu kommunizieren. Die Gespräche sind für jeden Anwesenden lesbar. Für vertrauliche Gespräche gibt es das Flüstern. Diese Nachrichten kann nur derjenige lesen, der angeflüstert wurde. Durch Eröffnen eines eigenen virtuellen Raums kann ebenfalls ungestört und diskret miteinander geredet werden. Dadurch kann es zu sehr intensiven Online-Gesprächen kommen. Die Zusammensetzung der Chatter ist, sofern nicht Verabredungen in eigenen Räumen bestehen, vom Zufall abhängig. So ergeben sich im Lauf eines Abends immer wieder neue Gespräche, neue Aspekte, neue Ansätze. Durch die Gespräche in Realzeit sind in den Chats weitaus spontanere Aussagen der Betroffenen möglich. Bei den Postings der Foren sind die Beiträge durch den Schreiber häufig durchdachter.

Grundsätzlich sind Foren und Chats keine lebensrettende Einrichtung und die meisten FM und Admins sehen ihre Aufgabe nicht darin, andere von einem ausreichend durchdachten Suizid abzuhalten. Da FM und Admins in der Regel selber eine mehr oder weniger offene Suizidalität aufweisen, sind sie grundsätzlich bereit, solche Entscheidungen hinzunehmen. Das heißt jedoch nicht, dass in den Foren und Chats Menschen zum Suizid verführt oder gar gedrängt werden.

Wer sind die Besucher?

Grundsätzlich sind in den Foren alle Besucher willkommen. Aber durch die Thematik ergibt sich zwangsläufig eine Eingrenzung. Es sind in der Regel Besucher, die aus allen Schichten und Altersgruppen kommen, mit den unterschiedlichsten Auslösern ihrer suizidalen Gedanken. Im Wesentlichen handelt es sich bei den ernsthaften Besuchern um Menschen, die sich seit längerem mit ihrer Suizidalität auseinander setzen. Ich konnte meist eine hohe Moralität und ein ausgeprägtes Verantwortungsbewusstsein feststellen. Für den ernsthaften Besucher steht der Wunsch nach einer diskreten, offenen Auseinandersetzung mit seinen Problemen und seiner Suizidalität im Vordergrund. Viele haben in ihrer bisherigen »Therapeutenkarriere« solche Voraussetzungen nicht oder nur unzureichend vorgefunden.

Der Umgang mit Jugendlichen und Kindern ist nicht unproblematisch. Da keine »Ausweiskontrolle« besteht, kann man sich häufig nur schwer über das Alter des Menschen eine Vorstellung machen. Deshalb sollen auch FM und Admins mit viel Fingerspitzengefühl an solche Postings herangehen, um im entsprechenden Fall durch Einmischung in die Diskussion und entsprechende Beiträge steuernd einzugreifen. Aber auch hier bestehen unterschiedliche Auffassungen der FM der einzelnen Foren.

Diese Problematik führte dazu, dass das Suizid-Forum, in dem ich wirke, speziell für Erwachsene konzipiert ist. Ein solches Abtrennen ergibt sich schon aus der unterschiedlichen Erlebniswelt suizidaler Jugendlicher und Erwachsener. Aber natürlich können wir nicht ausschließen, dass auch hier Jugendliche mitlesen, da wir keinerlei Möglichkeit haben zu kontrollieren, wer die Foren besucht.

Aufgaben der FM und Admins

FM verwalten die Foren, sie löschen nicht in den Forenkontext passende oder beleidigende Postings, können aber auch direkt in die Diskussion durch eigene Beiträge eingreifen. Der Chat wird von den Admins verwaltet. Sie können Besucher bei grobem Fehlverhalten mit zeitlichen oder dauerhaften Sperren belegen. Da die Foren und Chats aber von den Lesern und Postern leben, kann dies nur als Ultima Ratio gesehen werden.

Vor- und Nachteile der Foren

Vorteile	Nachteile
Bei Providern mit wechselnden IP fast nicht nachvollziehbar, wer der Poster ist	Angreifbarkeit von außen, dadurch Verunsicherung bei Lesern und Postern
Anonymität, dadurch freies Schreiben, Reden und Sich-Auseinandersetzen mit der Suizidalität (der eigenen und der der Besucher)	Unkontrollierbarkeit, Fragen nach Zugriff auf bestimmte Inhalte (besonders für Jugendliche), eventuell triggernde Inhalte
Ruhige Auseinandersetzung mit der Suizidalität ohne Zeit- und Termindruck	
Durch Erleben der Suiziladität anderer sind auch andere, authentische Blickpunkte möglich	Spontane Antworten können aufgrund mangelhafter Durchdachtheit auch negative Effekte erzielen
Selbstgewählter Zeitpunkt, unabhängig von Sprechstunden, rund um die Uhr möglich	Kann zu nächtelangen Sitzungen vor dem Rechner führen (I-Net-Sucht)
Verständnis der Problematik durch eigene Betroffenheit der Antwortenden	Laienarbeit, oft fehlende fachliche Kompetenz und Betreuung, handwerkliche Fehler
Angstfreieres Auseinandersetzen, da nicht mit einer Zwangseinweisung gerechnet werden muss	
Seelische Wärme	Falsche Hoffnungen
Zusatzangebote (Seiten über Krisenintervention, andere Homepages, Suchdienste)	Zusatzangebote über Methoden, teilweise mit zweifelhaftem Inhalt, Zugang für jedermann (Kinder- und Jugendschutz)

Weiterleben durch die Foren

Die Foren und Chats sind keine Einrichtung, deren Aufgabe es ist, Leben um jeden Preis zu retten. Trotzdem erfüllen Foren und Chats auch lebensrettende Funktionen. Nicht, indem sie den Freitod als einzig denkenswerte Alternative postulieren oder ablehnen, sondern eher in der Form, in der die einzelnen Menschen miteinander umgehen. Der betroffene Mensch findet in den Foren Mitmenschen, die in ähnlichen Krisen stecken, die ähnliche Erfahrungswerte besitzen.

Ein Aspekt, der sich in der Skepsis vieler Forenbesucher widerspiegelt, ist die Einbahnstraßenmentalität des therapeutischen Denkens, bei dem die freie selbstgewählte Entscheidung eines Menschen zum Suizid negiert, sogar als Krankheit stigmatisiert wird. Abneigungen gegen therapeutische Behandlungen erklären sich auch aus der Angst, durch Anwendung von Psychopharmaka sich selbst zu verlieren. Auch die Möglichkeit der Zwangseinweisung wirkt auf den verzweifelten Menschen eher abschreckend.

Im Gegensatz dazu sind in den Foren beide Richtungen grundsätzlich akzeptiert. So werden zum einen denjenigen, die sich einer Therapie unterziehen, von allen Seiten ehrlich empfundene Wünsche mitgeschickt, verbunden mit der ernsthaften Hoffnung, dass es wirklich nützt. Gleichzeitig, wenn wieder ein Mensch gegangen ist, wird neben aller Trauer, die auch die Forenteilnehmer verspüren, irgendwo das Gefühl spürbar »er/sie hat es hinter sich«.

Das gilt natürlich nur für die Fälle, in denen eine längere Auseinandersetzung des Einzelnen mit seiner Suizidalität stattgefunden hat. Affekthandlungen lehne ich, wie auch die anderen FM und die meisten Besucher der Foren, grundsätzlich ab, da sie mit einem Freitod im ameryschen Sinn nichts zu tun haben. Hier werden wir fast alle Möglichkeiten nutzen, um den Betroffenen von seinem Tun abzubringen. Jedoch ist in den entsprechenden Diskussionen zu erkennen, dass von Seiten der FM und Admins nur geringe Bereitschaft besteht, offizielle Stellen einzuschalten. Besonders die Einschaltung der Polizei gilt als undenkbar: Ein solches Verhalten zerstört jede Vertrauensbasis und führt zu Verunsicherungen innerhalb der Foren- und Chat-Gemeinschaft. Die bedingungslose Sicherheit des Geschriebenen, die Diskretion der FM und aller am Dialog Beteiligten sind unabdingbare Grundlagen für das erforderliche Vertrauen in einem Diskussionsbereich mit solch einem sensiblen Thema.

Durch die teilweise sehr langen Auseinandersetzungen mit sich selbst und seiner Suizidalität ergeben sich natürlich auch Wendepunkte. So werden sich die meisten Teilnehmer nach einiger Zeit wieder aus den Foren zurückziehen – lebend. Ich möchte betonen, dass die Umkehr nicht ein Ergebnis der Angst vor dem eigenen Tod ist, sondern eine Umkehr der bisherigen Angst vor einem Leben. Es können also neue Aspekte und veränderte Auffassungen aus den Diskussionen zu einer Rückkehr in ein Leben führen. Hierbei handelt es sich wohl um die häufigste Form, in der ein lebensrettender Aspekt der Foren und Chats zu beobachten ist.

Im Verlauf der Foren- und Chat-Besuche ergeben sich auch reale Kontakte, die oft so eng sind, dass es für den Menschen unmöglich wird zu gehen. S. redete von einem Dominoeffekt: Durch das Knüpfen enger persönlicher Beziehungen in den einzelnen Menschen entsteht eine große Verantwortung. Es wird ihnen klar, dass in dem Fall des eigenen Suizids andere Menschen in ihrer Situation derart belastet werden, dass sie ebenfalls kippen und den Weg des Freitods beschreiten.

Ein weiteres Problem ist die Rückkehr in das Leben nach einem erfolglosen Versuch. Nach meinem ersten Versuch und der Rückkehr wurde ich mit viel Wärme, Verständnis und offen gezeigter Erleichterung empfangen. Niemand fragte mich, »warum hast du es nicht getan?«, oder sagte etwas Abfälliges über mich oder den misslungenen Versuch. Erst durch eine solche Art von »Rückendeckung« ist es möglich, nach außen eine Fassade zu errichten und ein normales Leben zu führen.

Ein weiteres Angebot verschiedener Foren ist die Einrichtung von Listen ernst zu nehmender Kriseninterventionshilfen. Hier werden Menschen, die keine Anlaufstellen haben, die Adressen und Telefonnummern solcher Dienste online zur Verfügung gestellt. Und das scheint mit steigender Resonanz genutzt zu werden.

Mögliche Gefahren durch die Foren

Natürlich kann nicht endgültig ausgeschlossen werden, dass labile Menschen sich beim Auffinden der Seiten zu einem Suizid gedrängt fühlen. Unbestritten besteht bei jugendlichen Besuchern mit einer temporären Suizidalität die Möglichkeit, dass sie durch die entsprechenden I-Net-Seiten an Methoden herangeführt werden. Aber insbesondere hier ist eine offene Auseinandersetzung von größter Wichtigkeit. In den Foren und Chats erlebt dieser Mensch, dass er ernst genommen wird. Selbstverständlich sind hier besondere Sensibilität und Aufmerksamkeit erforderlich, hier sind die FM und Admins gefordert, notfalls steuernd einzugreifen. Akzeptable Möglichkeiten, Jugendlichen den Zugang zu verwehren, bestehen jedoch grundsätzlich nicht, da es keine Alterskontrollen gibt.

Sobald der Gedanke an den Suizid auftritt, ist ein erheblicher Rückgang der »normalen« Kontakte festzustellen. Man sitzt zu Hause und hat häufig keinerlei Motivation, sich mit den alten Bekannten zu treffen. Diese wenden sich oft vom Betroffenen ab, weil sie nicht mit der Situation umgehen können. Hier kann das Knüpfen erster neuer Kontakte über das I-Net auch zu realen Kontakten führen. Ich für meinen Teil kann klar sagen, dass ich ohne das I-Net tatsächlich vereinsamt wäre, dass ich hier eine neue Gruppe von Menschen gefunden habe, die für mich den wesentlichen Teil meiner Sozialkontakte darstellen, sowohl virtuell als auch im realen Leben.

Mögliche Gefahren für die Foren

Zuerst einmal sind Forenlöschungen durch die Server-Anbieter zu nennen. Unruhe, Verunsicherung und Angst sind auch Folge von Presseangriffen auf Foren und Chats. Ausgelöst durch einen TV-Bericht erschienen zum Beispiel zahlreiche »Besucher« in den Foren und Chats, einzig mit dem Zweck, durch primitive Störungen und Anpöbeleien die Ruhe zu stören. Solche Angriffe haben sich als Folge von Presseberichten gehäuft, was teilweise zur Schließung durch FM und Admins führte. Ich halte eine solche Entwicklung für gefährlich, denn wenn es einer Presse, deren einzige »moralische« Instanz die Auflage oder Einschaltquote ist, möglich wird, in solche Auseinandersetzungen einzugreifen, dann bestehen bei allen Formen der Selbsthilfe, nicht nur für Suizid-Foren und -Chats, nur noch geringe Chancen für eine weitere Existenz.

In letzter Zeit werden Rufe nach einer Indizierung oder Verbot der Foren und bestimmter I-Net-Seiten laut. Ein Indizieren der Foren und der Chats kann nur das unausweichliche Ende dieser Institutionen bedeuten, denn der damit verbundene finanzielle und zeitliche Aufwand kann von den FM und Admins, die ihre Funktion in ihrer Freizeit und auf ihre Kosten ausüben, nicht erbracht werden. Des Weiteren gingen gerade die Vorteile der Anonymität durch eine formale »Ausweiskontrolle« verloren. Der verzweifelte Mensch hat in der akuten Situation zudem weder die Zeit noch den Nerv, sich zuerst bei den Adult-Checks zu legitimieren.

Mögliche Hilfen durch Fachleute

Ich selbst kann mir kein Modell einer flächendeckenden Zusammenarbeit vorstellen. Aber es können sich punktuelle und individuelle Schnittstellen ergeben. Eine solche Zusammenarbeit ist aber nur unter der Prämisse möglich, dass keine offiziellen Organe eingeschaltet werden, da ansonsten der Vertrauenscharakter sofort verloren ginge. Direkte Einwirkungen von »Professionellen« sind außerdem nur in einem geringen Ausmaß möglich. Zu stark wären die Veränderungen, die durch den Verlust der persönlichen Betroffenheit entstehen würden.

Eine einfache, erste Möglichkeit einer Zusammenarbeit könnte sich dadurch ergeben, dass die Forenbesucher von dem Fachwissen der Professionellen partizipieren. Ich würde es begrüßen, wenn zum Beispiel gelegentlich Fachaufsätze (in einer verständlichen Sprache) speziell für die Foren, mit dort relevanten Themen, geschrieben würden.

Ich könnte mir einen Ausbau der Internet- und SMS-Angebote als von Kriseninterventions-Foren und -Chats, die rund um die Uhr besetzt sind, vorstellen. Wünschenswert wäre ein gemischtes Team aus Professionellen und selbst betroffenen Menschen. Ich erinnere mich noch genau daran, als eine gute Bekannte auf dem Hochhaus stand. Die einzige Verbindung war SMS per Handy zu mir. In solch einer Situation wären Anlaufstellen, die Rückhalt bieten, hilfreich, damit man nicht allein ist mit Gefühlen, Belastungen und Verantwortung. Auch als FM und Admin wird man oft mit den einzelnen Schicksalen stärker konfrontiert. Hier würde ich mir eine Anlaufstelle wünschen, die bei extremen seelischen Belastungen durch die Forenarbeit präsent ist und die ich bei Problemen ansprechen kann.

Natürlich könnten auch direkte Hilfestellungen überlegt werden, die aber ohne jede Einflussnahme auf den Charakter der Foren sein müssten. So ist es beispielsweise ein Problem, Server-Kapazitäten zu erhalten und diese dann auch in Zeiten verstärkter Angriffe durch Presse und Ähnlichem zu behalten. Hier könnten Angebote von Web-Space von Seiten der Verbände und Gesellschaften eine große Hilfe sein. Auch die Möglichkeit für die FM und Admins, auf die Programmierer und Systemadministratoren der einzelnen Institutionen beim Programmieren mit Fragen zurückzugreifen, könnte hilfreich sein.

Entwicklungen in der Zukunft

Immer größere Anteile der Kommunikation werden in Zukunft im Bereich des Cyberspace abgewickelt. Daher kommen auch Institutionen der Krisenintervention nicht ohne ein Angebot an virtuellen Hilfsdiensten aus.

Einiges ist bereits heute vorhanden und sollte ausgebaut werden. Dabei stehen ganz oben auf meiner persönlichen Liste die SMS-Dienste, da ich selber weiß, dass der betroffene Mensch, wenn er auf dem Hochhaus steht, zwar keinen I-Net-Anschluss hat, aber sein Handy.

Vorbildlich sind die kostenfreien Kriseninterventionsstellen mit bundeseinheitlicher Telefonnummer. Hier wäre aber auch ein konfessionsfreies Angebot wünschenswert. Weiterhin ist nicht klar, inwieweit solche Hilfsangebote diskret und frei von Zwangsmaßnahmen sind; es sind also Verbesserungen in der Vermittlung von Anonymität erforderlich.

In der BRD fehlen noch ausreichend ortsnahe Angebote an Kriseninterventionsdiensten. Auch hier könnten verstärkte virtuelle Angebote im Internet helfen. Ebenfalls wünschenswert wären Kriseninterventionen in den Sprachen unserer ausländischen Mitbürger. Besonders bei dieser Gruppe von Menschen halte ich es für unumgänglich, auch in der Muttersprache kommunizieren zu können, denn Muttersprache bedeutet auch ein Stück Wärme, Geborgenheit und »Nachhausekommen«. Ein solches Angebot sollte sowohl als Krisenintervention vor Ort als auch virtuell als Online-Angebot geschaffen werden. Dieselbe Forderung erstreckt sich natürlich auch auf den religiösen Hintergrund. Wohin wendet sich der verzweifelte Muslim? Auch hier könnte ein virtuelles Angebot aufgrund der räumlichen Unabhängigkeit hilfreich und schnell realisierbar sein.

Bedingt durch das Medium Internet können sich aber auch Betroffene und Helfende auf neuen Wegen entgegenkommen. Ein Problem liegt darin, das Vertrauen des Betroffenen zu gewinnen und seine Bereitschaft, sich zu öffnen, zu erwecken. So problematisch dies häufig im direkten Kontakt ist, so einfach könnte es unter Umständen im Cyberspace sein, da für den Betroffenen jederzeit die Möglichkeit besteht, sich aus dem Gespräch zurückzuziehen.

Als sinnvolle erste Entwicklung könnte ich mir vorstellen, dass Schnittstellen zwischen den Foren und Chats einerseits und den »Professionellen« andererseits eingerichtet und angeboten werden, die auch im Notfall rund um die Uhr sowohl für indirekte Hilfen aber auch für sofortige Krisenhilfe verfügbar sind. Es soll sich hierbei um ein diskretes Angebot für den Betroffenen handeln, mit der Option, beide Entscheidungen zu akzeptieren, aber Perspektiven, Ansprache und Trost in finsteren Stunden zu erfahren. Es müsste jedoch als verlässliche Abmachung gelten, dass auf gar keinen Fall Polizei oder sonstige Retter vor Ort eingeschaltet werden, es sei denn, der betreffende Mensch bittet von sich aus darum.

Und noch eines möchte ich anregen, abseits der virtuellen Wege. Wenn sich ein Mensch entschlossen hat, sich einer Therapie zu unterziehen, wie kommt er dann an einen Therapeuten, der seinen Vorstellungen in Qualifikation und Umgang entspricht? Wie kann er sicher sein, dass dieser ihn nicht zwangsweise in eine psychiatrische Klinik verbringen lässt? Eine solche Angst existiert verbreitet bei den Besuchern der Foren und Chats. Es wäre denkbar, dass eine kompetente Institution in Zusammenarbeit mit Therapeuten und Betroffenen einen Kriterienkatalog entwickelt und bei den Therapeuten verbreitet. Wenn diese sich inhaltlich mit dem Katalog identifizieren können und bereit sind, die dort aufgeführten Eckpunkte als Grundlage für ihren Umgang mit den Betroffenen anzuwenden, könnte nach einer Selbstverpflichtung eine Art Qualitätssiegel durch die Institution verliehen werden.

Ich möchte sie bitten, sich in ihrer Tätigkeit mit Menschen, die sich zum Sterben entschlossen haben, mit neuen Entwicklungen und aus vielleicht neuen Perspektiven auseinander zu setzen, denn diese Menschen sind es wert, dass um sie gekämpft wird: mit Kraft, persönlichem Engagement, Mut und Verzweiflung – und mit Anstand, Fairness, Respekt und Würde.

Der Text ist eine stark gekürzte Fassung des ursprünglichen Skripts. Die Vollversion kann unter m-punkt@everymail.de bezogen werden.

Jürgen Schramm

Persönlicher Kommentar zum Beitrag von m.

m. oder m-punkt ist natürlich nicht sein Name, wie m. selbst eingangs erwähnt, sondern ein Pseudonym des Autors dieses Artikels. m. oder m-punkt ist einer der drei Forenmaster des Suizid-Forums für Erwachsene und als solcher aus den unterschiedlichsten Gründen streng darauf bedacht, seine Anonymität zu bewahren. Wie kommt er dann dazu, leibhaftig auf der Frühjahrstagung der Deutschen Gesellschaft für Suizidprävention mit dem Thema »Neue Medien und Suizidalität« persönlich zu erscheinen, über »sein« Forum und andere zu referieren und darüber hinaus über seine eigenen suizidalen Anteile zu berichten ...? Zu referieren in der »Höhle der Löwen«, wie er es ausdrückte, vor einem Gremium professioneller Suizidspezialisten, Psychiatern, Psychologen und anderen »natürlichen Feinden« der Suizid-Foren.

Nun, m. oder m-punkt ist, wie er selbst ausführt, Betroffener und Helfender in einer Person, Kämpfer für den Suizid als »legitime Möglichkeit der Problemlösung« einerseits, aufopferungsvoller Kämpfer für das Leben andererseits. Eine ambivalente Konstellation, die ihn scheinbar für eine solche Tätigkeit disqualifiziert. Man könnte ihm vorwerfen, ihm fehle die Distanz und auch die Kompetenz für sein Tun. Das mag richtig sein, richtig ist vielleicht aber auch, dass manche fachlich hochqualifizierte »Professionelle« eine (zu) große innere Distanz zu diesem Thema und zu suizidalen Menschen haben, die ihnen den Zugang zu deren Lebenswelt verbauen kann. Anlässlich der Aktion »let it be« des »Spiegel« lernten wir uns kennen. Jenseits gegenseitiger Verteufelungen entwickelte sich ein vertrauensvoller Austausch der jeweiligen Positionen, der zu einer Einladung zur genannten Frühjahrstagung und dem von m. vorgetragenem Referat führte.

Als Moderator dieses eher gewagten Teils der Frühjahrstagung stand ich unter großer Anspannung – wollte ich doch eine inhaltlich ausgewogene Diskussion erreichen und m.s Mut, sich einem solchen Gremium zu stellen, nicht in einem Desaster enden lassen. Schnell verflogen meine Befürchtungen: Zu nachvollziehbar waren den Tagungseilnehmern viele von m.s Gedanken über die Foren, zu persönlich und emotional bewegend sein Vortrag, aber auch, und vielleicht gerade deshalb, sehr achtungsvoll und würdigend die Diskussionsbeiträge. Möglichkeiten und Gefahren der Foren wurden ausführlich und offen diskutiert und über eine partielle Zusammenarbeit nachgedacht.

Elmar Etzersdorfer und Michael Witte

Kommentar zum Beitrag von m.

Angesichts der heftigen und vor allem streckenweise sehr einseitig geführten Diskussion über die so genannten Suizid-Foren mag es manchen gewagt erscheinen, in diesem Band die anonyme Selbstbeschreibung eines Forenmasters aufzunehmen. Wir haben uns dazu entschlossen, um ein möglichst umfassendes Bild der Angebote darzustellen, aber auch, weil uns der Beitrag von m. in vieler Hinsicht sehr diskutierens- und veröffentlichenswert erscheint. An dieser Stelle versuchen wir, aus der Sicht der Suizidprävention die Darstellung von m. zu kommentieren, Gemeinsamkeiten und Unterschiede herauszustreichen.

Zuallererst ist festzuhalten, dass dieser Beitrag schon deswegen sehr wertvoll ist, da er offen und sehr persönlich abgefasst ist und daher die Beweggründe und Motive von m. gut nachvollziehen lässt. Er beschreibt seine eigenen suizidalen Krisen und dass er ohne die Foren vereinsamt wäre. Er lässt uns seinen Weg zu den Foren nachvollziehen und zeigt damit an seinem eigenen Beispiel, dass Foren nicht ausschließlich im Sinne einer Einbahnstraße darauf zielen, sich selbst das Leben zu nehmen. Es ist ein Einzelfall, der nicht generalisiert werden kann, aber er ist durch die nachvollziehbare persönliche Schilderung reinen Vermutungen weit überlegen.

Man kann sich bei der Lektüre aber auch fragen, ob streckenweise nicht eine Idealisierung der Foren vorliegt. m. schreibt von seelischer Wärme, die er erfahren habe, schreibt von hoher Moralität und hohem Verantwortungsbewusstsein, das er gefunden habe. Hier muss sicher entgegengehalten werden, dass in den Suizid-Foren Moralität und Verantwortungsbewusstsein sehr unterschiedlich ausgeprägt sind, in einigen sogar vermisst werden.

Auch lässt sich bei Methodendiskussionen (wie man sich am besten das Leben nimmt) und Suizidaufrufen mancher Foren weder seelische Wärme noch Unterstützung für Suizidgefährdete finden. Vielleicht entstand aus Engagement für seine Sache ein etwas einseitig die positive Seite betonender Blickwinkel. Es zeigt sich aber an der sachlichen, durchdachten Argumentation, dass m. zu denjenigen Forenmastern gehört, die selbst hohe Ansprüche an ihr eigenes Tun legen.

Ebenso wirken einige Bemerkungen über professionelle Hilfe etwas vorurteilshaft. Er habe in den Foren nie gehört, »es werde schon wieder werden«, wie er es von Therapeuten zumindest befürchtet, vielleicht auch gehört hat. Solch suggestive Interventionen gehören für die überwiegende Anzahl von Therapeuten sicher nicht zum üblichen Vokabular. Psychotherapie unterscheidet sich ja gerade von der Alltagskommunikation, in der Ratschläge und vermeintlich aufmunternde Bemerkungen (aber auch Angst vor intensiven emotionalen Situationen, wie sie bei suizidalen Krisen charakteristisch sind) häufig zu finden sind, die jedoch in der Tat vielen Menschen in suizidalen Krisen nicht weiterhelfen.

Es gibt einige Passagen, die von Fachleuten der Suizidprävention nicht anders gesehen würden, in denen m. aber einen Unterschied auszumachen scheint. So weist er darauf hin, dass Suizid-Foren keine lebensrettenden Einrichtung seien, dass die Mitglieder bereit seien, einen Suizid hinzunehmen. Zwar müsste über die genauen Haltungen noch mehr Austausch stattfinden, aber es kann an dieser Stelle darauf hingewiesen werden, dass es in der Suizidprävention immer wieder Diskussionen darüber gab, ob jeder Suizid mit allen Mitteln verhindert werden muss, und dass heute auch die meisten Professionellen die Ansicht vertreten, dass dies nicht das oberste Ziel ist. In diesem Sinn muss jeder, der in der Suizidprävention tätig ist, einen Suizid auch akzeptieren können. Der Unterschied besteht aber darin, dass die Unterstützung bei diesem Vorhaben nie die Aufgabe der Suizidprävention sein kann, sondern über das Anbieten einer offenen, nichtwertenden Beziehung die Suizidalität oft besser verstanden werden kann und dadurch sich Hilfen und Alternativen zum Suizid auftun können – wenn das auch manchmal nicht gelingt. Es ist sicher ein weiterer Unterschied, dass in der professionellen Hilfe zwischen dem Versuch, Gefühle oder ein Verhalten zu verstehen und zu akzeptieren einerseits, und der Bewertung oder auch Unterstützung andererseits unterschieden wird. Hier scheinen uns die Grenzen in den Suizid-Foren oftmals verwischt zu sein. Nachvollziehen zu können, dass ein Mensch in einer gegebenen Situation suizidal ist, heißt noch nicht, den Todeswunsch unmittelbar zu unterstützen.

m. schreibt aber auch von der suizidpräventiven Wirkung seines Forums, und dieser Gedanke ist wichtig, da er in der gegenwärtigen Diskussion oft bezweifelt wird. Hier muss allerdings eingeschränkt werden, dass bei allem Wohlwollen zwischen den verschiedenen Foren unterschieden werden muss. Diejenigen, die Suizidaufrufe oder Methodendiskussionen tolerieren, können sicher nicht als suizidpräventiv angesehen werden.

Ein wesentlicher Unterschied wird dort klar, wo m. deutlich macht, dass auch bei Zusammenarbeit, die er sich punktuell, bei »Schnittstellen«, wünscht, keinesfalls das Einschalten der Polizei akzeptiert werden könne. Hier wird sich für die meisten Professionellen eine unüberwindbare Hürde auftun. Nicht weil es häufig vorkommen würde oder einem Helfer angenehm wäre, dies zu tun, sondern weil wir wissen, dass es Situationen gibt, in denen es die rechtliche Verpflichtung für Angehörige helfender Berufe ist; sie ist Ausdruck der Erfahrung, dass in seltenen Situationen ein unmittelbares Suizidrisiko, das später wieder verschwinden kann, nicht anders abgewendet werden kann. Auch hier sind unseres Erachtens die Grenzen in der Suizidprävention klarer.

Insgesamt, um es nochmals zu sagen, verdient die Darstellung von m. großen Respekt und macht klar, dass es sich um jemanden handelt, der sich viele Gedanken gemacht hat über das, was er tut, der ein hohes Verantwortungsgefühl für sich reklamiert und der aus schwierigen eigenen Erfahrungen zu den Suizid-Foren gekommen ist, die für ihn einen wichtigen Lebensinhalt und auch eine Hilfe sind. Es wäre aus unserer Sicht wünschenswert, wenn der Dialog zwischen Forenmastern und Fachleuten fortgesetzt werden könnte.

Psychiatrische und psychoanalytische Verstehenszugänge

Georg Fiedler und Reinhard Lindner

»Ich setze mich gleich ins Auto und fahre gegen einen Baum!«

Über den Umgang mit Suizidalität und Suiziddrohungen in E-Mails

Mit der Verbreitung von Internetanschlüssen im privaten Bereich kommt es zunehmend vor, dass sich Suizidgefährdete per E-Mail mit ihrer suizidalen Befindlichkeit an Beratungsstellen und klinische Einrichtungen wenden. Nicht selten werden indirekte oder kryptische Fragen gestellt, »Meinungsäußerungen« zum Thema Suizidalität abgegeben oder nach dem Leistungsangebot der Einrichtung gefragt. Hier muss sich der Empfänger zu der eigentlichen Botschaft erst vorarbeiten (s. Beitrag von Lindner u. Fiedler in diesem Band). Andere äußern ihre suizidale Befindlichkeit offen oder bitten direkt um Hilfe. Im Extremfall werden konkrete Suizidankündigungen gegeben, bei denen die in ihnen steckende Lebensbedrohung beim Empfänger die Frage nach einer angemessenen Reaktion aufkommen lässt. Im Folgenden stellen wir fünf Grundsätze vor, deren Berücksichtigung bei dem Verständnis von E-Mails suizidaler Patienten und bei der Formulierung einer Antwort hilfreich sein können. Anschließend werden diese Grundsätze an zwei Beispielen erläutert.

In der Art der Kontaktaufnahme via E-Mail kann sich die vorherrschende Art des Hilfesuchenden, Objektbeziehungen zu gestalten, auch als seine zentrale Konfliktthematik verdichten. Anders als in einem Face-to-face-Gespräch muss man in der E-Mail-Korrespondenz allerdings aus deutlich weniger manifestem Material seine Folgerungen ziehen. Es gibt drei wesentliche Unterschiede zu einem therapeutischen Erstgespräch:
– Das »Material« zu einer spezifischen Gefühlsreaktion im Empfänger/Therapeuten stammt nicht aus der Wahrnehmung von Auftreten, Kleidung, Stimme, Mimik, Gestik und anderen nonverbalen Gesprächsaspekten. Diese Leerstelle wird durch

die Phantasien des Empfängers gefüllt und birgt die große Gefahr in sich, sich von diesen Vorstellungen unreflektiert leiten zu lassen.
- Die Reaktionen finden zeitversetzt statt und nicht in einem kontinuierlichen wechselseitigem Prozess. Anders als in der direkten Kommunikation kann nach dem Absenden der E-Mail eine zeitlich deutlich längere Auseinandersetzung mit antizipierten, erhofften und befürchteten Reaktionen erfolgen.
- Ein unmittelbares Eingehen auf die Reaktionen des Gegenübers und eine Korrektur von Missverständnissen sind schwerer möglich.

Jede E-Mail eines suizidalen Absenders ist der Versuch, eine Beziehung aufzunehmen

Wesentliche Auslöser des suizidalen Erlebens und suizidaler Handlungen sind zwischenmenschlicher Natur: die Trennung von einem Partner oder einer wichtigen Bezugsperson, Kränkungen, der Verlust wichtiger Menschen oder allein schon die Vorstellung solcher Ereignisse oder die Angst davor. Auch Einsamkeit oder der Verlust des Arbeitsplatzes sind oft an das konflikthafte Erleben von Beziehungsverlusten oder -veränderungen gebunden. Aus retrospektiven Untersuchungen wissen wir, dass in den Wochen vor einem Suizid oder Suizidversuch die meisten Betroffenen einen Arzt aufgesucht haben. Suizidale erleben jedoch die Inanspruchnahme potentieller Hilfe hoch ambivalent. Der professionelle Helfer wirkt auf Suizidgefährdete oft als ein bedrohliches und die Autonomie gefährdendes Objekt. Gefürchtet werden Unverständnis, Ablehnung, Stigmatisierung und Vereinnahmung und Freiheitsentzug, oder sie erleben die Aufnahme einer professionellen Behandlung als kaum aushaltbare Kränkung. Vermutlich aus diesen Gründen thematisierten suizidgefährdete Patienten gegenüber dem Arzt oftmals nicht ihre Suizidalität, sondern eher wenig spezifische somatische Beschwerden. In einer E-Mail fällt es demgegenüber den Betroffenen leichter als in der Face-to-face-Kommunikation, sich vor Verletzungen zu schützen sowie die Kommunikation zu kontrollieren. Dies ermöglicht es vermutlich, Suizidgedanken oder -pläne konkreter auszudrücken und einen Versuch zu unternehmen, Hilfe und Unterstützung zu finden. Dennoch bleibt es ein vorsichtiger Versuch. Bestätigt die Antwort die Befürchtung, nicht verstanden, angenommen oder ernst genommen zu werden, wird der Kontakt abgebrochen. Um eine professionelle Beziehung aufzubauen, ist deshalb – wie im direkten Kontakt – eine ernsthafte Bereitschaft auf der Seite des Helfers oder Therapeuten notwendig, sich mit den Problemen des Senders auseinander zu setzen, das heißt, sich intensiv mit der Mail zu beschäftigen und die notwendigen Ressourcen für den Kontakt zur Verfügung zu stellen. Ein auf Antwortschablonen beruhendes Vorgehen wird schnell als nicht authentisch erkannt und führt zum Abbruch des Kontakts. In einem professionellen Rahmen sollte die E-Mail-Korrespondenz supervidiert werden.

Jede E-Mail enthält eine offensichtliche und eine implizite Mitteilung

Die Nachricht enthält neben dem offensichtlichen Inhalt auch einen Aspekt, in dem eine mehr oder weniger bewusste Motivation kommuniziert wird und ein mehr oder weniger bewusster Wunsch, auf eine bestimmte Art und Weise verstanden und angenommen zu werden. Da in der E-Mail-Kommunikation, anders als in der Face-to-face- oder telefonischen Kommunikation, nicht der Zwang besteht, unmittelbar zu reagieren, kann man sich hier viel mehr Zeit nehmen, eine Nachricht zu analysieren und auch Kollegen zu Rate ziehen.

Zur Analyse einer E-Mail kann das Konstrukt der vier Aspekte einer Nachricht (Schulz von Thun 1981)[1] verwendet werden, indem man folgende Fragen zu beantworten versucht:

---

1 Die Aussage von Watzlawick (Watzlawick et al. 1974), jede Kommunikation habe einen Inhalts- und Beziehungsaspekt, hat Schulz von Thun weiter differenziert und zu einem Kommunikationsmodell entwickelt, nach der jede Nachricht von vier Seiten betrachtet werden kann, dem Sachinhalt, der Beziehungsseite, der Selbstoffenbarungsseite und dem Appell.

1. Was teilt mir der Sender der E-Mail sachlich an Informationen mit (Sachinhalt)?
2. Was teilt der Sender der E-Mail über sich selbst, seine Persönlichkeit und seine aktuelle Befindlichkeit mehr oder weniger freiwillig mit (Selbstkundgabe)?
3. Was teilt der Sender der E-Mail darüber mit, wie er zum Empfänger steht, was er von ihm hält und wie er zwischen sich und ihm Beziehung zu ihm definiert (Beziehungshinweis)?
4. Welchen Versuch unternimmt der Sender der E-Mail, in bestimmter Richtung auf mich Einfluss zu nehmen, also zu denken, zu fühlen oder zu handeln (Appell)?

Zum Verständnis der E-Mail und der Klärung obiger Fragen sollten herangezogen werden:
– Formale Aspekte: An wen wurde die E-Mail gesendet, wann wurde sie abgesendet, wie ist die Anrede, wie wurde unterzeichnet, wie wurde was formuliert?
– Die Wirkungen der E-Mail auf mich: Welche Gefühle hat die E-Mail in mir ausgelöst, welche Phantasien hat sie in mir erzeugt? Wie kongruent oder diskrepant sind diese Vorstellungen zu dem schriftlichen Material?
– Wissen über und Erfahrungen mit suizidalen Patienten/Klienten/Menschen: zum Beispiel über suizidale Erlebensweisen, über die Ambivalenz oder über psychiatrische Erkrankungen.
– Wie beeinflusst meine eigene aktuelle Situation die Interpretation, zum Beispiel Stress, positive oder negative Vorerfahrungen mit suizidalen Patienten/Klienten?
– Die Frage, welche Brüche und Widersprüche ergeben sich aus den ganzen Informationen?

Diese Informationen sollen dazu dienen, Hypothesen über den Absender zu entwickeln: über die zugrunde liegende Problematik, über die Authentizität und über die mögliche Selbst- und Fremdgefährdung. Anhand der Informationen sollte auch überlegt werden, ob notfalls weitergehende Maßnahmen, etwa die Einschaltung der Polizei notwendig werden können.

Klarheit über die Ressourcen

Ich sollte mir im Klaren sein, in welchem Rahmen ich arbeite und wie meine persönlichen Ressourcen sind: Welche Möglichkeiten stehen mir zur Verfügung und welchen Grenzen unterliege ich? Kann oder will ich einen realen Kontakt oder eine Therapie anbieten? Stehe ich zu einem Telefongespräch zur Verfügung? Kann oder muss ich andere Hilfsangebote vermitteln? In welchem Zeitrahmen kann ich weitere E-Mails beantworten? Will ich mich überhaupt damit auseinander setzen? Ist es sinnvoll, die E-Mail an einen Kollegen mit weitergehenden Ressourcen zu leiten? Auf dieser Grundlage sollte deutlich gemacht werden, welches Hilfsangebot ich unter welchen Rahmenbedingungen geben kann – oder aber eben nicht.

Klarheit über die Ziele

Ich sollte mir im Klaren sein, welches Ziel ich mit der Antwort erreichen möchte. Benötige ich weitere Informationen? Möchte ich jemanden in einen telefonischen oder Face-to-face-Kontakt bringen? Möchte ich auf andere Hilfsmöglichkeiten verweisen? Die Klärung der Frage ist insofern wichtig, als man in der Antwort nicht Hoffnungen erwecken darf, die man nicht einlösen kann. Stelle ich beispielsweise Fragen nach den näheren Umständen der suizidalen Krise, vermittle ich den Eindruck von Interesse, kann ich nach der dritten E-Mail nicht an andere Hilfsmöglichkeiten weiterverweisen, ohne den Absender zu enttäuschen.

Die Antwort sollte eine Tür öffnen

Die Antwort sollte den Absender ermutigen, im Kontakt zu bleiben. In ihr sollte erst einmal ausgedrückt werden, dass man verstanden hat, dass es dem Absender schlecht geht, dass er verzweifelt ist oder keinen Ausweg weiß. Dies sollte sich zumindest anfangs auf das offensichtliche Material beziehen und nicht auf die Hypothesen. Die Suizidalität oder die Suiziddrohung sollte akzeptiert und nicht hinterfragt werden. Man kann auch fragen (nicht bitten oder auffordern), ob er oder sie zu einzelnen Aspekten noch mehr Informationen geben möchte. Alles Drängende, Interpretierende oder Deutende sollte in den ersten Antworten in der Regel vermieden werden. Dagegen kann es sinnvoll sein, auszudrücken und zusammenzufassen, was man aus der E-Mail verstanden hat, daraus eigene Verständnisfragen zu entwickeln sowie Neugier und Interesse auszudrücken. Darüber hinaus sollte man versuchen, die Perspektive des Absenders der E-Mail einzunehmen und zu überlegen, wie meine formulierte Antwort auf ihn wirkt. Es sollten eigene Grenzen oder der Rahmen, in dem man sich bewegt, deutlich gemacht (z. B.: »Ich bin nur zwischen 9 und 14 Uhr erreichbar«) und eventuell auch auf die Möglichkeit eines telefonischen Gesprächs hingewiesen werden.

Beispiele

Die folgenden beiden Beispiele stammen aus der Arbeit des Therapiezentrums für Suizidgefährdete. Obwohl auf der Webseite des Zentrums darauf hingewiesen wird, dass wir keine Beratung über das Internet anbieten, gibt es immer wieder Anfragen und Hilferufe. Im Rahmen unserer Möglichkeiten gehen wir ausführlicher auf diese E-Mails ein, wenn wir ein akutes Gefährdungspotential vermuten. Da wir keine E-Mail-Beratung anbieten, sind auf unserer Webseite keine Rahmenbedingungen für einen solchen Service angegeben, wir müssen diese also von Fall zu Fall neu bestimmen und den Absendern deutlich machen. Das Ziel unserer Interventionen bei ernst zu nehmender Suizidalität ist die Vermittlung eines persönlichen und professionellen Kontakts, entweder in unserer Einrichtung oder am entfernt liegenden Wohnort der Hilfe Suchenden. Dabei wird in der Regel zunächst der ein wenig höherschwellige telefonische Kontakt angestrebt, um – wenn möglich – eine konkrete psychotherapeutische Behandlung einzuleiten. Die ersten E-Mails werden in der Anfangsphase oft in einem Zweierteam bearbeitet. Um die Beziehungskontinuität zu wahren, unterzeichnet der Therapeut, der für ein

Telefonat beziehungsweise eine Therapie zur Verfügung steht. In den Beispielen wurden Namen, Orte und sonstige auf eine bestimmte Person hinweisende Angaben verändert, Schreibfehler jedoch beibehalten. In beiden Beispielen wird im Verlauf deutlich, wie sich schon in der ersten E-Mail die Art der Gestaltung von Objektbeziehungen sowie die zentrale Konfliktthematik der Hilfe Suchenden verdichten können.

Beispiel 1: Ich habe eine Frage

An einem frühen Montagnachmittag erreichte uns folgende E-Mail:

Do., 12:57
Sehr geehrte Damen und Herren,
ich habe eine Frage an Sie. Ich wollte wissen, ob Menschen, die sich aus irgendwelchen Gründen die Arme mit der Schere oder dem Messer aufritzen zu den Suizidgefährdeten Menschen eingegliedert werden oder ob das wieder eine andere Kathegorie ist.
Es würde mich sehr interessieren.
Mit freundlichen Grüßen
Brigitte Petersen

In der E-Mail, die mit vollem Namen unterzeichnet war, wurde eine Frage gestellt. Auch wenn in dieser E-Mail die meisten Informationen über die Absenderin fehlen, wie ihr Aussehen, ihr Alter, ihre Art zu sprechen, der Blickkontakt und viele weitere Wahrnehmungen, aus denen wir uns das Bild des Gegenübers zusammensetzen, werden doch über den E-Mail-Text und dessen Kontext auch Beziehungsinformationen vermittelt, die interpretierbar sind.

In diesem Fall gingen wir davon aus, dass jemand versucht, vorsichtig eine Beziehung aufzunehmen, ohne viel Vertrauen in andere zu haben, und dass die Anfrage das eigentliche Anliegen maskiert. Die sparsame, unvermittelte, aber doch eindringliche Beschreibung deutete auf ein Problem der Verfasserin selbst hin. Die Art und Weise der Anfrage übermittelte uns auch eine große

Verletzbarkeit und Not, die uns berührte. Auf eine solche Mail kann man unterschiedlich reagieren. Das hängt von den eigenen Ressourcen ab und den Zielen, die angestrebt werden. Unser Ziel ist in der Regel, eine therapeutische Face-to-face-Beziehung herzustellen, an die man sich vorsichtig herantasten muss. Wir versuchen, in den Antworten einen so genannten Türöffner zu geben, also die Möglichkeit, mehr zu erzählen, ohne darauf zu drängen und das Tempo von den Hilfe Suchenden bestimmen zu lassen. Dabei beziehen sich die Antworten ausschließlich auf den Text und geben wieder, was man verstanden hat oder was man nicht verstanden hat, und stellen eventuell die Frage, ob sie noch mehr darüber schreiben möchten. Wir entschlossen uns also formal, auf die gestellte Frage zu antworten (sie ernst zu nehmen), unser Interesse an dieser Frage deutlich zu machen (Beziehungsangebot) und ihr gleichzeitig die Möglichkeit zu geben, von sich aus zu erkennen zu geben, dass es eigentlich um sie selbst geht (Schutz ihrer Autonomie). Da wir keine akute Suizidgefährdung erkennen konnten und auch um nicht drängend zu wirken, gaben wir keine Hinweise auf unseren therapeutischen Rahmen.

Die Antwort war:

Do., 18:20
Sehr geehrte Frau Petersen
Ihre Frage macht neugierig, denn so, wie Sie sie stellen, lässt sie sich nicht beantworten. Obwohl Menschen, die sich selbst verletzen, oftmals nicht den eigenen Tod dabei herbeiführen wollen, kann es bei anderen auch eine intensive Verbindung zwischen Suizidgedanken/-wünschen und dem Drang, sich selbst zu verletzen, geben. Die Frage lässt sich also nur beantworten, wenn man über die konkrete Situation, den jeweiligen Menschen spricht. Kann es sein, dass Ihr Interesse auch in diese Richtung geht?
Freundliche Grüße
Dr. Reinhard Lindner

Kurz darauf kam folgende Antwort:

Do., 18:24
Sehr geehrter Dr. Lindner,

Sie haben Recht, und die jeweilige Person bin ich. Ich weiss nicht ob ich psychisch krank bin oder so. Ich meine, es ist schwer zu beschreiben, da ich normalerweise dieses Thema verdränge. Ich spiele manchmal mit dem Gedanken mich umzubringen, aber dann muss ich an meine eltern denken, meine freunde und meine Hobbies die mein Leben sind, aber um meine Frust abzubauen schneide ich mir immer in die Arme. Ich versuche es in den Griff zu bekommen, weil ich nicht die Person bin, die gleich zu jemandem geht, und alles ausheult. Es ist nicht gerade leicht, es kostet große Überwindung, im Moment kämpfe ich seit ca. zwei Wochen wieder und könnte jeden Moment in die Küche gehen, es ist der reine Wahnsinn. Trotzdem möchte ich nicht als psychisch kranke da stehen, weil ich schon so viele solcher Dinge gedreht habe.
Wie kann ich mir da weiterhelfen?
Viele Grüße
Brigitte Petersen

Die Antwort erfolgte sehr schnell, erreichte uns aber an diesem Tag nicht mehr. Es ist, als habe sie nur sehnlichst gewartet, jemandem mitzuteilen, wie es in ihr aussieht und in welchen Konflikten sie steht, aus denen sie keinen Ausweg sieht. Durch die Annahme unseres Beziehungsangebots hat sie einen Kontakt zu uns hergestellt, der uns verpflichtet. Unsere Hypothesen nach der ersten E-Mail haben sich mit diesem Schreiben bestätigt. Wir entschlossen uns dazu, ihr erst einmal mitzuteilen, was wir von ihrer Not verstanden haben, und ihr nahe zu legen, bei uns anzurufen.

Fr., 12:00
Sehr geehrte Frau Petersen
Vielen Dank für Ihre Nachricht. Sie stellen eine Situation dar, die sehr belastend für Sie zu sein scheint. Besonders schwierig erscheint mir dabei, daß Sie innerlich zerrissen sind, ob Sie diesen Druck zu handeln aushalten müssen oder ob es für Sie möglich ist, sich Unterstützung zu holen, ohne dabei entwertet, abgestempelt und vom Leben abgeschnitten zu werden.
Könnten Sie sich vorstellen, hier bei uns anzurufen? Dies hätte die Möglichkeit, direkter Ihre Situation, Ihre Vorstellungen und Be-

fürchtungen zu besprechen als über E-Mail. Denn so, zum jetzigen Zeitpunkt, könnte ich auch nicht sagen, was genau die richtige Unterstützung für Sie wäre. (Es folgt die Telefonnummer, Erreichbarkeit etc.)

Die Korrespondenz erstreckte sich über knapp drei Wochen. Der telefonische Kontakt wurde von uns vermutlich zu früh angesprochen und war ihr zu diesem Zeitpunkt nicht möglich, sondern sehr angstbesetzt. Wir boten also an, weiter in Form von E-Mails zu korrespondieren, erhielten aber das Angebot anzurufen, weiterhin aufrecht, ohne darauf zu drängen. In der folgenden Korrespondenz stellte sich heraus, dass es eine 19-jährige junge Frau aus Westdeutschland war, die in eine Lehre ging. Sie fügte sich seit mehreren Jahren Selbstverletzungen zu und hatte Suizidgedanken. Die Selbstverletzungen waren für sie mit den Eltern, Lehrern und Freundinnen nicht besprechbar. Sie erlebte dies als unerträgliche Situation, in der sie den Eindruck hatte, dass alle anderen ihre Verletzungen sähen und die anderen wüssten, dass sie weiß, dass alle anderen es wissen, und dass keiner sie darauf anspricht.

Sie schrieb:

Sehr geehrter Dr. Lindner
vielen Dank für Ihr Verständnis. Angenommen ich werde bei Ihnen anrufen, was werden Sie mir dann sagen? Was kann ich Ihnen erzählen, das ganze nimmt mich mehr mit als ich dachte, ich mach mir immer mehr Gedanken, warum ich solche Dinge tue, und warum so oft.
Kann es sein, dass es viele Menschen gibt, die bei einer Person die Narben sehen, aber sie nicht darauf ansprechen. Warum machen sie das, aus Angst? Sogar meine Eltern sagen nichts, noch nicht einmal meine besten Freunde, ich bin zwar froh darüber, aber ich kann es nicht verstehen. Wenn sie sie sehen, schauen sie beschämt weg, das habe ich schon oft bemerkt, aber normalerweise müsste doch ich die Person sein, die sich schämt. Ich ärgere mich nur über mich selber, weil ich weis, was ich da mache ist nicht gut und trotzdem mache ich es immer wieder. Es ist der reinste Teufelskreis, ich komme da nicht mehr raus.

Mit freundlichen Grüßen
Brigitte Petersen

Sie ging zwar einerseits zur Lehre, zur Berufsschule und war auch mit Freundinnen unterwegs, aber andererseits mit ihrem Innenleben völlig isoliert. Innerlich stand sie vor der Alternative, nichts zu erzählen oder allen alles zu sagen. So hatte sie die Vorstellung, dass sie nicht in eine Therapie gehen könnte, weil ihre Eltern und ihr Chef das nicht verstehen würden. Wir versuchten ihr vorsichtig zu vermitteln, dass es in ihrem Alter eher ungewöhnlich ist, dass die Eltern alles erfahren müssen, und dass von einer Therapie kein anderer etwas erfahren muss – schon gar nicht ihre Firma oder Schule. Ein wenig musste ihr die Welt erklärt werden. In einem für sie mühsamen Prozess versuchte sie Vertrauen zu gewinnen. Nach zwei Wochen kam es zu dann zu mehreren Telefongesprächen mit Reinhard Lindner. Nach dem ersten Gespräch schrieb sie:

Sehr geehrter Dr. Lindner,
ich hab die letzten stunden über das Telefonat nachgedacht. Ich bin froh diese Hürde überwunden zu haben, es hat mir gut getan. Sie gaben mir das Gefühl, sie wollen mir zuhören. leider kommt das nicht ganz im hintersten Ecken meines Kopfes an, ich bin jemand der anderen nicht gerne sagt was ich habe, da ich der meinung bin, jeder hat probleme und wenn ich ihn dann noch mit meinen belasten soll, wie soll die person das verkraften? Ich hab früher anderen menschen immer zugehört, wegen mir hat auch jemand 2 wochen in der Therapie gesessen. ich weiss wie es ist, deswegen möchte ich anderen das nicht zumuten.
Vielleicht sehe ich das auch falsch, ich weis es nicht. Ich bin etwas ratlos und werde mir wohl die Nacht wieder mit Gedanken um die Ohren schlagen, aber schlaflose nächte ist man irgendwann gewöhnt.
Mit freundlichen Grüßen
Brigitte Petersen

In einem späteren Telefonat wurde vereinbart, dass wir eine Therapeutin in ihrer Nähe suchen, und wir boten ihr an, ein Vorgespräch zu führen, um sie vor potentiellen ablehnenden Erfahrungen zu schützen. Sie war damit einverstanden.

Beispiel 2: Ich fahre gegen einen Baum

An einem Sonntagnachmittag erreichte und folgende E-Mail:

So., 15:29
Von: brigitte.singh@xyz.de
Ich weiß gar nicht wie ich anfangen soll aber ich habe es schon 5 mal versucht mit Tabletten und 2 mal die Pulsader auf zu scheiden warum geht es nicht ich will nicht mehr leben.!!!! ich habe meine Kinder mein Laden seid etwa 7 Wochen alleingelassen und kann nicht mehr zurück oder will es auch nicht sie können sich gerne erkundigen in Bottrop bei der Polizei wie lange ich schon vermißt werde.Jetzt habe ich mir überlegt das es mit einen Auto besser ist ich werde zur Nachhilfe ein Kanister Benzin mit ins Auto nehmen auf den Beifahrersitz und bevor ich den Baum erreicht habe eine Zigarette anmachen ich hoffe es hilft

Üblicherweise ist unser Zentrum am Sonntag nicht besetzt. Im Rahmen der Vorbereitung eines internationalen Kongresses, der drei Tage später beginnen sollte, war ich (Georg Fiedler) jedoch im Büro und fand obige E-Mail vor. Mein erster Impuls war hoch abweisend: »diese E-Mail hast du nicht erhalten«. Doch dieser aggressive Impuls war auch ein deutlicher Hinweis darauf, dieses Schreiben ernst zu nehmen. In dem Schreiben wurde eine große Ambivalenz deutlich. Zum einen wurde es zu einer Zeit an einem Ort versandt, bei dem man davon ausgehen konnte, dass es zunächst niemanden erreicht, und es war eine Ankündigung, nach einem konkreten Plan, in äußerst aggressiver Form Suizid zu begehen und auch andere Menschen in Gefahr zu bringen. Andererseits drückt die Tatsache, dass sie schreibt, aus, dass sie auch Hilfe sucht. Sie gibt sogar einen Hinweis auf die Polizei in Bottrop, bei der man sich nach ihr erkundigen solle, wie auch ihren Klarnamen in der E-Mail-Adresse. Mit dem Schreiben wird bei mir der Eindruck erweckt, dass jemand akut plant, sich fremdgefährdend zu suizidieren, und gleichzeitig – eher unbewusst – dringend dazu auffordert, davon auch mit Gewalt (Polizei) abgehalten zu werden.

Ich finde mich genötigt, in diesem Fall von dem üblichen Vorgehen in mehrfacher Hinsicht abzuweichen – und dieser Nötigung auch stattzugeben. Ich suche einen psychotherapeutisch tätigen Kollegen (Paul Götze[2]), der auch noch am Wochenende bereit wäre, mit ihr zu sprechen sowie gegebenenfalls die weitere Behandlung zu übernehmen, und beantworte in Abstimmung mit ihm die E-Mail. Ich versuche deutlich zu machen, dass ich ihr Schreiben sehr ernst nehme, und biete einen Kontakt an:

So. 16:18 Uhr
Sehr geehrte Frau Singh,
Ihrer E-Mail entnehme ich, dass es Ihnen sehr schlecht geht und dass Sie sehr verzweifelt sind. Ich mache mir Sorgen um Sie! Irgendetwas Furchtbares muss passiert sein in Ihrem Leben vor sieben Wochen. Vielleicht möchten Sie darüber mit mir sprechen?
Unser Therapiezentrum ist leider am Wochenende geschlossen und erst am Montag wieder zu erreichen. Sie können mich aber heute ab 18 Uhr abends zu Hause anrufen. Die Telefonnummer ist (040) 862### oder am Montag ab 9 Uhr unter der Nummer (040) 42803 4112
Mit freundlichen Grüßen

Darüber hinaus setze ich mich – auch unüblich – mit der Polizei in Bottrop in Verbindung, zum einen wegen der drohenden Fremdgefährdung, zum anderen besonders auch, weil sie in der E-Mail implizit dazu auffordert, nach ihr zu fahnden. Sie war der Polizei in Bottrop als gefährdete Person bekannt, allerdings konnte ihr Aufenthaltsort nicht ermittelt werden. Kurz darauf entwickelte sich folgende Korrespondenz:

So. 16:36 Uhr
Ich will mit keinen reden ich will einfach nur das es zu ende ist!! ich weiß nicht mehr was ich machen soll was für ein tag wir haben

---
[2] Der Leiter des Therapiezentrums für Suizidgefährdete.

usw.ich kann nur noch schlafen wenn ich tabletten und alkohol trinke ohne geht es nicht mehr.ich möchte einfach nicht mehr da sein!
Sind es schon 7 Wochen ?? nichteinmal das weiß ich noch .ich weiß nur das ich dann in krankenhaus in bottrop war und weiß nicht mal warum ich da war.7 wochen ich kann das nicht verstehen 7 wochen sind schon 7 wochen zu lange hier auf der erde ich will nicht mehr !!

So. 16:54 Uhr
Sehr geehrte Frau Singh,
Möchten Sie mir schreiben, was 7 Wochen her ist?

So. 17:20 Uhr
nein, ich möchte auch nicht mehr schreiben .Ich wollte es nur einen mitteilen ! einer der mich vieleicht verstehen konnte für das was ich vorhabe.Glauben sie mir bitte ich kann so nicht mehr .keine angst ich werde keinen anderen in gefahr bringen es geht nur um mich.es hört mir leider sonst keiner zu .es tut mir leid das ich sie belässtigt habe .
da ich das benzin in ganzen auto verteile will ich nicht hoffen das die Polizei mich anhalten will dann muß ich leider das Benzin anzünden mir ist das sowieso igal

So. 18:24 Uhr
Sehr geehrte Frau Singh,
aus dem, was Sie mir mitteilen, kann ich verstehen, das Sie so verzweifelt sind, dass Sie keinen anderen Ausweg mehr sehen, als sich das Leben zu nehmen. Ich habe auch den Eindruck, dass Sie sich unsicher sind über das, was mit Ihnen geschieht. Um mehr zu verstehen, würde ich gerne mit Ihnen sprechen oder wünschen, dass Sie mir mehr miteilen.

Mo. 8:44 Uhr
Ich will und ich kann nicht mehr mein Körper schreit danach ich fühle mich einfach ohnmächtig .es ist ein Alptraum und ich wache einfach nicht auf. Es tut mir Leid aber mir geht es immer schlechter ich kann nicht schlafen meine hände Zittern mein ganzer Körper

tut weh .ich weiß einfach kein anderen Weg.Es muß so sein
S. ...

Am Montag wirkte sie in den E-Mails zunehmend dekompensiert. Mit vorsichtigen Fragen und Kontaktangeboten versuchten wir, mit Frau Singh in Kontakt zu bleiben. Bis Dienstagmittag umfasste die Korrespondenz 20 E-Mails. Montagmittag schrieb sie in einer Mail, dass sie in Hamburg sei. Kurz darauf rief sie im Therapiezentrum an und wurde unmittelbar mit Reinhard Lindner verbunden, der dann auch weiterhin den Kontakt übernahm. Am Telefon sagt sie allerdings nur »Mist. Ich kann nicht reden« und legt wieder auf. In Hamburg zur Fahndung ausgeschrieben, konnte die Polizei Dienstagmittag ihren Aufenthaltsort ermitteln. Nachdem die Feuerwehr die Tür ihrer Wohnung aufgebrochen hatte, sprang sie von einem Stuhl, um sich zu erhängen. Sie wurde gerettet und in eine stationäre Psychiatrie zwangseingewiesen.

Erleben der E-Mail-Kontakte in der Darstellung der Patientin
Frau S. nahm etwa 5 Monate nach dem E-Mail-Austausch und der von mir (Reinhard Lindner) veranlassten Zwangseinweisung persönlich Kontakt zu mir auf. Sie kam ohne Voranmeldung ins Therapiezentrum und äußerte, sie sei vor ein paar Tagen aus der psychiatrischen Klinik entlassen worden und brauche jetzt ein Rezept. Erst nachdem ich unter Bezug auf unsere E-Mails vor einigen Monaten direkt nachfragte, ob sie nicht auch aus anderen Gründen komme, sagte sie, sie sei noch immer suizidal. Ich erfuhr, dass sie sich während des Klinikaufenthalts vorgenommen hatte, nicht mehr über ihre Suizidalität zu reden, nachdem eine Ärztin ihr dort gesagt habe, dass »Hunde, die bellen, nicht beißen«.

In den ersten Stunden erfuhr ich von den Umständen, die zu der suizidalen Zuspitzung geführt hatten: Sie habe nach langen Jahren als Kellnerin mit weiterer Vorerfahrung im Betrieb von Gastwirtschaften vor eineinhalb Jahren eine Gastwirtschaft in B. erworben. Dort habe sie sich mit der Arbeit massiv übernommen. Sie habe die Angestellten nicht halten können, zum Teil hätten diese in die eigene Tasche gewirtschaftet, zum Teil auch unzuverlässig gearbeitet, so dass sie zum Schluss mit ihrem À-la-Carte-Betrieb ganz allein dagestanden und 15 bis 18 Stunden am Tag gearbeitet habe. Die adoleszenten Kinder (13 bis 19 Jahre) seien mehr oder weniger sich selbst überlassen gewesen. Ein halbes Jahr vor der suizidalen Zuspitzung sei sie körperlich »zusammengebrochen«. Im Krankenhaus habe man Herzrhythmusstörungen diagnostiziert, sie aber auch wieder entlassen, obwohl sie über ihre Suizidalität gesprochen habe. Dann habe sie versucht, sich ihrem damaligen Freund, einem Fernfahrer, deutlicher anzunähern. Sie hätten geplant, dass sie bei ihm einzieht. Irgendwie habe sie doch etwas für sich haben wollen. Er habe ihr dann, nachdem sie schon alle ihre Möbel verkauft habe, gesagt, er wolle doch nicht mit ihr zusammen leben. Sie habe dann Hals über Kopf die Kinder verlassen, sei nach Hamburg gereist und habe sich acht Wochen lang nicht bei ihnen gemeldet. In Hamburg habe sie bei einem »Bekannten« gewohnt. Mit dem habe sie über ihr Scheitern und ihre suizidale Verzweiflung nicht sprechen können. Er habe sie nicht ernst genommen und Witze über sie gemacht.

Aus einem Gefühl, unbedingt mit jemanden sprechen zu müssen, habe sie die E-Mails an das Therapiezentrum geschickt. Sie sei über einen Internet-Suchdienst auf unsere Einrichtung gekommen. Es sei die einzige Möglichkeit gewesen, überhaupt über sich zu sprechen. Sie habe zunächst gar nicht mit einer Antwort gerechnet. Es sei ihr eigentlich egal gewesen, wer am anderen Ende sitzt. Zudem sei es ihr damals völlig unmöglich gewesen, zu telefonieren oder direkt Hilfe aufzusuchen, denn sie hätte eine weitere Ablehnung nicht verkraften können.

Die Polizei habe sich dann bei ihr gemeldet, als sie, veranlasst durch meine Fahndung, ihren Aufenthaltsort ausgemacht hätten. Da habe sie sofort entschieden, jetzt das Benzin in ihrem Auto auszugießen und loszufahren. Da aber sei ihr die Feuerwehr zuvorgekommen, die das Haus umstellt hätten. In dieser Situation habe sie den Strick genommen, den sie für diesen Zweck bei sich habe und auch schon mehrfach aufgeknüpft hatte, und habe sich erhängt, als die Feuerwehr die Tür aufbrach. Ihr sei schon klar gewesen, dass ich die Polizei alarmieren musste, denn es sei ja mein Beruf, Menschen vom Suizid abzuhalten.

Überlegungen zum Verlauf
In den wöchentlich stattfindenden Therapiegesprächen entwickelte sich eine Übertragungs-Gegenübertragungssituation, die den Grundkonflikt der Patientin in Beziehungen widerspiegelt: Es geht dabei um die Frage, ob sie etwas Gutes annehmen kann oder ob sie in vorauseilender Erwartung von Missachtung und Verachtung flüchten muss, in Schweigen oder unklare, abstrakte und schwer verständliche Aussagen oder in ein Gefühl, ich würde ihr auch nicht helfen können, »der Zug sei schon abgefahren«. Zudem hatte sie das Gefühl, durch die Gespräche hier durchaus berührt zu werden; es kämen aber so schmerzliche Erinnerungen hoch, dass sie eigentlich nur das tun könnte, was sie immer getan habe, um diese loszuwerden: bis zum Umfallen zu arbeiten. Die Schwierigkeit, Hilfe anzunehmen, stand dann auch im Mittelpunkt der Gespräche.

Biographie
Frau S. wurde 1961 als mittleres von sieben Kindern geboren. Sie nimmt ihre Kindheit wahr als eine Zeit von früher Verantwortung für Geschwister, wenig unvoreingenommener Zuwendung durch die Eltern und einer frühen Schuld am plötzlichen Kindstod einer jüngeren Schwester. Aus einem zerrissenen Elternhaus (Vater Alkoholiker, viele Wohnortwechsel, Mutter trennte sich im Schulalter der Patientin) sei sie mit 16 Jahren ausgebrochen. Nachdem sie eine Lehre abgebrochen hatte, begann sie mit massiver Arbeitsleistung in der Gastronomie. Mit Anfang zwanzig ging sie eine Ehe mit einem Inder ein, aus der drei Kinder hervorgingen (15 bis 21 Jahre). Der Ehemann sei lieblos und nur an ihrer Arbeitsleistung orientiert gewesen. Mitmenschliche Kontakte erlebte sie mit ihren vielen Pflegekindern und mit Gästen bei der Arbeit. Die eigene Gastwirtschaft war ihr Stolz und Triumph – sie wollte es auch ohne Ehemann zu schaffen, zugleich aber erlebte sie ihre Umwelt immer feindseliger, gehässiger und ablehnender und wurde sehr misstrauisch. Liebespartner hielt sie eher auf Distanz.

Psychodynamische Überlegungen
Die Aufnahme des E-Mail-Kontakts erfolgte in einer Situation, in der die Patientin sich vollständig abgelehnt und ohne jede Möglichkeit fühlte, sich durch ein Gespräch zu entlasten. Sie hatte sich in eine Situation gebracht, in der sie die Außenwelt als verachtend, bedrohlich und entwertend empfand. Der Kontakt per E-Mail ermöglichte ihr, ihre Angst vor Verachtung dadurch zu dämpfen, dass sie gar nicht wusste, wer am anderen Ende die Antwort schrieb, dazu in einer maximal unabhängigen Position verblieb und den Kontakt vollständig selbst bestimmen konnte. Erst als diese Kontrolle durch das Handeln des Therapeuten und sein direktes Eingreifen in ihre Lebenssituation aufgehoben wurde, geriet sie in eine rasende, mörderische Wut, die sie im suizidalen Akt gegen sich selbst wandte.

In Zusammenschau mit dem Verlauf der Behandlung und der Kenntnis der Lebensgeschichte scheint die Patientin eine mörderische frühe Beziehungssituation zu wiederholen: Sie reinszeniert die Verurteilung wegen Mordes, die die Mutter auf sie legte. Darin enthalten sind auch die mörderischen Wutgefühle gegen die Geschwister und ihre kindlich verzweifelte Wut gegen alles Versorgend-Bergende, das sie selbst so entbehren musste. Den Konflikt um Versorgungswünsche und Entbehrung verinnerlichte sie und entwickelte eine altruistisch-anankastische Abwehr, indem sie sich durch Arbeit, aber auch Versorgung der Kinder selbst aufrichtete. Die Bedürftigkeit der Kinder ist aber immer auch eine Gefahr für die Abwehr. Indem sie die Kinder verließ, wiederholte sie mit ihnen die Erfahrungen, die sie in Kindheit und Jugend mehrfach gemacht hatte.

Mich verwickelte sie in ein Enactment, in dem sie mich zwang, Zwang auszuüben. Nur so konnte sie »kapitulieren«, sich hilfsbedürftig erleben. Die Schwierigkeit in der Behandlung ist, dass ihre abgewehrten Wünsche in die therapeutische Beziehung kommen und sie Gefahr läuft, diese durch radikales Agieren wieder von sich fern halten zu müssen und dadurch die Therapie zu gefährden.

Literatur

Schulz von Thun, F. (1981): Miteinander reden 1: Störungen und Klärungen. Reinbek.

Watzlawick, P.; Weakland, J. H.; Fisch, R. (1974): Lösungen. Bern/Stuttgart/Wien.

■ Armin Schmidtke, Sylvia Schaller und Anja Kruse

Ansteckungsphänomene bei den neuen Medien – Fördert das Internet Doppelsuizide und Suizidcluster?

Zur Einführung

In der wissenschaftlichen Suizidforschung wurde schon sehr früh die Hypothese vertreten, dass man suizidales Verhalten auch durch Imitation lernen könne (Schmidtke u. Schaller 1998, 2000; Schmidtke et al. 2001).

Schon von »vorwissenschaftlichen« Autoren wurde häufig ein Suggestionseffekt vermutet. Frühe Hinweise finden sich so in den Schilderungen verschiedener Suizidepidemien in der Antike (z. B. Massenselbstmord milesischer Jungfrauen; vgl. Singer 1980, 1984). 1718 soll Elisabeth Charlotte (Lieselotte von der Pfalz) geschrieben haben, dass die Deutschen anfingen, englische Manieren anzunehmen und sich um das Leben zu bringen, 1722 habe sie berichtet, dass dies jetzt auch in Paris Mode sei. Als Beleg für Modelllerneffekte bei suizidalem Verhalten lässt sich auch der »Werther-Effekt« und das daraus resultierende Verbot dieses Buches von Goethe in verschiedenen Ländern anführen.

Farr, ein englischer Statistiker, soll daher schon 1841 (zit. nach Phelps 1911) darauf hingewiesen haben, dass suizidale Handlungen oft durch Imitation hervorgerufen werden. Ähnlich berichtete Mathews (1891, zit. nach Phelps 1911) bereits über »Suizidepidemien«, hervorgerufen durch Imitation. Strahan (1893) widmete in seinem Werk »Suicide and Insanity« diesem Thema bereits ein ganzes Kapitel (»Suicide from imitation«). Die Möglichkeit einer Auslösung suizidaler Handlungen durch »Suggestionseffekte« wurde selbst von Durkheim eingeräumt, der aber ansonsten annahm, diese Selbstmorde hätten sich im Lauf der Zeit auch ohne den Einfluss der Suggestion ergeben.

Soweit ein Überblick über die kaum noch zu sichtende Literatur zu diesem Thema eine Zusammenfassung erlaubt, zeigt die Mehrzahl der neueren Studien, dass es auch im engeren Sinn empirische Belege zu Imitationseffekten bei aggressivem und suizidalem Verhalten gibt (Berkowitz u. Macaulay 1971; Cantor u. Sheehan 1996; Stack 1999; Schmidtke u. Schaller 2000; Schmidtke et al. 2001; Blood u. Pirkis 2001; Hawton u. Williams 2001; Pirkis u. Blood 2001a, 2001b). Vor allem Erklärungen der zeitlichen Häufung von Suizidclustern, spezifischen Suizidmethoden, etwa spezifischen Herbiziden, Asphyxation oder Verbrennen, oder des überzufälligen Begehens von Suiziden an bestimmten Orten (Brücken, z. B. der Golden-Gate-Brücke oder Plätzen), können ohne Bezug auf Imitationshypothesen kaum erklärt werden.

Im Kontext der Imitationshypothesen ist häufig auch der Einfluss von Massenmedien diskutiert worden. Schon Phelps (1911) und Rost (1912) glaubten, dass Presseberichte über Suizide und ihre Behandlung in der Literatur zum Imitieren suizidaler Handlungen führen können, und Phelps (1911) wies sogar bereits auf mögliche alters- und geschlechtsspezifische Unterschiede beim Imitationslernen hin (er sprach in diesem Zusammenhang von unterschiedlichen Beeinflussungsmöglichkeiten durch das Lesen). Beim Wiener Symposion über den Schülerselbstmord (Vereinsleitung des Wiener psychoanalytischen Vereins, 1910) wurden ebenfalls von einem Referenten (Unus Multorum[1] 1910) die »suggestive Kraft des Vorbildes« und die Bedeutung von Presseberichten (d. h. dort geschilderte Suizidmodelle) genannt. Aus diesem Grund beschäftigte sich bereits 1911 eine Kommission der American Academy of Medicine und die American Medical Association mit dem Problem der Modellwirkung von Presseberichten über Suizide. In diesem Zusammenhang wurden – allerdings noch mehr anekdotisch – auch Beispiele für ein Ansteigen der Rate von Suiziden ähnlicher Ausführung wiedergegeben, wenn in der Presse ausführlich über einen Suizid und dessen spezifische Begleitumstände berichtet wurde (vgl. Hemenway 1911).

---

1 In der englischen Neuauflage der Berichte (Friedman, P. [Hg.], On Suicide. With Particular Reference to Suicide Among Young Students. New York, 1967) zitiert als D. E. Oppenheim.

Im Rahmen der gegenwärtigen Diskussion über den Zusammenhang zwischen Medienberichterstattung und dem Einfluss von Medien auf suizidales Verhalten gibt es im Wesentlichen zwei kontroverse Standpunkte (Schmidtke u. Häfner 1989):
– Berichte über suizidales Verhalten in Medien spiegelten lediglich Tatsachen, Einstellungen und Meinungen wider.
– Medienberichte bewirkten Änderungen von Einstellungen und Verhalten und könnten dadurch, oder durch die Modellpräsentation selbst, suizidales Verhalten hervorrufen.

Bei der Untersuchung und Interpretation von Befunden zu Medienwirkungen auf suizidales Verhalten sind jedoch die Weiterentwicklungen des Modelllernparadigmas, die über die ursprüngliche Modelllerntheorie (vgl. Bandura 1999) hinausgehen, zu beachten. So sind insbesondere die Veränderungen der Sichtweise des Modells, dessen Realitätsgrad variieren kann, zu berücksichtigen (vgl. Bandura 1999). Zur Erklärung divergierender Effekte ist auch zwischen der Informationsfunktion des Modells und seinen sozialen Charakteristika zu differenzieren. Da sich in der Grundlagenforschung Abhängigkeiten des Lernens von Modellzahl und -eigenschaften, Art der sympathischen Darstellung, Status, Verstärkung des Verhaltens des Modells sowie auf der Beobachterseite von Status, Geschlecht, Alter, Selbstkompetenzbeurteilung und emotionalen Zuständen ergeben (vgl. z. B. Bandura 1999; Groffmann et al. 1982; Meichenbaum 1971), ist Modelllernen als eine Funktion von Variablen auf Seiten des Modells wie des Lernenden zu verstehen. Diese Variablen sind daher auch für die divergierenden Ergebnisse verschiedener Studien verantwortlich (Schmidtke u. Schaller 2000):

Medienart. Es gibt vermutlich Unterschiede hinsichtlich der Art der Präsentation, ob also in Printmedien (Zeitungen, Magazinen, Büchern), Musik, Theater (Schauspielen, Opern), Film, Fernsehen, Video oder in den neuen elektronischen Medien (Internet) berichtet oder dargestellt wird. Einige Autoren meinen in jüngster Zeit, dass vor allem das Internet aufgrund der interaktiven Möglichkeiten besonders »gefährlich« sei (Baume et al. 1998) und dies vor allem für Jugendliche gelte. Sie könnten durch das Internet mit ihrer Suizidbotschaft schnell andere erreichen, diese

Botschaft anonym austauschen (Janson et al. 2001) sogar Suizidpakte abschließen (Mehlum 2000). Laut Kreitman, Smith und Tan (1970) könnte sich mit Hilfe des Internets auch eine »Subkultur suizidaler Sprache« bilden. Es liegt bis heute aber keine überzeugende Studie vor, die Unterschiede zwischen verschiedenen Mediendarbietungen hinsichtlich des Imitationspotentials zeigt. Divergenzen sind wahrscheinlich bis jetzt lediglich auf die Verfügbarkeit der Medien und die Art der Rezipienten zurückzuführen.

Art des dargestellten Verhaltens. Es ist zu differenzieren, ob reales oder fiktives suizidales Verhalten vermittelt wird, ob Gedanken, Handlungsversuche oder vollendete Handlungen dargestellt werden oder über sie berichtet wird. Einige Autoren meinen, dass reales Verhalten eher imitiert wird als fiktives (Phillips et al. 1992; Stack 1999; Blood u. Pirkis 2001; Hawton u. Williams 2001; Pirkis u. Blood 2001a, 2001b). Zur Darstellung fiktiven Verhaltens liegen aber deutlich weniger Studien vor, obwohl der »Werther-Effekt« ursprünglich die Imitation fiktiven Verhaltens (in Printmedien) benennt.

Darstellung des Modells. Schon in der Grundlagenforschung zeigt sich, dass je sympathischer und verstehbarer ein Modell dargestellt wird, es desto eher imitiert wird (Bandura 1999; Groffmann et al. 1982). In der Suizidologie zeigen dies Studien von Wasserman (1984) und Stack (1987, 1990), in denen gezeigt werden konnte, dass Suizide positiver Modelle (berühmte Politiker oder Stars) eher imitiert wurden als die zwar berühmter, aber negativer Modelle (z. B. bekannte Verbrecher). Diese Erklärung wird auch dafür herangezogen, warum Massensuizide wie der von Jonestown, der Sonnentempler oder der »Heavens Gate«-Sekte – trotz vieler Modelle – nicht imitiert werden. Dies wird darauf zurückgeführt, dass die Modelle unsympathisch und die dargestellten Suizide mehr oder weniger erzwungen waren (vgl. z. B. Stack 1983).

Publikationsmenge. Je größer die Publikationsmenge und je höher der Publizitätsgrad sind, desto größer fällt der Imitationseffekt aus. Dies zeigten im Prinzip schon die ersten Studien von Motto (1967, 1970) und von Blumenthal und Bergner (1973): Ohne Zeitungen gibt es keine oder nur sehr wenige Modelle und damit geringere Imitationsmöglichkeit und folglich auch weniger Suizide oder Suizidversuche. Auch spätere Studien zeigten deutlich diesen Zusammenhang zwischen Distribution der Information, Menge, Wiederholung und Art der Berichterstattung sowie dem Ausmaß der Imitation (Phillips 1974; Schmidtke u. Häfner 1988a, 1988b; Etzersdorfer et al. 2001).

Anzahl und Art der Rezipienten. Der Imitationseffekt hängt von der Menge und Art potentieller Imitatoren ab (Schmidtke u. Häfner 1988a 1988b; Etzersdorfer et al. 2001). Jugendliche lesen andere Zeitschriften als Erwachsene und kennen daher auch andere Modelle. Das negative Ergebnis von Jonas (1992) ist möglicherweise darauf zurückzuführen, das Jugendliche wohl kaum in Literaturkreisen bekannte ausländische Schriftsteller als Modelle ansehen. In Gebieten mit einer höheren Distribution einer Zeitung mit entsprechender Berichterstattung wird auch eher imitiert (Etzersdorfer et al. 2001). Hassan (1995) führte einen Teil seiner Ergebnisse, nämlich dass Männer nach entsprechenden Berichten höhere Suizidraten aufwiesen, darauf zurück, dass bestimmte Zeitungen eher von Männern gelesen werden. Zu bedenken ist auch, ob bestimmte Bevölkerungsgruppen suggestibler sind als andere. Schon bei dem erwähnten Wiener Symposion über den Schülerselbstmord (Vereinsleitung des Wiener psychoanalytischen Vereins, 1910) wurde auf die Modellwirkung von Presseberichten besonders auf Jugendliche hingewiesen. Auch spätere Autoren betonten immer wieder, dass besonders Kinder, Jugendliche und junge Erwachsene durch Modelle beeinflusst werden können (Kreitman et al. 1970; Schmidtke u. Häfner 1988a, 1988b; Schmidtke u. Schaller 1998; Platt 1993; Velting u. Gould 1997).

Ähnlichkeit zwischen Modell und potentiellem Imitator. Dieser Effekt wurde in der Grundlagenforschung schon von Bandura nachgewiesen: Je ähnlicher mögliche Imitatoren dem Modell sind, um so wahrscheinlicher werden Imitationseffekte. Die Ähnlichkeit zwischen Modell und Nachahmer in spezifischen Charakteristika spielt sogar bei symbolischen Modellen eine Rolle.

Für Agressionen konnte dieser Zusammenhang bereits von Phillips (1985) gezeigt werden: Nach Boxkämpfen waren Aggressionsakte davon abhängig, ob ein Weißer oder Afroamerikaner den Kampf gewann. Je nach Sieger wurden mehr Aggressionsakte von Personen gleicher Abstammung initiert. Für suizidales Verhalten wurde dies in den Studien von Phillips (1982), Phillips und Paight (1987) und Schmidtke und Häfner (1988a, 1988b) gezeigt. Weiße Schauspieler wurden mehr von Weißen imitiert, junge Suizidenten mehr von Jugendlichen; auch die Methoden wurden übernommen (Gould u. Shaffer 1986; Schmidtke u. Häfner 1988a, 1988b; Etzersdorfer et al. 2001). Entsprechende Imitationen gibt es auch bei Amok-Suizidtaten (Cantor u. Sheehan 1996; Schmidtke et al. 2001).

Kurze oder langfristige Effekte: Das Berichten und die Darstellung von aggressivem oder suizidalem Verhalten und entsprechenden Modellen könnte das Verhalten einer Population auch in unterschiedlichen Zeitdimensionen – etwa kurzfristig oder langfristig – beeinflussen (Schmidtke u. Schaller 2000). Bei impulsiven Personen, die zu einem solchen Verhalten prädisponieren, könnte in bestimmten Stimmungen durch das Zeigen von Modellen Imitationsverhalten ausgelöst werden. Bei einer anderen Gruppe könnte für längere Dauer die Sichtweise erzeugt werden, dass das gezeigte Verhalten ein allgemeiner und verstehbarer Weg von Problemlösungen sei (Häfner u. Schmidtke 1986; Schmidtke u. Schaller 2000). Studien hierzu gibt es jedoch kaum (Hawton u. Williams 2001). Untersuchungen zum Presseklima in einem Land zeigen jedoch, dass es Zusammenhänge zwischen der *Art* der Berichterstattung (z. B. positiv oder verstehend) und den Suizidraten gibt (Fekete u. Schmidtke 1996; Fekete et al. 1998, 2001). Wassermann und Stack (2002) konnten zeigen, dass die Zunahme der Berichterstattung über das Problem des »assistierten« Suizids zu einer größeren Akzeptanz dieses Verhaltens bei unheilbaren Erkrankungen führte.

Da auch Variablen wie Leistungsmotivation und -angst, Selbstwertgefühl und Begabung das Problemlösungsverhalten beeinflussen, können sie aufgrund selektiver Informationsaufnahme die Auftretenswahrscheinlichkeit des am Modell gelernten Verhaltens (performance) ebenfalls modifizieren.

Imitationsprozesse könnten so auch als Informationsverarbeitungsprozesse erklärt werden (»from the cognitive framework learning from differential outcome becomes a special case of observational learning«, Bandura 1999; vgl. auch Groffmann et al. 1982). Auf die mittels Modelllernen erworbene Verhaltensstrategie (acquisition; zu interpretieren als Variable des Verhaltensrepertoires) kann dann unter bestimmten Bedingungen (z. B. Motivationszuständen) vom Individuum zurückgegriffen werden, wobei für das Anwenden der spezifischen Verhaltensstrategie vor allem die vom Individuum antizipierten Konsequenzen der Handlung wichtig zu sein scheinen (vgl. Bandura 1999). Es könnte theoretisch daher auch aufgrund des Lernens das Gegenteil des Modellverhaltens gezeigt werden (vgl. Groffmann et al. 1982).

Imitationsverhalten könnte so insgesamt zur Erklärung eines Teils suizidaler Handlung als Problemlösung wie zum Erlernen spezifischer Details, etwa Methoden, herangezogen werden. Das Verhalten des Imitators selbst muss nicht unmittelbar nach oder gleichzeitig mit dem des Modells erfolgen.

Es gibt jedoch suizidale Handlungen, die gleichzeitig erfolgen. Einerseits kann man hierunter die Massensuizide zählen (Singer, 1980), anderseits gehören auch Doppelsuizide oder Suizidcluster zu dieser Kategorie suizidaler Handlungen. Doppelsuizide, die relativ selten vorkommen, sind gemeinsame, verabredete Selbsttötungen, die zur gleichen Zeit stattfinden (Elsaesser u. Haenel 2000; Haenel u. Elsaesser 2000). Oft sind es verzweifelte Liebespaare oder alte Menschen, die gemeinsam aus dem Leben scheiden. Vor allem bei Letzteren ist jedoch häufig zweifelhaft, ob es sich nicht um Tötungen (aus Mitleid oder aufgrund von Befürchtungen) mit anschließendem Suizid des Täters oder der Täterin handelt. Haenel und Elsaesser (2000) kommen daher auch zu dem Schluss, dass die Faktoren, die zu Doppelsuiziden führen, denen von Mordsuiziden und Einzelsuiziden ähneln.

Für Doppelsuizide werden oft auch Partner gesucht. Der in der Literatur bekannteste Fall ist wohl der von Heinrich von Kleist und Henriette Vogel (Haenel 2001).

Unter einem *Suizidcluster* versteht man eine Häufung von Suiziden oder Suizidversuchen oder beidem innerhalb eines kurzen Zeitraums und in räumlicher Beziehung. Die Zahl der Handlungen ist dabei größer, als man normalerweise erwarten würde (O'Carroll et al. 1988).

Fragestellung

Das Internet als neues Medium kann hinsichtlich möglicher Modellwirkung unterschiedliche Effekte haben (Alao et al. 1999; Nagenborg 2001; Tab. 1). Es könnten ähnlich wie bei den alten Medien direkte Imitationseffekte erzeugt werden, es könnten jedoch auch langfristig Einstellungen verändert werden.

Letzteres wäre vor allem aufgrund von Suiziddarstellungen und Memorabilien (Darstellung der Suizide berühmter Personen, Publikation von Abschiedsbriefen im Internet) möglich.

Tabelle 1: Möglichkeiten und Gefahren des Internets im Bereich der Suizidprophylaxe

- Vermittlung von genereller Information
- Vermittlung einer »suizidpositiven« Einstellung
- Vermittlung einer »antitherapeutischen« Einstellung
- Vermittlung von Kenntnissen über Suizidmethoden und Suizidplätzen
- Gelegenheit zu Suizidpakten
- Niederschwelliges Therapieangebot
- Gelegenheit zur emotionalen Entlastung

Es können jedoch auch Wechselwirkungen entstehen: Das Berichten über Suizid-Foren und -imitation in Presse und Fernsehen kann potentielle Imitatoren dazu bringen, sich in Foren einzuschalten. Durch dieses neue Medium können auch Doppelsuizide verabredet werden (Abb. 1).

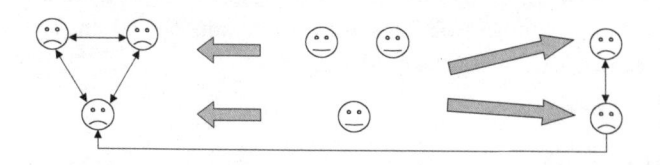

Abbildung 1: Mögliche Wechselwirkungen Internet – Presse

Hinsichtlich der Verbreitung und der potentiellen Zahl der Rezipienten ist das Internet kaum zu kontrollieren. Will man mögliche Imitationseffekte untersuchen, können daher klassische Untersuchungen, wie Dosis-Wirkungsstudien, nicht angewandt werden.

Wir versuchten daher einen anderen methodischen Zugang und überprüften, ob es hinsichtlich Suizidverabredungen und der beteiligten Personen *serielle Abhängigkeiten* gibt. Hypothese ist, dass eine Häufigkeit von Verabredungen zu suizidalem Verhalten, die sich nicht zufällig über die Zeit verteilt und die nicht im Rahmen der Varianz bleibt und somit eine zeitliche Dependenz anzeigt, so genannte Suizidcluster und damit Imitationseffekte nahe legt.

Material und Methodik

Es wurde das Archiv eines Internetforums (moderiertes Freitod-Forum) für den Zeitraum vom 11.01.2001 bis 06.01.2002 untersucht und ausgewertet (53 Wochen). Dieses Forum wurde ausgesucht, weil es in mehreren Suchmaschinen in der Rangreihe der Treffer auf den vorderen Plätzen zu finden war. Der Zeitraum ergab sich durch den Fakt, dass ein geschlossenes Archiv gewählt wurde, um die ständigen Einflüsse weiterer Postings zu vermeiden.

Die Anzahl der Teilnehmer ist schwierig festzustellen, ebenso Alter und Identität, auch die Bestimmung des Geschlechts ist oft nicht möglich. Über die Zeit sind jedoch einige Teilnehmer an den Foren identifizierbar.

Als Überprüfungsmethode wurden Chi-Quadrat-Tests zur Verteilungsprüfung sowie Runs-Tests angewandt. Wenig Runs bedeuten eine serielle Abhängigkeit.

Ergebnisse

Es ergaben sich über den untersuchten Zeitraum insgesamt pro Woche 23 bis 96 Threads. Im Durchschnitt waren es 52,3. In 37 Threads ging es um Verabredungen zum gemeinschaftlichen Suizid. Es wurde versucht, die Personen als unabhängig zu identifizieren. Einige setzten mehrfache Aufrufe in die Foren, bis zu vier in einer Woche. Mehrfache Aufrufe wurden nur einmal gezählt. Es können Imitationshandlungen vermutet werden, da teilweise bis zu drei Aufrufe unabhängiger Personen an einem Tag zu finden sind (vgl. Abb. 2). In den Postings wurde auch darauf hingewiesen, dass sich bereits mehrere Personen zusammengefunden haben.

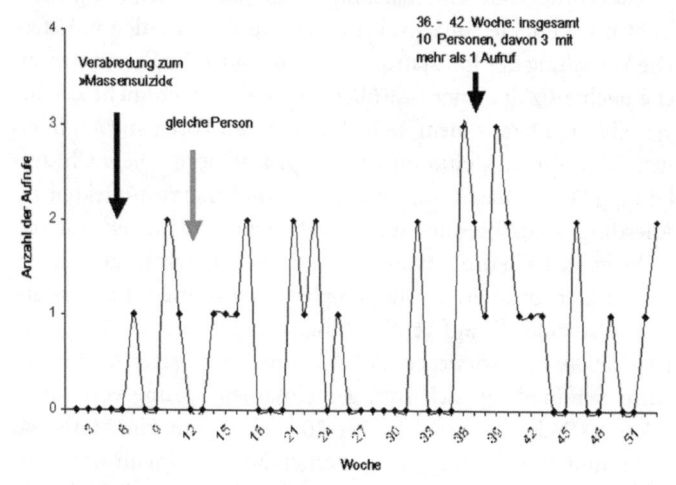

Abbildung 2: Verteilung von Aufrufen zum gemeinsamen Suizid im Internet. Zeitraum 11.01.2001 – 06.01.2002. Quelle: Moderiertes Freitod-Forum

Zur Bestimmung eines Imitationszeitraums wurde in Anlehnung an die vorhandenen Imitationsstudien zunächst der Zeitraum einer Woche gewählt. Der Runs-Test ergab einen zweiseitigen Wert von $p < .079$. Es ergab sich daher auch für die zweiseitige Prüfung ein Trend. Bei einseitiger Prüfung ergibt sich ein signifikanter Wert ($p < .05$).

Diskussion

Internetforen werden im Rahmen der Suizidprävention sehr unterschiedlich beurteilt. Die Meinungen reichen von gefährlich (Baume et al. 1997; Baume et al. 1998; Alao et al. 1999; Repke et al. 2001) bis zur Ansicht, dass ihnen auch eine suizidpräventive Wirkung nicht abzusprechen beziehungsweise sogar möglich sei (Stoney 1998; Sher 2000; Nagenborg 2001).

Die vorliegende Untersuchung zeigt jedoch, dass allgemein präventive Effekte zunächst kritisch hinterfragt werden müssten. Die Verteilung der in Chatrooms zu findenden Mails mit der Suche nach Suizidpartnern ist über die Zeit nämlich nicht zufällig verteilt. Signifikant mehr Teilnehmer in den Foren suchen in einem bestimmten Zeitraum nach Suizidpartnern. Diese Clusterbildung lässt zunächst die Hypothese von Imitationseffekten zu. Allerdings ist das Resultat dieser Partnersuche nicht bekannt, obwohl in den Chatrooms bisweilen mitgeteilt wird, ob sich ein Teilnehmer suizidiert hat. Es gibt aber anderweitige Hinweise auf Doppelsuizide, die auf Verabredungen im Internet zurückgehen. 19.02.2000: Ein Norweger, 25 Jahre, und eine Österreicherin, 17 Jahre, verabredeten sich zum gemeinsamen Sprung von einem Felsen (»Prekestolen«). Oktober 2000 in Japan: Ein Mann, 46 Jahre, und eine Frau, 25 Jahre, sterben an einer Medikamentenüberdosis. Anfang Dezember 2000 in Südkorea: zwei Studenten sterben durch Gifttrunk. Anfang April 2002 in Österreich: Ein Österreicher, 19 Jahre, und ein Deutscher, Mitte 50, erschießen sich gegenseitig. Januar 2002 in Dortmund: Jugendliche verabredeten sich zum gemeinsamen Sprung vom Fernsehturm, die Handlung wurde verhindert.

Hinsichtlich der Imitationseffekte wäre auch die Frage zu klären, ob erst der Gedanke an den Suizid vorhanden war und dann die Informationssuche in den Chatrooms begann oder ob man in den Chatrooms – ohne vorherige eigene Suizidgedanken – beeinflusst werden kann. Aufgrund der Tatsache, dass die Foren durch Suchmaschinen leicht zu finden sind, könnten nämlich auch Personen in die Foren gelangen, die zunächst nicht suizidal sind, sondern aus anderen Gründen (z. B. Referat für die Schule) Informationen suchen. Dass das Internet auch Stimmungen erzeugen kann, zeigen Studien von Göritz (2002). Für suggestible, labile Personen könnte eine Gefühlsinduzierung in den Chatrooms daher durchaus Gefahren mit sich bringen. Vor allem Jugendliche scheinen gefährdet, da sie hier viele Modelle finden, mit denen sie sich leicht identifizieren können (Bandura 1999; Thompson 1999, 2001).»Die Jugendlichen geraten in einen Sumpf, aus dem sie oft nicht wieder herauskommen« (Zitat eines Forenmasters in Repke et al. 2001, S. 79f.).

Ein weiterer Aspekt ist, dass durch die Foren implizit die Einstellung vermittelt werden kann, dass Suizid eine sinnvolle Problemlösung darstellt und deshalb erstrebenswert ist.

Möglicherweise prädisponieren auch bestimmte Eigenschaften der Surfer für eine Ansteckung suizidalen Verhaltens. Untersuchungen zeigen, dass Personen, die länger im Internet surfen und als internetabhängig bezeichnet werden, vermehrt Personenvariablen und Lebensumstände aufweisen, die überzufällig auch bei Personen mit Suizidversuchen zu finden sind: Es waren mehr jüngere Menschen, mehr Frauen, 42 Prozent der Befragten arbeiteten zu Hause oder waren arbeitslos. Young (1999, Young u. Rogers 1998) folgerte aus den Ergebnissen ihrer Studie, dass die betroffenen Personen im realen Leben keine ausreichenden sozialen Coping-Strategien besäßen und daher Probleme im privaten Bereich wie am Arbeitsplatz aufwiesen. Aufgrund eines geringen Selbstwertgefühls glaubten sie zudem, in einem Raum, in dem man sich nicht zu erkennen geben müsse, eine neue Identität aufbauen zu können. Durch die Konzentration auf das Internet sei auch eine Einengung des Verhaltens erkennbar (Kingma 2002). Geringer Selbstwert, ungenügende soziale Coping-Strategien, Arbeitslosigkeit und eine Einengung des Verhaltens sind Variablen, die sich häufig auch in Studien zur Persönlichkeit und dem sozialen Verhalten von Personen mit Suizidversuch finden. Von befragten Nutzern von Foren und elektronischer Beratung gehörten 13 Prozent der Altersgruppe 10 bis 19 Jahre und 40 bis 50 Prozent der Altersgruppe 20 bis 29 Jahre an; es sind zudem mehr Frauen (bis zu zwei Dritteln; Weber-Young 2002).

Andererseits ist in diesen Foren Akzeptanz und Validierung von Emotionen zu finden, die im Sinne von Linehan (1993) stabilisierend wirken kann. Berichte über Methoden, die in der Presse besonders angeprangert werden, können zudem sogar präventiv wirken, indem nämlich durch die Diskussion der Folgen und das Aufzeigen der Effektivität einer Methode impulsiven Handlungen entgegengewirkt werden könnte. Suizid-Foren im Internet könnten daher sogar suizidpräventiv wirken (Nagenborg 2001; Lindner u. Fiedler 2002).

Literatur

Alao, A.; Yolles, J. C.; Armenta, W. (1999): Cybersuicide: The internet and suicide. American Journal of Psychiatry 156 (11): 1836-1837.
Bandura, A. (1999): Self-efficacy: Towards a unifying theory of behavioural change. In: Baumeister, R. F. (Hg.), The Self in Social Psychology. Philadelphia, S. 285-298.
Baume, P.; Cantor, C.; Rolfe, A. (1997): Cybersuicide: The role of interactive suicide notes on the Internet. Crisis 18: 73-79.
Baume, P.; Rolfe, A.; Clinton, M. (1998): Suicide on the internet: A focus for nursing interventions? Australian & New Zealand Journal of Mental Health Nursing 7: 134-141.
Berkowitz, L.; Macaulay, J. (1971): The contagion of criminal violence. Sociometry 34: 238-260.
Blood, R. W.; Pirkis, J. (2001): Suicide and the media. Part III: Theoretical issues. Crisis 22: 163-169.
Blumenthal, S.; Bergner, L. (1973): Suicide and newspapers: A replicated study. American Journal of Psychiatry 130: 468-471.
Cantor, C.; Sheehan, P. (1996): Violence and media reports – a connection with Hungerford. Archives of Suicide Research 2: 225-266.
Elsaesser, P. N.; Haenel, T. (2000): Doppelsuizid und erweiterter Suizid. Suizidprophylaxe 27: 126-131.
Etzersdorfer, E.; Voracek, M.; Sonneck, G. (2001): A dose-response relationship of imitational suicides with newspaper distribution. Australian and New Zealand Journal of Psychiatriy 35: 251.
Fekete, S.; Schmidtke, A. (1996): Attitudes toward suicide in the mass media. In: McIntosh, J. L. (Hg.), Suicide: Individual, Cultural, International Perspectives. Proceedings of 29th Annual Conference American Association for Suicidology. Washington: American Association of Suicidology.
Fekete, S.; Schmidtke, A.; Etzersdorfer, E.; Gailiene, D. (1998): Media reports in Hungary, Austria, Germany and Lithuania in 1981 and 1991. Reflection, mediation and changes of sociocultural attitudes towards

suicide in the mass media. In: DeLeo, D.; Schmidtke, A.; Diekstra, R. F. W. (Hg.), Suicide Prevention – A Holistic Approach. Dordrecht.

Fekete, S.; Schmidtke, A.; Takahashi, Y.; Etzersdorfer, E.; Upanne, M.; Osvath, P. (2001): Mass media cultural attitudes and suicide. Crisis 22: 170-172.

Göritz, A. S. (2002): Stimmungsinduktion über das WWW. Report Psychologie 27 (3).

Gould, M. S.; Shaffer, D. (1986): The impact of suicide in television movies. New England Journal of Medicine 315: 690-694.

Groffmann, K. J.; Kroh-Pueschel, E.; Wender, I. (1982): A study of social information processing. Some experiments on imitation. In: Irle, M. (Hg.), Studies in Decision Making. Social Psychological and Socio-Economic Analyses. Berlin, S. 195-234.

Haenel, T. (2001): Suizid und Zweierbeziehung. Göttingen.

Haenel, T.; Elsaesser, P. N. (2000): Double suicide and homicide-suicide in Switzerland. Crisis 21: 122 -125.

Häfner, H.; Schmidtke, A. (1986): Effects of the mass media on suicidal behaviour and deliberate self-harm. Paper presented at the WHO-conference on preventive practices in suicide and attempted suicide. York. Copenhagen, WHO-Document ICP/PSF 017/10.

Hassan, R. (1995): Effects of newspaper stories on the incidence of suicide in Australia: A research note. Australian and New Zealand Journal of Psychiatry 29: 480-483.

Hawton, K.; Williams, K. (2001): The connection between media and suicidal behavior warrants serious attention. Crisis 22: 137-140.

Hemenway, H. (1911): To what extent are suicide and another crimes against the person due to suggestion from the press? Bulletin of the American Academy of Medicine 12: 253-263.

Janson, M. P.; Allessandrini, E. S.; Strunjas, S. S.; Shahab, H.; El-Mallakh, R.; Lippmann, S. B. (2001): Internet-observed suicide attempts. Journal of Clinical Psychiatry 62: 478.

Jonas, K. (1992): Modelling and suicide. A test of the Werther effect. British Journal of Social Psychology 31: 295-306.

Kingma, R. (2002): Suchtpotential im Internet? Report Psychologie 27 (3).

Kreitman, N.; Smith, P.; Tan, E. S. (1970): Attempted suicide as language: An empirical study. British Journal of Psychiatry 116: 465-473.

Lindner, R.; Fiedler, G. (2002): Neue Beziehungsformen im Internet: Virtuelle Objektbeziehungen in der Psychotherapie. Nervenarzt 73: 78-84.

Linehan, M. (1993): Cognitive-behavioral Treatment of Borderline Personality Disorder. New York.

Mehlum, L. (2000): The internet, suicide, and suicide prevention. Crisis 21(4): 186-188.

Meichenbaum, D. (1971): Examination of model characteristics in reducing avoidance behavior. Journal of Personality and Social Psychology 17: 298-307.

Motto, J.A. (1967): Suicide and suggestibility – the role of the press. American Journal of Psychiatry 124: 252-256.

Motto, J.A. (1970): Newspaper influence on suicide. Archives of General Psychiatry 23: 143-148.

Nagenborg, M. (2001): Die interaktiven Leiden des jungen Werther. Hannover. (www.heise.de/tp/detsch/inhalt/co/7143/1.html)

O'Carroll, P. W.; Mercy, J. A.; Stewart, J. A. (1988): CDC recommendations for a community plan for the prevention and containment of suicide clusters. Morbidity and Mortality Weekly Report 37: 1-12.

Phelps, E. (1911): Neurotic books and newspapers as factors in the mortality of suicide and crime. Journal of Sociological Medicine 12: 264-306.

Phillips, D. P. (1974): The in7fluence of suggestion on suicide: Substantive and theoretical implications of the Werther effect. American Sociological Review 39: 340-354.

Phillips, D. P. (1982): The impact of fictional television stories on U. S. adult fatalities: New evidence on the effect of the mass media on violence. American Journal of Sociology 87: 1340-1359.

Phillips, D. P. (1985): The Werther effect. Suicide, and other forms of violence, are contagious. Sciences 25: 32-39.

Phillips, D. P.; Lesyna, M. A. and Paight, D. J. (1992): Suicide and the media. In: Maris, R. W.; Berman, A. L.; Maltsberger, J. T.; Yufit, R. I. (Hg.), Assessment and Prediction of Suicide. New York.

Phillips, D. P.; Paight, D. J. (1987): The impact of televised movies about suicide: A replicative study. New England Journal of Medicine: 317-811.

Pirkis, J.; Blood, R. W. (2001a): Suicide and the media. Part I: reportage in nonfictional media. Crisis 22: 146-154.

Pirkis, J.; Blood, R. W. (2001b): Suicide and the media. Part II: Portrayal in fictional media. Crisis 22: 155-162.

Platt, S. (1993): The social transmission of parasuicide: is there a modelling effect? Crisis 14: 23-31.

Repke, I.; Wensierski, P.; Zimmermann, F. (2001): »Let it be«. Spiegel (9) 78-80.

Rost, H. (1912): Der Selbstmord in den deutschen Städten. Paderborn.

Schmidtke, A.; Häfner, H. (1988a): Imitation effects after fictional television suicides. In: Möller, H. J.; Schmidtke, A.; Welz, R. (Hg.), Current Issues of Suicidology. Heidelberg, S. 341-348.

Schmidtke, A.; Häfner, H. (1988b): The Werther effect after television films – evidence for an old hypothesis. Psychological Medicine 18: 665-676.

Schmidtke, A.; Häfner, H. (1989): Public attitudes towards and effects of the mass media on suicidal and deliberate self-harm behaviour. In: Diekstra, R. F. W.; Maris, R.; Platt, S.; Schmidtke, A.; Sonneck, G. (Hg.), Suicide and its Prevention – The Role of Attitude and Imitation. Leiden, S. 313-330.

Schmidtke, A.; Schaller, S. (1998): What do we know about media effects on imitation of suicidal behaviour: State of the art. In: DeLeo, D.; Schmidtke, A.; Diekstra, R. F. W. (Hg.), Suicide Prevention – A Holistic Approach. Dordrecht.

Schmidtke, A.; Schaller, S. (2000): The role of mass media in suicide prevention. In: Hawton, K.; Heeringen, K. van (Hg.), International Handbook of Suicide and Attempted Suicide. New York, S. 675-697.

Schmidtke, A. Schaller, S.; Wasserman, D. (2001): Suicide clusters and media coverage of suicide. In: Wasserman, D. (Hg.), Suicide – An unnecessary death. London, S. 265-268.

Sher, L. (2000): The internet, suicide, and human mental functions. Canadian Journal of Psychiatry 45(3): 297.

Singer, U. (1980): Massenselbstmord. Stuttgart.

Singer, U. (1984): Der Massensuizid von Massada bis Guayana. In: Faust, V.; Wolfersdorf, M. (Hg.), Suizidgefahr. Stuttgart.

Stack, S. (1983): The effect of the Jonestown suicides on American suicide rates. Journal of Social Psychology 119: 145-146.

Stack, S. (1987): Celebrities and suicide: a taxonomy and analysis, 1948–1983. American Sociological Review 52: 401-412.

Stack, S. (1990): A reanalysis of the impact of noncelebrity suicides. A research note. Social psychiatry and Psychiatric Epidemiology 25: 269-273.

Stack, S. (1999): Media impacts on suicide: a quantitative review of 293 findings. Paper presented at the Annual Meeting of the American Association of Suicidology. Houston.

Stoney, G. (1998): Suicide prevention on the Internet. In: Kosky, R. J.; Eshkevari, H. S. (Hg.), Suicide Prevention: The Global Context. New York, S. 237-244.

Strahan, S. A. (1893): Suicide and Insanity. London.

Thompson, S. (1999): The Internet and its potential influence on suicide. Psychiatric Bulletin 23: 449-451.

Thompson, C. (2001): Suicide and the internet. Psychiatric Bulletin 26: 400.

Velting, D. M.; Gould, M. S. (1997): Suicide contagion. In: Maris, R. W.; Silverman, M. S.; Canetto, S. S. (Hg.), Review of Suicidology. New York, S. 9-137.

Wasserman, I. M. (1984): Imitation and suicide: A reexamination of the Werther effect. American Sociological Review 49: 427-436.

Wasserman, I. M.; Stack, S. (2002): Paper presented at the 35th Annual Conference of the American Association of Suicidology (AAS), Bethesda.

Weber-Young, M. A. (2002): An exploratory study of intimate relationships initiated on and translated through the Internet. Dissertation Abstracts International Section A: Humanities & Social Sciences 62: 2884.

Young, K. S.; Rogers, R. C. (1998): The relationship between depression and Internet addiction. CyberPsychology and Behavior 1: 25-28.

Reinhard Lindner und Georg Fiedler

email@suizidal.de –
Psychotherapiebeginn im Internet

Kommunikation im elektronischen Zeitalter

Seit Beginn des exponentiellen Wachstums der Benutzerzahlen des Internets Anfang der neunziger Jahre stellt dieses mittlerweile weltumspannende elektronische Netzwerk die Basis für eine spezifische Form der Kommunikation. In dieser Kommunikation finden sich zwei gegensätzliche Prinzipien vereinigt: Einerseits findet hier Austausch zwischen Menschen statt, wie überall, in jedem Gespräch, sei es übers Telefon, im persönlichen Kontakt oder im Brief. Das Medium ist zwar neu, aber die Grundbedürfnisse der Menschen, ihre Wünsche, Sehnsüchte und Ängste, die sich im interpersonellen Austausch manifestieren, sind dieselben. Wir können mit dem griechischen Stoiker Epiktet formulieren: »Nicht die Dinge selbst beunruhigen die Menschen, sondern die Vorstellungen von den Dingen« (Epiktet, Ausg. 1984, S. 24). Nicht das Telefon, der Computer oder die E-Mail an sich gestalten unsere Kommunikation miteinander, sondern die Menschen, die sich dieser Mittel bedienen (Lindner 2001; Lindner u. Fiedler 2002).

Andererseits aber bietet das Internet eine spezifische Art der Kommunikation: Die erste Generation der Internetentwickler prägten eine utopische, gemeinschaftliche und libertäre Kommunikationskultur, die sich gegen Kommerzialisierung und für Informalität und Selbstbestimmtheit der Kommunikation einsetzte (Gackenbach u. Ellerman 1998). »Dahinter stand die Vorstellung, dass Viele für Viele etwas beitragen, dass aber jeder Einzelne eine eigene Stimme hat und eine individuelle Antwort erwartet« (Castells 2001, S. 405). Interaktivität und Individualiserung charakterisieren die kommunikative Grundidee des Internets. Es gibt also kollektive Phantasien, die mit Kommunikation im Internet verbunden sind und derzeit von fast allen Benutzern bewusst oder unbewusst akzeptiert werden und die die Kommunikation im Internet bestimmen.

Kommunikation im Internet

Wie lassen sich die zum Teil bewussten, zum Teil unbewussten Phantasien zur Kommunikation im Internet beschreiben, besonders dann, wenn die Kommunikation interaktiv zwischen einzelnen Internetnutzern, wie im E-Mail-Kontakt oder in Gruppen wie zum Beispiel in Chat-Rooms stattfindet?

Die »Währung« des Internets ist das schnell geschriebene Wort, ohne Augenkontakt, ohne Nuancen der Intonation, ohne blitzschnelles Erfassen und Korrigieren von Missverständnissen bei fehlender physischer Präsenz des Gegenübers. Hemmungen, sich emotional auszudrücken, nehmen ab (Joinson 1998). »Als Folge davon sagen die Leute die intimsten und die schrecklichsten Dinge mit bemerkenswerter Leichtigkeit« (Young 1996a, S. 2).

Vier konflikthafte Phantasien liegen diesen Erscheinungen zugrunde:
– Kommunikation im Internet unterliegt der von allen Teilnehmern getragenen Vorstellung, dass nichts verloren geht, alles gespeichert werden kann und immer wieder auch abrufbar ist.
– Die Phantasie von Allwissenheit, Omnipräsenz und Zeitlosigkeit steht der Angst gegenüber, völlig unbedeutend und ungesehen zu sein. Castells beschreibt die Veränderung der Zeit in der Netzwerkgesellschaft folgendermaßen: »Es ist die Vermischung der Zeitebenen, in der ein Universum des Für-Immer geschaffen wird, das sich nicht ausdehnt, sondern sich selbst erhält, das nicht zyklisch ist, sondern willkürlich, nicht rekursiv, sondern inkursiv: Zeitlose Zeit« (2001, S. 489).
– Weiter ist es die Vorstellung, sich über den Computer an ein Meer an Informationen anzuschließen, quasi einzutauchen, was einerseits der Sehnsucht Rechnung trägt, in einer großen Macht aufgehoben zu sein, andererseits Ängste mobilisiert,

sich von anderen nicht mehr zu unterscheiden, sich aufzulösen.
- Es besteht ein hoher Anspruch an Authentizität und Intimität. Die damit verbundenen Ängste, abgelehnt und verletzt zu werden, können maximal kontrolliert werden; so weit, dass man die eigene Identität wechseln kann und aus großer Nähe und Offenheit innerhalb eines Mausklicks spurlos verschwinden kann. Das Fehlen der physischen Präsenz des Gegenübers wirkt, so Young (1996c), dem Erleben von Containment in einer Beziehung entgegen und ist der Grund für die dramatischen Spaltungen, Idealisierungen und Entwertungen, die Beziehungen im Internet oft beherrschen können. Aus psychoanalytischer Sicht sind solche Vorstellungen und Dynamiken im strukturellen Bereich scheuer, schizoider oder narzisstischer Menschen anzusiedeln und entsprechen einer Regression auf ein oral-narzisstisches Niveau (Huang u. Alessi 1996; Young 1996a, 1996b, 1996c).

Der klinische und theoretische Rahmen

In dieser Arbeit soll über die Bedeutung des Einsatzes des Internets im Rahmen der Psychotherapie, genauer in der hoch brisanten Anfangssituation einer ambulanten psychoanalytisch orientierten Psychotherapie mit Suizidgefährdeten berichtet werden. Der klinische Rahmen, aus dem diese Arbeit stammt, wird vom Therapiezentrum für Suizidgefährdete (TZS) am Universitätsklinikum Hamburg-Eppendorf gebildet. Das TZS führt seit 1990 ambulante psychodynamisch orientierte Kurzpsychotherapie mit akut und chronisch suizidalen Patienten durch. Der Fokus der Behandlung liegt auf der zu suizidalem Erleben führenden inneren psychischen Dynamik und nicht allein – wie bei der Krisenintervention – auf der krisenhaft erlebten, die Suizidalität auslösenden äußeren Situation. Die Chance der Behandlung, aber auch ihre Schwierigkeit bestehen darin, dass sich die innere, meist mit dem suizidalen Erleben verbundene Konfliktthematik in der psychotherapeutischen Beziehung unmittelbar wiederholt und im Übertragungs- und Gegenübertragungsgeschehen abbildet. Eine besondere Bedeutung für die Diagnostik haben die erste Kontaktaufnahme und die Gespräche sowie das damit verbundene szenische Geschehen zwischen Patient und Therapeut (Fiedler et al. 1999; Gerisch et al. 2000). Sie liefern wertvolle Hinweise auf die zentralen, mit der akuten Symptomatik verbundenen Konflikte, in denen sich frühe Beziehungserfahrungen wiederholen.

Seit 1997 ist das TZS mit einer eigenen Homepage im Internet vertreten. Sowohl wissenschaftlich als auch persönlich Interessierte können sich zum Thema Suizidalität und seiner psychotherapeutischen Behandlung informieren und per E-Mail Kontakt mit den Mitarbeitern des TZS aufnehmen. Die meisten Patienten wenden sich über das Telefon an das TZS. In dieser Arbeit soll jedoch eine Fallvignette vorgestellt werden, bei der die Kontaktaufnahme zur Psychotherapie über das Internet stattfand.

Fallvignette

Zunächst soll aus der Perspektive der »initialen Szene« (Argelander 1970; Klüwer 2001) die Kontaktaufnahme zur Psychotherapie über das Internet dargestellt und anschließend diskutiert werden.

Unter der E-Mail-Anschrift des TZS geht eine E-Mail ein. Die Nachricht wurde an einem Freitagabend um 23.36 Uhr abgeschickt. Als Thema ist angegeben: »Keine Lust mehr am Leben«:

Seit über 2 Wochen beschäftigt mich nichts mehr als der Gedanke, meinem Leben ein Ende zu bereiten. Ich bin kein sehr mitteilsamer Mensch, habe aber, seitdem ich am Samstag fast einen Baum getroffen habe, mehrfach um Hilfe gerufen. Mein Therapeut sagt, ich soll mich meinen Bekannten mitteilen (was ich nach 20 Jahren Schauspielerei nicht kann – und er weiß das), mein Arzt meint, ich solle über alles nachdenken (was es nur noch schlimmer macht), und meine beste Freundin, der ich mich heute anvertraut habe, hat mich ausgemeckert. Was soll ich tun? Hat es überhaupt noch Sinn, weitere Schritte zu unternehmen? Ich kann keine Gefühle zeigen.

Ich kann mich nirgends hinsetzen und hemmungslos weinen und sagen: »Mir geht es schlecht!« Ich habe es ja nun versucht – und bin gescheitert. Wo ist mein nächster Baum

Ich (= im Folgenden R. Lindner) lese diese E-Mail am darauf folgenden Montag und bin beunruhigt. Jemand schreibt in einer kurzen Mail, dass Austausch über lebenswichtige Dinge nur zu Unverständnis, Enttäuschung und Verzweiflung führt. Außerdem besteht wohl große Angst vor »hemmungslosen« Gefühlen. Beunruhigt bin ich von dem letzten Satz, der abbricht ohne einen Punkt, als ob etwas gelöscht wurde. Oder ist es der Wunsch nach einer Antwort, einer Weiterführung des Gesprächs? Aber wie sollte dies gehen? Ich bin auch beunruhigt über diese anonyme Form der Kontaktaufnahme, die mir nicht einmal ermöglicht, durch die Stimme und einen Gesprächsverlauf, wie am Telefon, das Geschlecht meines Gegenübers zu ermitteln, geschweige denn, einen Eindruck von diesem Menschen zu gewinnen.
Ich antworte:

Sie stellen eine recht verzweifelte Situation dar. Dabei bleibt unklar, WARUM Sie so mit dem Gedanken an Suizid beschäftigt sind. Auch ist mir nicht klar, ob Sie sich wünschen, übers Internet eine Klärung Ihrer Frage nach der Sinnhaftigkeit weiterer Schritte zu erlangen und wie dies aussehen sollte. Wenn Sie sich über das Therapiezentrum für Suizidgefährdete informieren wollen, so können Sie dies im Internet machen: www.uke.uni-hamburg.de/Clinics/Psych/ TZS/, oder Sie rufen zur Vereinbarung eines Gesprächstermins an (040-42803-4112). Mit guten Wünschen, Dr. Lindner.

Zwei Tage später kommt die Antwort, wieder abends um 22.36 Uhr abgeschickt:

Danke für Ihre Antwort. Gern würde ich bei Ihnen im Zentrum ein Termin machen. Ich traue mich aber nicht. Ich habe Angst, vor jemandem zu sitzen und wieder den Strahlemann zu mimen. Egal wie ich mich fühle, ich bringe es einfach nicht zu sagen, wie es mir geht. Ich glaube, niemand der mir gegenübersitzt, würde mich für

voll nehmen. Und – ich möchte niemandem seine Zeit rauben. Ich habe einfach Angst nicht für voll genommen zu werden – wie es mir ja nun nach meinen beiden kläglichen Versuchen ergangen ist. Außerdem denke ich, dass es anderen Menschen viel schlechter geht als mir. Andere brauchen Ihre Hilfe mit Sicherheit dringender. Vielleicht kriege ich es auch mal wieder alleine hin – vielleicht auch nicht
Mit bestem Dank, Monika[1]

Ich verstehe diese Nachricht so: Mein Angebot eines auch mir vertrauteren Modus der Kontaktaufnahme führt bei ihr zu einer deutlicheren Beschreibung der Abwehr. Eine Frau kann aus Angst vor Entwertung und Beschämung nicht anrufen. Eine narzisstische Problematik, so denke ich, und versuche auf ihre Befürchtungen mit einer bewusst persönlicher gehaltenen Antwort einzugehen:

Herzlichen Dank für Ihre Antwort. Ich kann mir gut vorstellen, dass Sie große Mühe haben, sich in einem Gespräch angenommen und verstanden zu fühlen. Wenn man sich nicht kennt, kann man ja alles Mögliche (Unangenehme) über den Anderen denken. Allerdings weiß ich nicht, auf welche beiden »kläglichen Versuche« Sie ansprechen, die Sie darin bestätigt haben, dass ein therapeutischer Kontakt für Sie gar nicht möglich ist. Nach meinem Eindruck überwiegt bei den meisten Menschen, die uns aufsuchen, letztlich doch der Wunsch, sich direkt mit anderen Menschen auszutauschen über die vielfältigen Ängste und Befürchtungen, inklusive des Gefühls, dass es anderen ja noch viel schlechter geht. Ich kann Sie also nur ermuntern, im Therapiezentrum anzurufen und einen Gesprächstermin zu vereinbaren, ohne dass ich natürlich weiß, ob wir Ihren Wünschen total entsprechen oder Ihre Probleme sofort verstehen können. Freundliche Grüße, Dr. Reinhard Lindner.

14 Tage später ruft die Patientin an. Sie sagt mir, nachdem sie zu mir durchgestellt wurde, sie habe »die Unverschämtheit« besessen, im Sekretariat direkt nach mir zu fragen. Nun wolle sie einen Ter-

---

[1] Name geändert.

min mit mir abmachen. Über Ihre Suizidalität könne sie am Telefon nicht sprechen, da sie gerade bei der Arbeit sei. Es wird dann etwas schwierig, einen Termin in zwei Tagen zu vereinbaren.

Es erscheint eine 36-jährige korpulente, modisch gekleidete und etwas burschikos frisierte Frau, die einen durchaus kraftvollen Eindruck macht. »Eine Wuchtbrumme« denke ich, als ich sie sehe, und bemerke, dass ich, nach diesem ungewöhnlichen Vorkontakt, gespannt bin auf den Menschen, der nun zu mir kommt. Etwas Ähnliches empfindet sie wohl auch, denn sie setzt sich mit den Worten: »da bin ich nun« und lächelt etwas schüchtern. Sie sagt, es falle ihr sehr schwer, überhaupt zu kommen. Ohne den Vorlauf im Internet sei das gar nicht gegangen. Noch auf der Fahrt hierher sei sie beinahe umgekehrt. Sie habe Angst, nichts sagen zu können, keine Worte zu haben für das, was in ihr vor sich gehe.

Sie berichtet dann von ihrem Therapeuten, bei dem sie seit einem dreiviertel Jahr in Verhaltenstherapie mit vierzehntägigem Rhythmus wegen heftiger Ängste sei, die nach einem in der Nähe einschlagenden Blitz begonnen hätten. Jetzt würden sie langsam »alles aufarbeiten«. Sie könne ihm aber von ihrer Verzweiflung, Niedergeschlagenheit und ihren Suizidgedanken nichts erzählen, die bereits seit vier Monaten aufträten. Sie würde dann darüber nachdenken, gegen einen Baum zu fahren, von einem Hochhaus zu springen oder einfach nicht mehr aufzuwachen. Sie sagt: »Der Gedanke, mit meinem Therapeuten über meine Suizidalität oder über meine Gespräche hier zu sprechen, ist für mich schlimmer als der Gedanke an den Tod.« Ich erfahre von erheblichen depressiven Symptomen: Seit Wochen habe sie massive Einschlafstörungen. Wegen starker Appetitlosigkeit habe sie seit 14 Tagen nichts mehr gegessen und deshalb einige Kilo Gewicht verloren. Sie trinke öfter täglich Alkohol, besonders allein Zuhause, und fahre dann auch mit erhöhtem Alkoholspiegel noch weite Strecken nachts umher. Ihre Arbeit als Anzeigenaquisiteurin bei einer kleinen Tageszeitung könne sie nur noch schwer erledigen, da sie unkonzentriert sei, Angst vor Telefonanrufen habe, immer wieder unbegründet weinen müsse oder sich in Auseinandersetzungen mit Vorgesetzten verstricke.

Die Biographie ist charakterisiert durch mehrere frühe Verluste hoch ambivalent erlebter wichtiger Bezugspersonen durch den Tod. Ein Suizidversuch mit 14 Jahren nach dem Tod der Mutter war Ausgangspunkt ihres bewussten Vorsatzes, nie wieder einen Menschen an sich herankommen zu lassen. Sie wurde zu einer »lustigen Kameradin«, überall gern gesehen, aber ohne tiefe Freundschaften. Im letzten Jahr bemühten sich zwei Männer um sie, die sie jedoch brüsk abwies.

Der Verlauf der ersten Gespräche ist gekennzeichnet durch die Entwicklung der Übertragung eines narzisstischen, allzeit annehmenden und zugleich beruhigend weit entfernten Objekts. Dieses Übertragungsangebot korrespondiert mit Gegenübertragungsgefühlen der Beunruhigung über die Uneinschätzbarkeit des Suizidrisikos und dem Gefühl, in einem unbegrenzten Kontakt vereinnahmt zu werden. Zunächst stellt sie eine Situation her, in der ich von ihrer Suizidalität und Depressivität weiß, sie ihrem bisherigen Therapeuten aber nichts sagt. Als diese Beziehung geklärt und von ihr beendet wird, gerät die ganze Ambivalenz in unsere therapeutische Beziehung hinein. Während der Stunden kann sie kaum über sich sprechen, beginnt aber, mir abendliche E-Mails zu senden, in denen sie ihrer suizidalen Verzweiflung mehr Ausdruck verleiht als in den Stunden. Sie schreibt dann von sehr gefährlichen Autofahrten und hat mehr als einen Autounfall. Die Suizidphantasien treten oft auf, wenn sie in ihren Wünschen nach Nähe durch wichtige Menschen (Vorgesetzte, Freundinnen) enttäuscht wird, mit heftigen, aggressiven Gefühlen reagiert, darüber aber beschämt ist und sich in einer Spirale von Scham und Ärger weiter verschließt. Dann entwickelt sie die Vorstellung, so nicht mehr leben zu wollen. Alle Alternativen sind aber erschreckend, mit Trennung, Unsicherheit und heftigen, bedrohlich erlebten Gefühlen verbunden, so dass die Vorstellung vom Suizid als Rettung erscheint. Zugleich aber besteht eine hoch ambivalente Bindung an das enttäuschende Objekt; der Suizid muss dann eher als Unfall erscheinen. Jedes Gespräch über die eigene Suizidalität fördert die Bindung, vor der sie dann aber flüchten muss. Die zentrale Angst ist, zu aggressiv, zu liebend oder zu traurig zu sein, vor heftigen Emotionen überhaupt, denn diese könnten zerstörerisch oder überwältigend sein.

Die Aufnahme einer therapeutischen Beziehung im Internet

In der Fallvignette wählt die Patientin unbewusst das Medium des Internets als Inszenierung und Teilbewältigung ihres Konflikts zwischen dem Wunsch nach bedingungslosem, zeitlosem und unbegrenztem Kontakt und ihrer Angst vor der Erfahrung von Verlust und Getrenntheit. Die scheinbare Unverbindlichkeit der E-Mail-Kontakte unterstützt die Vorstellung, jederzeit den Kontakt *und* sein Ende unter Kontrolle zu haben, ohne Schmerz und ohne Gefühle der Hilflosigkeit, Abhängigkeit und Trauer bei Verlust und Trennung. Die Kontaktaufnahme im Internet ermöglicht einerseits die Form einer grenzenlosen Beziehungsaufnahme mit einem allzeit verfügbaren und ungetrennt phantasierten Objekt. Dabei besteht andererseits das Gefühl großer und sicherer Distanz, das den Ausdruck regressiver Wünsche zumindest auf diese Weise partiell erlaubt. Das Gegenüber bleibt in einer anderen Sphäre, dem »Cyberspace«[2], und wird nicht unmittelbar durch Worte oder Handlungen in die aktuelle Situation eingreifen. Und wenn es auch sofort antworten würde, so ließe sich der Kontakt auf den Computer beschränken. Der Therapeut erlebt dann komplementär Beunruhigung und Befürchtungen, »blind« zu sein, nicht zu verstehen. Dahinter steht bei ihm die Angst, überwältigenden Wünschen nicht gewachsen zu sein. Zudem besteht ein Gefühl der Unsicherheit im Umgang mit diesem neuen Medium des Kontakts, das, anders als das Telefon, keine nonverbalen Zeichen vermittelt.

Die intrapsychische Konfliktsituation, die sich mit hoher Ambivalenz in dieser »initialen Szene« zeigt, betrifft viele suizidale Patienten. Das Internet und die mit ihm kollektiv verbundenen Phantasien zu Kontakt und Beziehungen kommen der Bereitschaft über derartigen Beziehungsgestaltungen sehr entgegen.

---

2 Der Terminus »Cyberspace« ist eine Erfindung des Science-Fiction-Autors William Gibson in den frühen achtziger Jahren (Gross 2000).

Fazit

Beratungen und Psychotherapien suizidaler Menschen finden in erster Linie in persönlichen Kontakten statt. Das Internet gewinnt als Kommunikationsmedium jedoch auch in diesem Bereich an Bedeutung. Dabei erscheint bis heute eine psychodynamisch orientierte Psychotherapie im Internet nicht möglich, da diese auf vielfältigen nonverbalen Aspekten der Kommunikation fußt, die sich mit E-Mail noch weniger als bei Telefonkontakten erfassen lassen. Technische Weiterentwicklungen unter Hinzunahme visueller Kommunikation in synchroner Gesprächsform im Internet bieten neue Möglichkeiten der Therapie, die erst noch erprobt und evaluiert werden müssten. Nutzen Patienten das Internet zur Kontaktaufnahme im Rahmen einer psychodynamischen Psychotherapie, so stellen sie oft eine Form der Beziehung her, die sowohl ihrer persönlichen, in Kindheit und Jugend ausgeprägten Form der Beziehungsgestaltung entspricht als auch gerade durch die technisch-elektronischen Möglichkeiten der Internetkommunikation interpersonell gestaltet werden kann. Dies ist ein Übertragungsangebot eines allzeit präsenten, örtlich nicht begrenzten Objekts, das über eine virtuelle Ebene zum Ausdruck gebracht wird. Die Kontrolle dieser Beziehung und der damit verbundenen Gefahr von Abschied und Trauer liegt dabei ganz auf Seiten der Patienten. Dies fördert Gegenübertragungsgefühle der Beunruhigung und Hilflosigkeit. Diese Übertragung einer elektronisch gestützten und verzerrten Objektbeziehung kann in einer psychodynamischen Psychotherapie verstanden und die damit verbundenen Ängste, Konflikte und traumatischen Beziehungserfahrungen können geklärt und durchgearbeitet werden.

Literatur

Argelander, H. (1970): Das Erstinterview in der Psychotherapie. Darmstadt.
Castells, M. (2001): Der Aufstieg der Netzwerkgesellschaft. Das Informationszeitalter, Teil 1. Opladen.
Epiktet: Handbüchlein der Moral und Unterredungen. Stuttgart, 1984.

Fiedler, G.; Götze, P.; Gans, I.; Gerisch, B.; Lindner, R.; Richter, M. (1999): Psychoanalytische Psychotherapien bei akuter Suizidalität. Hamburger Ärzteblatt 53 (12): 537-542.

Gackenbach, J.; Ellerman, E. (1998): Psychology and the Internet: Intrapersonal, Interpersonal and Transpersonal Implications. London/ New York.

Gerisch, B.; Fiedler, G.; Gans, I.; Götze, P.; Lindner, R.; Richter, M. (2000): »Ich sehe dieses Elendes kein Ende als das Grab«: Zur psychoanalytischen Konzeption von Suizidalität und der Behandlung Suizidgefährdeter. In: Kimmerle, G. (Hg.), Zeichen des Todes in der psychoanalytischen Erfahrung. Tübingen, S. 9-64.

Gross, T. (2000): Rechte und Links. Die Zeit 17.8.2000 (34): 33-34.

Holland, N. N. (1995): The Internet Regression. Online-Dokument. www.rider.edu/users/suler/psycyber/holland.html

Huang, M. P.; Alessi, N. E. (1996): The Internet and the Future of Psychiatry. Am. J. Psychiatry 153: 861-869.

Joinson, A. (1998): Causes and implications of disinhibited behavior on the Internet. In: Gackenbach, J.; Ellerman, E. (Hg.), Psychology and the Internet: Intrapersonal, Interpersonal, and Transpersonal Implications. London/New York, S. 43-60.

Klüwer, R. (2001): Szene, Handlungsdialog (Enactment) und Verstehen. In: Bohleber, W.; Drews, S. (Hg.), Die Gegenwart der Psychoanalyse – die Psychoanalyse der Gegenwart. Stuttgart, S. 347-357.

Lindner, R. (2001): »Perhaps you will read this« – Starting psychotherapy in the Internet. In: Grad, O. T. (Hg.), Suicide Risk and Protective Factors in the New Millenium. Ljubljana, S. 203-206.

Linder, R.; Fiedler, G. (2002): Neue Beziehungsformen im Internet. Virtuelle Objektbeziehungen in der Psychotherapie. Der Nervenarzt 73: 78-84.

Young, R. M. (1996a): Primitive Processes on the Internet. Vortragsmanuskript. www.shef.ac.uk/~psysc/staff/rmyoung/papers/prim.html (Abruf: 26.6.2000).

Young, R. M. (1996b): Psychoanalysis and/of the Internet. Vortragsmanuskript. www.shef.ac.uk/~psysc/staff/rmyoung/papers/paper36h.html (Abruf: 26.6.2000).

Young, R. M. (1996c): NETDYNAM: Some Parameters of Virtual Reality. Vortragsmanuskript. www.shef.ac.uk/~psysc/staff/rmyoung/papers/paper17h.html (Abruf: 26.6.2000).

Elmar Etzersdorfer

Alter Wein in neuen Schläuchen?
Überlegungen zu den Interaktionen mittels neuer Medien aus psychoanalytischer Sicht

Virtuelles Objekt

Vielerorts wird bei der Beschreibung von Objektbeziehungen in den neuen Medien das Konzept des »virtuellen Objekts« bemüht, wie es Plassmann (1999) formuliert hat. Das hat auf den ersten Blick einiges für sich. Das »Objekt«, also der Ansprechpartner bei E-Mail-Kommunikation oder im Chat, ist im beschreibenden Sinn virtuell, ist nicht physisch verfügbar und auch nicht akustisch wie beim Telefonieren. Plassmann schreibt von der »Post-Gutenberg-Ära«, da die elektronischen Kommunikationsformen das dominerende Zeichensystem des geschriebenen Wortes verdrängen: »Virtuelle Objekte sind elektronisch veränderte, ergänzte oder geschaffene Objekte. Sie sind in der Regel zusammengesetzt aus einem natürlichen und aus einem elektronisch manipulierten Teil, die beide ineinanderfließen und für das wahrnehmende Subjekt nicht mehr trennbar sind. Auch in der psychischen, inneren Repräsentanz weisen diese Objekte die Merkmale des Virtuellen auf, sie sind ganz oder überwiegend phantasiert, ohne klare Herkunft und Geschichte, ohne klaren räumlichen Ort« (Plassmann 1999, S. 4).

Es fällt allerdings auf, dass diese Beschreibung von Plassmann, wenn man nur »elektronisch« durch »psychologisch« ersetzt, eine mögliche Beschreibung dessen ist, was als »Übertragung« lange bekannt ist. Es könnte dann heißen: »Virtuelle Objekte sind *psychologisch* veränderte, ergänzte oder geschaffene Objekte. Sie sind in der Regel zusammengesetzt aus einem natürlichen (vielleicht würde man besser sagen, einem realitätsgerechten, E. E.) und aus einem *psychologisch* manipulierten Teil ...«. Es scheint

also nicht überflüssig, daran zu erinnern, dass wir nicht nur von
»äußeren« Objekten, sondern auch von »inneren« Objekten
sprechen müssen, um Beziehungen angemessen zu beschreiben,
und dass diese inneren Objekte immer auch etwas umfassen, das
man als »virtuell« bezeichnen kann. Ethel Person schrieb über
Freuds Arbeit »Bemerkungen über die Übertragungsliebe« (Freud
1915), die sich mit einer besonderen Form der Übertragung
beschäftigt: »Schließlich stellt diese Arbeit die unbedingte Liebe
zur Wahrhaftigkeit als Herzstück psychoanalytischen Arbeitens
heraus, wobei zugleich Fragen des Wesens des Virtuellen im Vergleich zum Realen aufgeworfen werden, was wir heute vielleicht
als virtuelle Realität bezeichnen würden« (Person 2001, S. 14).
Friedrich-Wilhelm Eickhoff wies auf den allgemeinen, unpersönlichen Charakter der Übertragung hin und schrieb wörtlich
von der »Virtualität der Übertragung« (Eickhoff 1987). In einer
neueren Arbeit (Eickhoff 2001) verweist er auch auf eine Stelle in
Freuds »Traumdeutung«, wo es heißt: »Alles, was Gegenstand
unserer inneren Wahrnehmung werden kann, ist *virtuell,* wie das
durch den Gang der Lichtstrahlen gegebene Bild im Fernrohr«
(Freud 1900, S. 579). Natürlich hatte Freud im Jahr 1900 nicht
vor Augen, was wir heute als virtuelle Realität bezeichnen. »Virtualität« bezeichnet laut Duden die »innewohnende Kraft oder
Möglichkeit« (1982, S. 797). »Der große Herder« führt in der 8.
Auflage (1935, Bd. 12, S. 362) zu »virtuell« neben der grundsätzlichen Bedeutung »der Kraft, dem Vermögen nach« explizit diese
Verwendungsweise aus der Optik an. Ein virtuelles Bild entsteht
bei Zerstreuungslinsen stets, bei Sammellinsen nur dann, wenn
der Gegenstand sich innerhalb der Brennweite befindet. Es ist
aufrecht, bei Zerstreuungslinsen verkleinert, bei Sammellinsen
vergrößert. Es ist eine Bezeichnung für ein Bild, das etwas anderes vorzugeben scheint. Diese Bedeutung hatte Freud wohl vor
Augen, auch wenn er sich 1900 noch nicht explizit auf die Übertragung bezog, sondern allgemein auf die Wahrnehmung.

Freud hat sich nicht mit Formen der Kommunikation befasst,
die er nicht voraussehen konnte, er war mit der Frage der Beziehung an sich beschäftigt, nicht mit Varianten ihrer äußeren
Form. Es geht hier nicht um eine Spitzfindigkeit oder die Wortwahl, sondern vorerst darum, darauf hinzuweisen, dass einige

uns lange bekannte Besonderheiten von Beziehungen auch auf die heute neuen Medien angewandt werden können. In diesem Sinn ist es »alter Wein in neuen Schläuchen«, wenn plötzlich die Virtualität in Beziehungen neu erfunden werden soll, nur weil die Kommunikation über E-Mail oder Internet erfolgt.

Nun ließe sich mit Recht einwenden, dass es sich trotzdem um besondere Formen der Kommunikation handelt, auf die viele Autoren bereits hingewiesen haben. Das steht außer Zweifel und einige Besonderheiten wurden wiederholt herausgestrichen, so das häufige Beobachten von »primitiven Prozessen« (Young 1996c) und von »internet regression« (Holland 1995). Für die Frage der Suizidprävention bedeutsam ist auch der Begriff des »Cybersuicide« (Baume et al. 1997). In diesem Beitrag sollen diese Überlegungen nun in eine andere Richtung etwas weitergeführt werden. Es wird unter den Gesichtspunkten des Settings, der Bedingungen für Therapie und des therapeutischen Prozesses, diskutiert, wie die neuen Möglichkeiten einzuschätzen sind und was in Beziehungen mittels neuer Medien zu erwarten ist.

Setting

Wenn ich mit psychoanalytischem Verständnis an diese Fragen herangehe, ist es augenscheinlich, dass die neuen Medien primärprozesshafte Vorgänge forcieren. Wollte man es flapsig ausdrücken, so könnte man sagen, dass das Internet ein Setting der *Couch zur Potenz* schafft. Freud hatte das analytische Setting entwickelt, bei dem der Patient auf der Couch liegt, der Analytiker dahinter sitzt, um den Fluss der freien Assoziationen zu fördern und die Einfälle des Patienten möglichst wenig zu beeinflussen. Er hat die Möglichkeit der optischen Rückkopplung stark reduziert und durch die Forderung der gleichschwebenden Aufmerksamkeit des Analytikers, einer zuhörenden, aufnehmenden Haltung ohne vorschnelle Ratschläge oder Kommentare, eine besondere Form der Kommunikation geschaffen, die man als regressionsfördernd bezeichnen kann. Die neuen Medien potenzieren diese Situation noch: Es fehlt, sieht man von den ersten Versuchen einer unmittelbaren Übertragung von Ton und Bild ab (siehe den Beitrag von Lindauer in diesem Band), jegliche optische, akustische und emotionale Präsenz. Auf diese Umstände wird häufig hingewiesen, sie reichen aber als Beschreibung noch nicht aus.

In dem Film »Deconstructing Harry« (deutsch: »Harry außer sich«) von Woody Allen aus dem Jahr 1997 gibt es eine Szene, in der die Analytikerin Joan (Kirstie Alley) während der Stunde mehrfach den Behandlungsraum verlässt, im Nebenraum einen heftigen Streit mit ihrem Ehemann Harry (Woody Allen) führt, wieder zurückkommt, um neuerlich aufzuspringen, dem Ehemann ein neues Argument an den Kopf zu werfen, und so fort, und schließlich wirft sie den verängstigten Analysanden vor dem Stundenende hinaus. Dabei handelt es sich eben um eine ironische Darstellung, witzig wie viele Thematisierungen der Psychoanalyse bei Woody Allen. Tatsächlich sind Kontinuität, Verlässlichkeit der Beziehung und auch ein klarer zeitlicher Rahmen wesentliche Vorbedingungen für psychoanalytische Behandlungen, sosehr unsere Patienten in der Übertragung mitunter damit hadern oder Phantasien dazu entwickeln, wie sie Woody Allen dargestellt hat. Meines Erachtens stellt diese Szene ein treffendes Bild einiger Interaktionen mittels neuer Medien dar.

Natürlich ist das klassisch psychoanalytische Setting nicht das einzig mögliche. Für jede Form der Beratung oder Therapie muss aber zuallererst ein für beide Seiten klares Setting etabliert werden, bevor eine sinnvolle Behandlung stattfinden kann. Auch bei telefonischen Diensten muss es klar definiert sein und kann beispielsweise heißen, dass jederzeit, rund um die Uhr, angerufen werden kann und dass sofort, und solange es nötig ist, ein Ansprechpartner zur Verfügung steht. Meine Thesen sind nun A) dass ein solches Setting nicht bei allen neuen Angeboten klar genug ist, B) dass Probleme für Benutzer wie für Therapeuten verstärkt werden, C) dass diese Beziehungen sehr unterschiedlichen Funktionen dienen können und D) dass einige Settings keine Beziehung ermöglichen, die wirklich als therapeutisch im engeren Sinn bezeichnet werden kann.

A. Ist das Setting klar genug?

Es ist meines Erachtens unabdingbar, bei Angeboten im Netz anzugeben, in welchem Zeitraum mit einer Antwort zu rechnen ist oder zu welchen Zeiten jemand unmittelbar zur Verfügung steht. Es ist ein wesentlicher Unterschied, ob eine Antwort innerhalb von 48 Stunden in Aussicht gestellt wird, wie gegenwärtig bei den elektronischen Angeboten der Telefonseelsorge (siehe den Beitrag von Eisenbach-Heck und Weber in diesem Band) oder eine unmittelbare Antwort auch nur phantasiert werden kann (siehe den Beitrag von Fiedler und Lindner in diesem Band). Viele Berichte beschreiben die Massivität vieler E-Mails, wie ganz unmittelbar und ungehemmt enorme Not, häufig gerade im Zusammenhang mit Suizidalität, kommuniziert wird. Das ist nur zu verständlich, wenn man sich vergegenwärtigt, dass es sehr offene Übertragungsangebote sind, die hier gemacht werden, dass es kaum Korrekturen durch die Realität gibt, wie sie sonst durch die – wenn auch noch so wenigen – äußeren Umständen gegeben sind, seien es das Behandlungszimmer, das Aussehen des Therapeuten, sein Geschlecht oder Alter, sei es nur eine Stimme am Telefon, die dennoch unmittelbar reagiert. Es gibt Hinweise dafür, dass häufiger Menschen mit großen psychischen Problemen Dienste mittels neuer Medien in Anspruch nehmen (Young 1996a; van Well 2000). Umgekehrt wissen wir, dass die Übertragung umso rascher und heftiger einsetzt, je kränker die Menschen sind, mit denen wir es zu tun haben, und je weniger reale Angriffsfläche verfügbar ist.

Das analytische Setting mit der Couch kann für manche Menschen, vor allem solche mit schweren Persönlichkeitsentwicklungsstörungen oder Psychosen, enorm belastend sein; sie reagieren darauf mit sehr heftigen emotionalen Reaktionen. Als notwendige Konsequenz von Seiten der Analytiker wird ein geeigneter technischer Umgang, der hohe Anforderungen stellt, mitunter auch eine Veränderung des Settings angesehen. So wurden Face-to-Face-Settings für analytische Psychotherapien entwickelt, die unter anderem optische Rückkopplungsmöglichkeiten schaffen. Es entsteht die Gefahr eines naiven Zugangs, wenn diese Erfahrungen nicht auch auf die neuen Medien umgelegt und dort berücksichtigt werden. Hegerl und Bussfeld (2002) berichten über das 1. Internationale Symposium Internet und Psychiatrie, wo eine »Interapy«, eine rein internetbasierte Therapie, vorgestellt wurde. Über das Schreiben von »Selbstberichten« sollen dabei Therapieziele erreicht werden. Aus meiner Sicht können solche Programme nur für sehr begrenzte Einsatzmöglichkeiten und nur für ein sehr begrenztes Verständnis von Therapie taugen.

B. Probleme für Benutzer wie für Helfer

Durch die Angebote mittels neuer Medien entstehen strukturell Probleme für Benutzer wie auch für die Therapeuten. Die Probleme für die Benutzer sind evident und einige wurden bereits erwähnt: Jemand in größter Not schreibt eine E-Mail, bleibt aber sich und damit seiner gegenwärtigen psychischen Verfassung völlig überlassen, weiß nicht, wer die Nachricht liest, wann derjenige das tut und wann eine Antwort erfolgt. Es gibt bislang auch keine verbindlichen Qualitätsstandards, die dem Benutzer ein Mindestmaß an Wissen über die Qualifikation seines Gegenübers gestatten.

Ich bekam eines Tages eine E-Mail eines Mannes, mit dem ich früher in einem beruflichen, nichttherapeutischen, Kontakt gestanden war. Er schrieb darin, nicht persönlich an mich adressiert – mein Eindruck war, er hatte die E-Mail an alle verfügbaren Adressen versandt –, dass sich ein Freund von ihm das Leben genommen hatte. Es war eine E-Mail voller Verzweiflung, Wut, Trauer, auch Vorwürfe, ohne an irgendjemanden direkt gerichtet zu sein. Ich war sehr irritiert, schrieb ihm zurück und griff darin diese Gefühle auf, die mir verständlich erschienen. Ich wusste nicht, was er von mir erwartete, und bekam nie eine Antwort. Ich kann mir vorstellen, dass seine E-Mail dennoch eine Entlastung für ihn war; welche Wirkung meine Antwort hatte, weiß ich nicht. Dennoch war es die Fortsetzung eines früheren persönlichen Kontakts.

Damit komme ich zu den Schwierigkeiten der Helfer. Die aktuelle psychoanalytische Literatur beschäftigt sich sehr mit Fragen der therapeutischen Beziehung und auch mit den Verwicklungen des Analytikers in diese Beziehung, die heute viele als unvermeidlich ansehen. Der Begriff der »Gegenübertragung« ist allgegenwärtig geworden und verweist auf die Bedeutung der Wahrnehmungen des Analytikers und seine bewussten wie unbewussten Reaktionen. Aus der Behandlung schwerstgestörter Patienten wissen wir auch, dass manchmal erst diese Reaktionen einen Zugang zum Verstehen ermöglichen. Wir sehen viele Menschen, die nur sehr wenig in der Lage sind, über ihre inneren Vorgänge zu sprechen, deren Symbolisierungsfähigkeit enorm eingeschränkt ist, die einen schwankenden Bezug zur Realität haben. Wie schwierig wird es erst, wenn wir ausschließlich auf einen geschriebenen Text angewiesen sind, bei dem wir nicht wissen, ob es sich beim dem Mitgeteilten um Realität oder Phantasie handelt, wo die Grenzen sind, ob jemand einfach den Phantasien freien Lauf lässt oder in großer Aufregung und Not ist. Um uns ein Bild über die Fähigkeit zur Realitätsprüfung zu einem bestimmten Zeitpunkt machen zu können, ist die unmittelbare Interaktion nicht nur wegen der Möglichkeit von Interventionen, sondern auch wegem des Untersuchens der Reaktionen unserer Patienten darauf grundlegend.

Nicht einmal das Geschlecht des Benutzers ist sicher identifizierbar, in Chats wird daher häufig die »morf«-Frage (male or female?) gestellt. Wir müssen uns klarmachen, dass unsere Untersuchungsmöglichkeiten und damit unsere Möglichkeiten des Verstehens deutlich eingeschränkt sind und dass wir stark auf unsere eigenen Reaktionen oder Phantasien zurückgeworfen sind. Wir begeben uns gleichzeitig weiterer wichtiger Informationen der nichtsprachlichen Kommunikation, deren Stellenwert Streeck (2002) herausgestrichen hat. Wir dürfen auch nicht glauben, dass jede E-Mail verstehbar ist, und sie wird vor allem nicht über den geschriebenen Inhalt allein immer verstehbar sein. Georges Devereux hat schon vor längerem auf die Bedeutung der Gegenübertragung auch für nichttherapeutische Wissenschaften hingewiesen und auf die Gefahren, wenn sie ignoriert wird (Devereux 1967). Es entsteht die Gefahr, »Folklore« zu betreiben, das zu finden, was wir selbst vorher versteckt haben, ohne uns dessen bewusst zu werden.

C. Funktionen der Beziehungen

Beziehungen können unterschiedlichste Funktionen haben, so auch im Netz. Lindner und Fiedler (2002) vermuten, dass es besondere Objektvorstellungen sind, die sich auf diesem Weg entwickeln, mit dem vorherrschenden unbewussten Wunsch nach einem allzeit erreichbaren und verfügbaren Objekt, das aber nicht zu nahe kommt, nicht kränkt, lächerlich macht oder enttäuscht. Es ist evident, dass insbesondere primitive idealisierte Objektbeziehungen (eng verbunden mit der Möglichkeit sehr rascher Entwertungen) auf diesem Weg begünstigt werden, es müssen aber auch andere Möglichkeiten in Betracht gezogen werden. Durch die relative Anonymität sind Aufspaltungen von verschiedenen Selbstanteilen und Spaltungen von Gefühlen und Intellektualität besonders begünstigt. Young (1996b, 1996c) beschreibt den Fall eines Psychiaters aus Kansas, Begründer eines Forums, das die Untersuchung des eigenen Gruppenprozesses zum Ziel hatte. Er nahm sich das Leben, ohne dass irgendjemand seiner »virtuellen Familie« etwas von seiner Gefährdung mitbekommen hatte. Young (1996b) schließt, dass der Psychiater offenbar seine optimistischen (man könnte hinzusagen: seine gesünderen) Selbst-Anteile in das Netz investiert hat, gleichzeitig seine Schwierigkeiten und Gefährdungen verborgen halten konnte. Er meint auch, dass das Fehlen von physischer Präsenz dem Erleben von Containment entgegenstehe. Gerade bei diesem letzten Beispiel ist aber auch zu überlegen, ob nicht das Forum eine zumindest vorübergehende Möglichkeit war, die eigene Stabilität zu bewahren, wenn auch unter Ausschluss wesentlicher Teile, die schließlich zum Suizid geführt haben mögen. Kollegen aus Aachen (Podoll et al. 2002) haben ein Fallbeispiel veröffentlicht, in dem sie eine schwer kranke junge Frau beschrieben, die erst über exzessive Nutzung des Internets in einen – wenn auch labilen – Kontakt mit einem jungen Mann treten konnte.

Die verfügbaren Fallberichte lassen sich gut mit dem Konzept des »seelischen Rückzugs«, das John Steiner (1993) beschrieben hat, in Verbindung bringen. Es sind dies psychologische Zustände, die zur Entlastung von Ängsten unterschiedlicher Qualität gesucht werden. Dabei ist der Bezug zur Realität wechselnd, zumeist aber wird eine Beziehung zur Realität hergestellt, in der diese weder ganz akzeptiert noch völlig verleugnet wird (Steiner 1993/1998, S. 131). Steiner beschreibt Beziehungen, in denen unerträgliche Teile des Selbst in ein Objekt projiziert und dort unter Kontrolle gehalten werden müssen. »Dies muss nicht allzu schwerwiegend sein, wenn es sich nur um einen partiellen und vorübergehenden Aufschub der Realität handelt. Probleme ergeben sich jedoch, wenn daraus ein langfristiger oder dauerhafter Zustand wird. Der Rückzug kann zu einem solch festen Bestandteil werden, daß er nicht mehr eine vorübergehende Zuflucht bildet, sondern eine Lebensform darstellt. Dabei kann der Patient zum Bewohner einer Art Traum- oder Phantasiewelt werden, die er der wirklichen Welt vorzieht« (S. 132). Zwar beschreibt Steiner in erster Linie Vorgänge in herkömmlichen therapeutischen Beziehungen, sie lassen sich aber gut auf Beziehungen mittels neuer Medien anwenden. Das Beispiel des Psychiaters, der seine suizidalen Seiten aus dem Netz heraushalten musste, kann mit diesem Konzept verstanden werden, genauso aber viele scheinbar umgekehrte Situationen, in denen die Suizidalität extrem im Vordergrund steht. Es kann mitunter einen stabilisierenden Effekt haben, die suizidalen Seiten im Netz unterzubringen, in einem Chatroom oder bei einem anonymen Gesprächspartner, es wird nur für uns als Helfer noch schwieriger als im Face-to-Face-Kontakt, die Situation zu verstehen und die tatsächliche Gefährdung abzuschätzen. Steht hier jemand unmittelbar vor dem Suizid, oder sind es Phantasien, die keinen Bezug zum konkreten Handeln haben, deren Loswerden sogar hilfreich für den Betroffenen ist? Wir wissen aus der Krisenintervention, dass nicht jeder Suizidgedanke eine unmittelbare Gefährdung widerspiegelt, nur beruhen unsere Möglichkeiten, das zu unterscheiden, stark auf dem persönlichen Kontakt. Die Sicherheit, die jeder Therapeut durch den Rückgriff auf tradierte und lang bewährte Arbeitsweisen erlangt und die eine wichtige Hilfe in der therapeutischen Arbeit ist, kann abhanden kommen, wenn neue Herausforderungen an uns herangetragen werden.

Bei vielen Kommunikationen lässt sich eine Funktion feststellen, die als Entleerungsfunktion bezeichnet werden kann. Hanna Segal hatte auf diese Funktion im Zusammenhang mit Träumen verwiesen: »Ein Patient kann Träume dazu benutzen, unerwünschte Teile des Selbst und des Objekts loszuwerden, statt sie durchzuarbeiten, und er kann sie in der Analyse zur projektiven Identifizierung benutzen. Wir alle kennen die Patienten, die zu uns kommen und uns überfluten, uns auf eine Art und Weise mit Träumen anfüllen, die für die Beziehung und die Analyse schädlich ist« (1980, S. 121). Generell gibt es in analytischen Therapien schwerstkranker Menschen die Erfahrung, dass manche Schilderungen nicht Kommunikationen sind, deren Inhalte entsprechend der analytischen Neurosentheorie verstanden und gedeutet werden können, vielmehr oft verzweifelte und notwendige Versuche, unerträgliche Gefühlszustände, Selbst- und Objektanteile loszuwerden. Auch dafür bietet das Netz vermutlich günstige Bedingungen und viele E-Mails machen den Eindruck von psychischen Entleerungsvorgängen. Der Begriff des »spamming« hat sich für das Zuschütten mit E-Mails bereits etabliert, mit teils bizarren Folgen für die Kommunikation. Oft wird gar nicht mehr erwartet, dass die E-Mails gelesen werden, es ist buchstäblich ein Deponieren oder Entleeren auf die Festplatte des Gegenübers. Für solche Entleerungsvorgängen wird allerdings ein Gegenüber benötigt, das in der Lage ist, diese E-Mails aufzunehmen und bei sich zu tolerieren. Das nichtmenschliche Bild einer Festplatte als Container scheint dafür kein ausreichender Ersatz zu sein.

D. Therapeutischer Prozess

Es kommt eine weitere Schwierigkeit hinzu: Wir wissen ebenso aus Behandlungen, dass die psychische Situation unserer Patienten alles andere als konstant ist, sich selbst von Augenblick zu Augenblick radikal verändern kann, je schwerer die Störungen, desto rascher und heftiger. Hier sehe ich ein grundsätzliches Problem in einer Beziehung, in der die Zeitintervalle sehr variieren können, vor allem aber, wenn keine unmittelbare Beziehung vorhanden ist. Es besteht die Gefahr, dass Reaktionen des Empfängers, die stimmig sein mögen, in dem Augenblick, in dem sie geschrieben werden, für den Benutzer gar keine Relevanz mehr haben. Das erscheint deswegen wichtig, da das Netz suggeriert, dass ein augenblicklicher Austausch stattfindet. Soweit es therapeutische Kontakte angeht, ist die Unmittelbarkeit aber relativ, in der Regel – wie mir vorkommt – sogar trügerisch, da es schon technisch kaum möglich scheint, dass jede E-Mail sofort gelesen oder beantwortet werden kann. Es ist nicht einmal gesichert oder vorhersehbar, ob eine E-Mail überhaupt gelesen wird. So gesehen ist die Szene von Woody Allen eine Metapher der Netz-Kommunikation: Der Patient kann nie sicher sein, ob er die Aufmerksamkeit des Empfängers gerade erhält, und wenn, wie lange sie erhalten bleibt.

Diskussion

Damit bin ich bei der Frage, ob es überhaupt therapeutische Settings sind, die auf diesem Weg etabliert werden können. Lindner und Fiedler (2002) haben darauf hingewiesen, dass die meisten Autoren skeptisch gegenüber der Durchführung von Psychotherapie im Internet sind. Der Berufsverband Deutscher Psychologinnen und Psychologen e.V. (BPD) rät von der ausschließlichen Online-Therapie ab (Hegerl u. Bussfeld 2002). Andererseits gibt es positive Stellungnahmen, wie die erwähnte »Interapy« (Hegerl u. Bussfeld 2002) oder den etwas naiv anmutenden Vorschlag von Kucera (2001), der sich »integrierte Cybertherapie-Pakete« vorstellt, die je nach Bedarf abgerufen werden können. Meine Skepsis habe ich bereits ausgedrückt, wobei ich mich in erster Linie auf analytische Therapien beziehe. Meiner Meinung nach sind solche Therapien ausschließlich im Netz nicht möglich, weil eine ausreichende Einschätzung der Beziehung nicht gewährleistet ist. Das mag zu pessimistisch erscheinen, ich möchte auch nicht ausschließen, dass es Fälle gibt, bei denen eine Therapie nur über E-Mails funktioniert. So machten Gernot Sonneck und die Kollegen im Wiener Kriseninterventionszentrum immer wieder positive Erfahrungen mit schriftlichen Kriseninterventionen über Briefe (Sonneck 2002). In der Beratung gibt es ähnliche Erfahrungen etwa in der schriftlichen Seelsorge. Therapie im engeren Sinn im Internet stellt jedenfalls sehr hohe Ansprüche an Benutzer wie an Therapeuten. Auf Seiten der Benutzer müssen es psychisch relativ gesunde Menschen sein, die Beziehungen bei wenig Informationen über das Gegenüber eingehen und aufrechterhalten können, anders ausgedrückt: die eher reife Übertragungsbeziehungen entwickeln. Die Schwierigkeit ist nur, dass das weder der Benutzer noch der Behandler wissen können. Dem Benutzer ist es, wie auch in konventionellen Therapien, nicht bewusst, der Behandler kann es nicht abschätzen, wenn er nie die Gelegenheit einer konventionellen Untersuchung hatte! Auf Seiten des Therapeuten braucht eine rein internetbasierte Therapie sicherlich viel Erfahrung und hohe Verlässlichkeit, die eigenen Reaktionen ernstzunehmen und damit zu arbeiten. Ähnlich wie nicht alle Analytiker mit psychotischen Menschen arbeiten wollen und können, steht zu vermuten, dass nicht alle Therapeuten zu Therapien im Netz in der Lage oder auch willens wären.

Damit kann auch eine Antwort auf eine Frage gegeben werden, die immer wieder thematisiert wird: Sollte es das Ziel der Angebote sein, zu einer konventionellen Kommunikationsform, sei es Telefon, sei es persönlicher Kontakt, zu kommen, oder sollte es die Haltung des Therapeuten sein, die Beziehung im Netz zu belassen? Aus meiner Sicht ist zweierlei festzuhalten: Die Veränderung sollte nicht forciert werden, vielmehr ist vorerst wichtig zu verstehen, warum der Kontakt über das Netz und nicht auf herkömmliche Weise gesucht wurde. So weist das erwähnte Fallbeispiel einer Frau, die erst nach exzessiver Internetnutzung mit einem Mann in Kontakt treten konnte, darauf hin, auch wenn das nicht näher diskutiert wurde, dass die Veränderung der äußeren Situation zu einer Dekompensation führte (Podoll et al. 2002). Grundsätzlich ist meine Haltung aber, dass die bewährten und lang bekannten Möglichkeiten denen über das Netz weit überlegen sind, dass es daher erstrebenswert wäre, wie es in den Beispielen von Lindner und Fiedler (2002, siehe auch den Beitrag in diesem Buch) gelungen ist, telefonischen oder persönlichen Kontakt zu erreichen. Meines Erachtens handelt es sich in erster Linie um eine Frage der Gegenübertragung, also ob es möglich ist, in einer Beziehung zu sein und auch gegebenenfalls zu bleiben, die einem nicht optimal erscheint. Wenn ich die Sicherheit habe, dass es dennoch sinnvoll ist, für viele Menschen vielleicht der einzige Kontakt, der gegenwärtig möglich ist, dann wird das leichter und ohne Vorbehalte möglich und aushaltbar sein.

An dieser Stelle möchte ich auf eine weitere Variable verweisen, mit der wir gegenwärtig noch konfrontiert sind. Bei der Frage, warum jemand zum Beispiel das Telefon zur Kontaktaufnahme wählt, ist zumindest die Haltung gegenüber dem Telefon heute sekundär. Das Netz ist allerdings nach wie vor höchst unterschiedlich verbreitet und vertraut. Es gibt viele Menschen, für die das Netz bereits selbstverständlich wie Telefonieren ist, es gibt aber auch Menschen, bei denen die Besonderheiten des Netzes eine große Rolle spielen dürften. Viele Autoren haben darauf hingewiesen, dass sich Menschen mit bestimmten Auffälligkeiten besonders zum Netz hingezogen fühlen, schizoide Menschen, die hier eine Möglichkeit haben, emotionale und intellektuelle Seiten getrennt zu halten, oder »people with grandiosity in their make-up«, wie es Young (1996a) ausgedrückt hat. Auch das Telefon kann natürlich für alle möglichen Zwecke ge- oder missbraucht werden, aber man kann heute wohl nicht behaupten, dass beispielsweise narzisstische Menschen sich eher zum Telefon hingezogen fühlen. Es ist einfach alltäglich geworden. Es ist vorauszusehen, dass sich in den nächsten Jahren und Jahrzehnten der Stellenwert, warum jemand über das Netz kommuniziert, in dem Maß verringern wird, in dem es sich verbreitet.

Vielleicht werden auch für die Fragen, die uns heute beschäftigen, Hilfestellungen entwickelt werden. Es gibt bereits den Begriff der »Netiquette«, der Etikette für Kommunikationen im Netz. Young (1996a) fordert eine »Moral der Virtualität« und weist damit auch auf die Notwendigkeit von Hilfestellungen hin. »Smileys« oder »emoticons«, die Darstellung von emotionalen Zuständen des Schreibers mit Hilfe von Satzzeichen, sind heute im Netz sehr verbreitet und auch sie verweisen auf den zusätzlichen Erläuterungsbedarf der geschriebenen Zeichen, die missverständlich wirken können. Vielleicht wird sich eine allgemein anerkannte Umgangsweise oder »Sprache« entwickeln, die zwar Grenzüberschreitungen nicht verhindern, aber vielleicht das Verstehen erleichtern wird.

Wie ist es nun mit dem alten Wein in neuen Schläuchen? In dem Bild ist auch enthalten, dass etwas als neu oder vielleicht besser vorgegeben wird, als es ist. Ich habe zu Beginn darauf hingewiesen, dass einige scheinbar neue Überlegungen, wie das Konzept des »virtuellen Objekts«, tatsächlich nur alter Wein sind. Das Ausmaß des Virtuellen mag stärker sein, vielleicht sogar zu Veränderungen der psychischen Realität führen, die wir heute noch nicht abschätzen können (Balsam 1996). Es ist aber nichts grundsätzlich Neues. Es ist ein vielfach beobachtbares Phänomen, dass Erkenntnisse, die seit langem verfügbar sind, nach einiger Zeit »neu erfunden« werden, teilweise in verkürzter Bedeutung. Ich denke aber nicht, dass alles, was wir beobachten können, »alter Wein« ist. Es ist unbestreitbar, dass es neue Möglichkeiten und Phänomene gibt, die es zu untersuchen und dann in passende »Schläuche« zu fassen gilt, damit wir etwas damit anfangen können. Mein Plädoyer ist, dass es ein enormes Ausmaß an Wissen und Erfahrung gibt, dessen wir uns bedienen können, um die Vorgänge zu untersuchen. Mein Eindruck ist auch, dass das nicht immer geschieht, dass wir manchmal noch zu sehr an der Oberfläche der Phänomene verbleiben, was durch das Medium selbst vielleicht begünstigt wird. Auf viele Fragen kann es heute nur vorübergehende Antworten geben und auch die technischen Bedingungen werden sich weiter verändern. Wenn es vielleicht einmal Standard sein wird, Sprache und Bild unmittelbar zu senden und zu empfangen, und diese Möglichkeit scheint absehbar, dann werden wir viele Fragen neu bedenken müssen und es werden wohl neue auftauchen.

Literatur

Balsam, R. H. (1996): Panel report: psychic reality and films. The International Journal of Psychoanalysis 77: 595-599.
Baume, P.; Cantor, C. H.; Rolfe, A. (1997): Cybersuicide: the role of interactive suicide notes on the Internet. Crisis 18: 73-79.
Der große Herder (1935). 4. Auflage, Freiburg.
Devereux, G. (1967): Angst und Methode in den Verhaltenswissenschaften. Stuttgart, 1984.
Duden (1982): Fremdwörterbuch. 4. Auflage. Mannheim.
Eickhoff, F. W. (1987): A short annotation to Sigmund Freud's »Observation on Transference Love«. The International Journal of Psycho-Analysis 14: 103-109.

Eickhoff, F. W. (2001): Sigmund Freuds »Bemerkungen über die Übertragungsliebe«, wiedergelesen im Jahre 1992. In: Person, E. S.; Hagelin, A.; Fonagy, P. (Hg.), Über Freuds »Bemerkungen über die Übertragungsliebe«. Stuttgart, S. 43-71.
Freud, S. (1900): Die Traumdeutung. G. W. Bd. II/III. Frankfurt a. M.
Freud, S. (1915): Weitere Ratschläge zur Technik der Psychoanalyse III: Bemerkungen über die Übertragungsliebe. G. W. Bd. X. Frankfurt a. M.
Hegerl, U.; Bussfeld, P. (2002): Psychiatrie und Internet: Möglichkeiten, Risiken, Perspektiven. Nervenarzt 73: 90-95.
Holland, N. H. (1995): The internet regression. Online Dokument: www.rider.edu/users/suler/psycyber/holland.html
Kucera, A. (2001): Online-Therapie. Eine Bestandsaufnahme. Psychotherapie Forum 9: 131-142.
Lindner, R.; Fiedler, G. (2002): Neue Beziehungsformen im Internet. Virtuelle Objektbeziehungen in der Psychotherapie. Nervenarzt 73: 78-84.
Person, E. S. (2001): Einleitung. In: Person, E. S.; Hagelin, A.; Fonagy, P. (Hg.), Über Freuds »Bemerkungen über die Übertragungsliebe«. Stuttgart, S. 9-26.
Plassmann, R. (1999): Virtuelle Objekte und ihre Verwendung. Forum der Psychoanalyse 15: 1-8.
Podoll, K.; Mörth, D.; Saß, H.; Rudolf, H. (2002): Selbsthilfe im Internet. Chancen und Risiken der Kommunikation in elektronischen Netzwerken. Nervenarzt 73: 85-89.
Segal, H. (1980): The function of dreams. In: Grotstein, J. S. (Hg.), Do I Dare Disturb the Universe? Beverly Hills. (Dt in: Segal, H., Wahnvorstellung und künstlerische Kreativität. Stuttgart, 1992, S. 119-129).
Sonneck, G. (2002): Persönliche Mitteilung.
Streeck, U. (2002): Handeln im Angesicht des Anderen. Über nichtsprachliche Kommunikation in therapeutischen Dialogen. Psyche 56: 247-274.
Steiner, J. (1993): Orte des seelischen Rückzugs. Stuttgart, 1998.
Well, F. van (2000): Psychologische Beratung im Internet. Bergisch Gladbach.
Young, R. M. (1996a): Psychoanalysis and/of the internet. Online Dokument: www.shef.ac.uk/~psysc/staff/rmyoung/papers/paper36h.html
Young, R. M. (1996b): NETDYNAM: some parameters of virtual reality. Online Dokument:
www.shef.ac.uk/~psysc/staff/rmyoung/papers/paper17h.html
Young, R. M. (1996c): Primitive processes on the internet. Online Dokument: www.shef.ac.uk/~psysc/staff/rmyoung/papers/prim.html

Weitere Projekte mittels neuer Medien

■ Ursula Lindauer

Online-Therapie mit Webcam und MIMMIs

Ergebnisse des Forschungsprojekts
»*www.screentherapy.de*«

Abbildung 1: Typische »Screentherapy«-Sitzung: Während der Videokonferenz nutzen Klient und Therapeutin interaktive Multimedia-Materialien (MIMMIs).

Krise am Polarkreis

Seit fast drei Monaten leben Sie allein in einer kleinen Forschungsstation am Polarkreis, umschlossen von der fast ununterbrochenen Dunkelheit des arktischen Herbstes. Inmitten der unwirtlichen Eiswüste verfallen Sie zunehmend ins Grübeln. Einsamkeit und Eintönigkeit schlagen Ihnen aufs Gemüt. Mit derart massiven Schwierigkeiten hatten Sie zu Hause nicht gerechnet! Manchmal könnten Sie durchdrehen. Sie brauchen dringend jemanden, mit dem Sie über Ihre Probleme sprechen können.

Zum Glück haben Sie gegen 16 Uhr einen Termin bei einer Psychotherapeutin in Berlin – per Videokonferenz.

Sie setzen ein Headset auf, schalten Ihre Webcam ein und verbinden sich über das Internet mit der virtuellen Praxis von »Screentherapy«. Sekunden später sitzen Sie Ihrer Therapeutin virtuell gegenüber; beide können einander sehen und hören; die Therapiesitzung beginnt.

In der letzten Woche hatten Sie sich den Problemen genähert, die mit Ihrem Selbstzweifel im Beruf zu tun hatten, waren tief in die Biographie eingestiegen. Auf einer interaktiven Tafel hatte Ihnen die Therapeutin Bilder von typischen Familienszenen und allerlei Symbole angeboten und Sie hatten mit der Maus ein eigenes Bild daraus zusammengestellt, hatten Kommentare eingefügt, einfache Skizzen gezeichnet und mit der Therapeutin über Ihre Gedanken gesprochen. Nach einer Stunden fühlten Sie sich, wie immer, deutlich besser.

Genau dort würden Sie heute weitermachen. Und bestimmt hat Ihre Therapeutin auch diesmal wieder interaktive Multimedia-Materialien vorbereitet, die sich konkret auf die letzte Sitzung beziehen. Diese so genannten MIMMIs hatten es Ihnen schon in den vergangenen Wochen sehr erleichtert, in der Therapie vorwärts zu kommen.

Was für manchen Leser nach Sciencefiction klingen mag, ist seit September 2000 handfeste Realität: Über die Internet-Plattform *www.screentherapy.de* führe ich mit Internetnutzern derartige Online-Therapien durch. Als Basis der Kommunikation dient die Videokonferenz, in der neben dem klassischen Gespräch eine Reihe speziell entwickelter Multimedia-Materialien (MIMMIs) zum Einsatz kommen.

Deutsche im Ausland – Eine von zwei Klientengruppen

Natürlich ist Screentherapy nicht auf die Behandlung von Polarforschern spezialisiert. Aber viele meiner bisher 200 Online-Klienten sind mit durchaus vergleichbaren Problemen in die virtu-

elle Praxis gekommen. Es handelt sich um Deutsche, die aus beruflichen oder privaten Gründen im Ausland leben und sich psychologische Betreuung in ihrer Muttersprache wünschen. Häufig finden sie vor Ort keinen neutralen, kompetenten und diskreten Ansprechpartner, um ihre speziellen Probleme angehen zu können:
– Isolation im Ausland, Heimweh,
– Entfremdung von den eigenen Wurzeln,
– Fremdheit und Integrationsprobleme,
– berufliche Probleme: Konflikte, Motivationsprobleme, kulturelle Unterschiede,
– und dazu noch der »normale Stress« in Familie und Beziehung.

Für diese Klientengruppe bietet Screentherapy ein spezielles Behandlungskonzept mit maßgeschneiderten MIMMIs, das sich über einen längeren Zeitraum erstrecken kann.

Auslandsklienten wenden sich an Screentherapy, weil sie einen konkreten Leidensdruck erleben und Therapie wünschen. Über international operierende private Netzwerke und Selbsthilfegruppen, die meist das Internet nutzen, empfehlen zufriedene Klienten Screentherapy weiter. Inzwischen habe ich deutschsprachige Klienten aus allen fünf Kontinenten betreut.

Die Erfahrungen mit dieser Gruppe können als Muster für die psychotherapeutische Versorgung weiterer Klientengruppen dienen, die nicht in die klassische Praxis kommen können, weil sie zum Beispiel ans Bett gefesselt sind, weil sie wegen ihrer Pflichten (z. B. häusliche Pflege) fast ständig zu Hause bleiben müssen oder weil sie abgelegen auf dem Land wohnen.

Videokonferenz als Basis der Kommunikation mit Klienten

Jede Therapie lebt von unmittelbarer, persönlicher Begegnung, von Spontaneität und Austausch auf möglichst vielen Ebenen. Wie auch in der klassischen Praxis favorisiere ich daher online ein Setting, in dem man sich live sehen und hören kann. Zusätzlich muss es die Möglichkeit bieten, gemeinsam und interaktiv verschiedene Medien kreativ zu nutzen. Kurz: Eine erfolgreiche Online-Therapie erfordert eine Kombination von Gespräch und Interaktion über Multimedia-Materialien.

Die Basis dafür bildet die Videokonferenz, denn sie bietet alle Möglichkeiten, um eine möglichst breite Kontaktfläche zu erzeugen:
- sich gegenseitig per Video sehen (man kann sich sicher sein, mit einem »echten« Gesprächspartner zu kommunizieren, nicht mit einem »Fake«; Mimik, Gestik und Körpersprache bereichern die Interaktion wesentlich);
- »Telefonieren« über Headset in Echtzeit (man erhält verbale und nonverbale Audio-Informationen);
- schriftlich chatten in Echtzeit;
- gemeinsam interaktiv eine virtuelle Tafel (= Whiteboard) nutzen, die beide Dialogpartner bemalen, beschreiben, mit Bildern »bekleben« und vielfältig manipulieren können;
- Bilder oder Dokumente von Computer zu Computer austauschen.

Die technischen Voraussetzungen für Screentherapy

Schon mit älteren Computern (400 MHz CPU-Takt) und einem normalen Internet-Anschluss kann man an einer Videokonferenz teilnehmen. Man benötigt zusätzlich eine Webcam und ein Headset mit Mikrophon und Kopfhörer (zusammen 50 bis 100 Euro). Etwa 5 Prozent der deutschen Web-Nutzer verfügen derzeit über diese Ausrüstung – Tendenz steigend.

Die für Videokonferenzen notwendige Software (»Netmeeting« von Microsoft) ist kostenlos und findet sich als Teil des Internet-Browsers »Internet-Explorer« auf fast allen PCs.

Wer von der üblichen ISDN-Verbindung auf DSL umsteigt, verdoppelt damit die Qualität der Videokonferenz. Da DSL-Angebote in den nächsten Jahren noch höhere Upload-Raten bieten werden, werden immer bessere Bilder und Klänge in Echtzeit übertragen werden können.

Eine Revolution steht vor allem im Bereich des Mobile Computing vor der Tür: Mit GPRS, spätestens aber UMTS können

Handy und Notebook für Videokonferenzen – und damit auch für Screentherapy – ortsunabhängig eingesetzt werden.

Meine virtuelle Praxis wiegt 2,8 Kilogramm und dieses Notebook ermöglicht mir die Behandlung meiner Klienten von jedem Ort der Welt, sofern ein Telefonanschluss zur Verfügung steht.

MIMMIs als Säule der Online-Therapie

Wer erfolgreich Therapie im Internet durchführen möchte, sollte sich nicht auf Gespräche per Videokonferenz beschränken. Um dem Klienten ein Maximum an Anregung und Ausdrucksmöglichkeiten online zu bieten, benötigen wir zusätzliche Medien und Methoden, die kreativ eingesetzt werden können, um den therapeutischen Prozess zu unterstützen oder einzuleiten.

Speziell für die Psychotherapie im Internet habe ich »**Meth**oden und **I**nstrumente zur **M**ulti**M**edialen **I**nteraktion« entwickelt, die so genannten MIMMIs. Sie bilden eine wesentliche Säule des Screentherapy-Konzepts – und können übrigens auch offline sehr gut eingesetzt werden.

MIMMIs lassen sich verändern, umbauen oder erweitern, um dem eigenen Selbstausdruck einen möglichst weiten Raum zu geben. Sie inspirieren durch Vorgaben zum Assoziieren und Handeln, sie regen zum Experimentieren an. Jeder Online-Klient kann sie ohne Vorkenntnisse handhaben und kreativ gestalten.

Bisher habe ich drei methodische Konzepte für MIMMIs entwickelt und sie von Multimedia-Designern und -Programmierern realisieren lassen. Alle drei Werkzeuge setze ich seit zwei Jahren in meinen Online-Sitzungen ein. Sie werden kontinuierlich erweitert und verfeinert.

»Dialog Landscapes«

Hierbei handelt es sich um großflächige Kollagen zu verschiedenen Themenschwerpunkten. »Dialog Landscapes« sind sehr komplexe Composings aus Fotos, Gemälden und anderen Bildmaterialien. Jede Landschaft besteht aus einer Vielzahl von Bildelementen mit hoher emotionaler Valenz und hohem Assoziationsgehalt. Diese Bildlandschaften sind so groß, dass sie nicht am Stück auf einem Monitor dargestellt werden können. Man muss sich in ihnen bewegen, sie »bereisen«, kann mit der Maus in ihnen herumwandern, sich anregen lassen. Der Klient sucht sich Bildteile heraus, die ihm besonders auffallen. Mit diesem Detail arbeiten wir im Gespräch (Beschreiben, Fragen, Assoziieren) und über die interaktive Tafel (Zeigen, Kombinieren) weiter.

Abbildung 2: Ausschnitt aus einem »Dialog Landscape« zum Themenfeld »Stress«

»Dialog Landscapes« bewähren sich als Door-opener und ermöglichen einen unverkrampften Zugang zur therapeutischen Interaktion. Die User finden die Bildlandschaften interessant, werden neugierig und können in ihrem eigenen Tempo damit umgehen. Ihnen bleibt die Wahl, ob sie einen für sie brisanten Aspekt aufgreifen oder ob sie erst einmal anhand unverfänglicherer Ausschnitte ein Gefühl für das therapeutische Angebot und die Arbeitsweise der Therapeutin bekommen wollen. Die Vorgabe eines thematischen Schwerpunkts in der Kollage steckt einen therapeutischen Rahmen ab und hebt das Gespräch aus dem web-alltäglichen Smalltalk heraus. So ermöglichen »Dialog Landscapes« einen niedrigschwelligen und doch nicht banalen Gesprächseinstieg.

»Mind Boarding«

Während der Videokonferenz wird eine interaktive Tafel (Whiteboard) als Mittel der therapeutischen Kommunikation eingesetzt. Der Klient bekommt ein ungeordnetes »Panel« mit einigen

Symbolen, Bildfragmenten oder Begriffen vorgelegt. Diese einzelnen Elemente ergeben keinen eindeutigen Sinn. Sie dienen vielmehr als Kristallisationspunkte, um die herum sich der Dialog entwickelt.

Therapeutin und Klient sprechen über die Elemente auf dem Whiteboard, verändern oder verschieben sie, können interaktiv übermalen, kommentieren, ergänzen – und beliebige Elemente löschen. Die verschiedenen Stadien der Interaktion auf dem Whiteboard können gespeichert und später wieder aufgerufen werden. Oft erstreckt sich der Prozess des »Mind Boarding« über mehrere Sitzungen.

Abbildung 3: »Mind Boarding«: Bilder, Symbole und Kommentare auf der interaktiven Tafel (Whiteboard)

Im Rahmen von Screentherapy habe ich eine Vielzahl von »Sets« zu verschiedenen Schwerpunktthemen und Problemfeldern entwickelt, die als Ausgangsmaterial für die Interaktion mit dem Klienten eingesetzt werden können.

»Mind Boarding« eröffnet dem Klienten und dem Therapeuten sehr weite Gestaltungsspielräume. Sie können Kombinationen der Elemente auf der Tafel spielerisch ausprobieren und wieder verwerfen.

»Mind Boarding« erzeugt neue, oft überraschende Perspektiven in der individuellen Problemwahrnehmung. Bisher unbeachtete Aspekte oder Zusammenhänge werden deutlich, Alternativen tun sich auf.

»Resonance-Movies«

Der Nutzer kann diese komplexen Animationsfilme betrachten und interaktiv beeinflussen. Vor seinen Augen erscheinen Schlüsselwörter und Symbole, die sich langsam in andere Wörter und Symbole verändern. Der gesamte Film besteht aus mehreren solcher voneinander unabhängig durchlaufender Filmschleifen. Der Klient kann die einzelnen Schleifen gegeneinander verschieben und neu kombinieren, er kann sie unabhängig anhalten oder weiterlaufen lassen. So erzeugt er eine unendliche Zahl von Kombinationen auf dem Monitor, die immer neue Resonanzen in ihm anregen.

Beispiel: Ein Student meint, es gehe ihm »prima, alles im grünen Bereich«, er schaue nur aus Neugier mal bei Screentherapy vorbei. Er betrachtet ein »Resonance Movie«, das sich um das Themenfeld Leistungsdruck am Arbeitsplatz dreht, und meint, für Leute seines Alters sei nichts dabei, das sei eher was für Ältere. Es sei ihm aber aufgefallen, dass es um Hoffnungen gehe, da habe »man« natürlich auch welche. Es entwickelt sich ein Dialog, in dessen Verlauf ihm deutlich wird, wie sehr er sich nach einer Beziehung sehnt und nach einer klaren beruflichen Perspektive. Er beginnt zu überlegen, welche ersten Schritte erforderlich wären, um seinen Zielen näher zu kommen ...

Die allmähliche Entwicklung von immer neuen Kombinationen regen zum Assoziieren und Erinnern an. Ständig entsteht ein neuer Kontext und verändert die Wahrnehmung des Problemfelds. Das eröffnet überraschende Zugänge zum Thema.

Je nach Verlauf einer Sitzung habe ich die Möglichkeit, für die nächste Sitzung neue Resonance-Movies mit neuen, individuell passenden Schlüsselworten vorzubereiten. So kann ich zeitnah auf spezifische Probleme individuell eingehen.

Das Entwicklerteam realisiert derzeit »Resoncance Movies«, die auch Klänge und Bewegtbilder als manipulierbare Filmschleifen einbinden, um zusätzliche Assoziationswelten zu erschließen.

Internet-affine Männer – die zweite große Zielgruppe von Screentherapy

Bei Klienten, die mit Leidensdruck und Therapiewunsch in die Online-Praxis kommen, erweisen sich MIMMIs als hervorragende therapeutische Instrumente und ergänzen das Gespräch per Videokonferenz.

Bei einer zweiten Klientengruppe sind MIMMIs sogar eine Voraussetzung, gleichsam die Eintrittskarte für die therapeutische Intervention. Die Rede ist von stark internet-affinen Männern zwischen 25 und 40 Jahren, die eher zufällig auf das Screentherapy-Angebot stoßen, während sie auf dem größten Videokonferenz-Server in Deutschland nach Chat-Partnerinnen suchen.

Diese Klienten kommen »aus Neugier« bei Screentherapy vorbei, »nur so, um mal zu schauen, was das ist«. Mit Nachdruck stellen sie fest: »Ich bin aber nicht verrückt!« und »Ich brauche aber keine Therapie!«. Fast alle diese Männer hatten noch nie etwas mit professionellen Psychologen oder Beratern zu tun. Ihre Vorurteile gegen die Zunft sind groß.

Im Verlauf einer Probesitzung entdecken viele zu ihrem Erstaunen, dass es ihnen gut tut, mit jemandem offen über Sorgen und Ängste zu sprechen, statt sie allein mit sich herumzutragen, und vereinbaren weitere Sitzungstermine. Meine Untersuchungen im Rahmen von Screentherapy haben ergeben, dass etliche dieser Männer unter behandlungswürdigen Problemen leiden:
- Festgefahrene Partnerschaft: Viele befinden sich in festen, aber entfremdeten Beziehungen. Die Partner leben nebeneinander her, haben sich scheinbar arrangiert, unternehmen aber nichts mehr miteinander. Die Männer ziehen sich in virtuelle Enklaven zurück und sind nur noch körperlich anwesend; die Beziehung steht still.
- Einsamkeit: Andere suchen, oft seit Jahren, nach einer Freundin oder einem Lebenspartner und sind erfüllt von frustrierenden Erlebnissen.
- Probleme im Beruf: Angst um den Arbeitsplatz, Versagensängste, Schwierigkeiten im Team, Mangel an Motivation sind die wesentlichen Probleme in diesem Bereich.
- Scham, Minderwertigkeits- und Versagensgefühle.

Die Gemeinsamkeiten dieser Klientengruppe lassen sich so charakterisieren:
- Die Männer sind neugierig und experimentierfreudig, aber auch sprunghaft. Sobald nichts Neues oder Interessantes passiert, klicken sie sich sofort wieder weg.
- Alle sind misstrauisch und sehr skeptisch, ob das Angebot seriös und vertrauenswürdig ist.
- Wenn sie den Eindruck haben, alles ist echt und ohne versteckten Haken, sprechen sie schon bald sehr offen und ungeschminkt über ihre Probleme – oft zum ersten Mal in ihrem Leben.
- Die meisten haben keine oder nur sehr geringe Therapieerfahrung.
- Kommerzielle Angebote werden abgelehnt, man ist die »Verschenkkultur« des Internet gewöhnt. Nur im Bereich Erotik sind kostenpflichtige Angebote bekannt.

Das Therapieangebot für internet-affine Männer

Wie kann die schwierige Zielgruppe dieser internet-affinen Männer für Therapie-Angebote erreicht werden, obwohl sie keine Probleme zu haben vorgibt und Psychotherapie für sich ablehnt?

In den vielen Online-Interviews, die ich vor allem am Anfang des Forschungsprojekts Screentherapy durchgeführt habe, kristallisierte sich heraus, dass von fast allen Gesprächspartnern dieser Gruppe der Begriff »Stress« als Synonym für alle möglichen psychischen Probleme akzeptiert wurde. Stress hat man, unter Stress leidet man – und Stress würde man gern loswerden.

Also habe ich ein niedrigschwelliges Therapieangebot zur »Stress-Bewältigung« entwickelt, in dem maßgeschneiderte MIMMIs im Rahmen der therapeutischen Videokonferenz eingesetzt werden.

In bis zu fünf kostenlosen Online-Sitzungen zu je einer Stunde unterstütze ich mein Gegenüber bei der Bewältigung von Stress im Job, in der Beziehung, in der Familie oder »ganz allgemein«. Bei entsprechender Indikation unterstütze ich mein Gegenüber, einen geeigneten Ort für eine längerfristige »klassische« Behandlung zu finden.

Nutze alles, was das Netz zu bieten hat!

Als ich mit den Planungen zu Screentherapy begann, habe ich nicht damit gerechnet, dass ich mit meinem ausschließlich aus eigenen Mitteln finanzierten Forschungsprojekt in weniger als drei Jahren mehr als 200 Klienten in aller Welt erreiche und mit der Kombination von Videokonferenz und MIMMIs ein weltweit einmaliges Konzept von Psychotherapie im Internet realisieren würde.

1999 untersuchte ich, welche Angebote an Online-Therapie bereits bestanden. Zu meinem Erstaunen ergaben die Recherchen, dass die interessanten Möglichkeiten des Internets kaum genutzt wurden – nicht einmal in den USA: Die wenigen psychologischen Betreuungsangebote beschränkten sich auf Beratung per E-Mail; gerade mal eine Handvoll US-Psychologen bot Gespräche per Videokonferenz an; entsprechende deutsche Angebote gab es gar nicht.

Und heute?

Ich verfolge regelmäßig die internationalen Entwicklungen in diesem Bereich. Erstaunlicherweise hat sich an der Ausgangssituation wenig geändert: Das Angebot an psychologischer Beratung ist inzwischen deutlich angestiegen, beschränkt sich in Deutschland aber immer noch hauptsächlich auf Information oder E-Mail-Beratung – eine der wenigen Live-Chat-Beratungen (*www.das-beratungsnetz.de*) finden Sie in diesem Buch beschrieben. Die Websites der Psychotherapeuten sind, vor allem in Deutschland, überwiegend laienhaft gestaltet und scheinen oft seit langem nicht mehr aktualisiert worden zu sein. Eine ausreichende Transparenz des Angebots ist nur in Ausnahmefällen gegeben.

Zwar gibt es inzwischen einige amerikanische Therapeuten, die Gespräche per Videokonferenz gegen Vorkasse anbieten (»Bitte geben Sie Ihre Kreditkartennummer ein.«). Die faszinierenden Möglichkeiten, auf der Basis der Videokonferenz interaktive Multimedia-Materialien für die Therapie einzusetzen, werden jedoch bis heute ausschließlich von Screentherapy genutzt.

Schon damals fragte ich mich: Soll das alles gewesen sein?
– Warum stellte niemand die großartigen Vorteile von Internet und Multimedia mit ihren vielen Interaktionsmöglichkeiten

in den Dienst der Psychotherapie – obwohl die Internet-Begeisterung von Millionen Menschen gerade auf sie zurückzuführen war?
– Warum wurden die vielen spielerischen und kreativen Aspekte des neuen Mediums vollkommen ignoriert, obwohl sie so attraktiv waren, dass sie letztlich zur Entstehung riesiger Communities (virtuelle Gesellschaften) geführt hatten?
– Wo blieb die viel gelobte Welt der Bilder und Töne?
– Warum sollten die Möglichkeiten ungenutzt bleiben, gemeinsam und in Echtzeit mit etwas zu spielen oder online an einem gemeinsamen Werk zu arbeiten?

Ziemlich bald stand für mich fest, dass Psychotherapie im Internet alle Möglichkeiten einbeziehen muss, die das Netz zu bieten hat. Das Gespräch via Videokonferenz würde die Basis bilden, auf der dann alle technisch möglichen Multimedia-Materialien interaktiv für die Online-Therapie genutzt werden sollten. So entstand das Screentherapy-Konzept und die Idee der MIMMIs.

Methodisch habe ich Screentherapy so konzipiert, dass phänomenologische Feldforschung, Entwicklung neuer Methoden und Forschungstherapiesequenzen als »Near-Patient-Testing« ineinander greifen. Alle Begegnungen sind live und persönlich, ich verwende keinerlei automatisierte Programme oder vorgefertigte Antworten.

Online-Therapie muss sich als Teil der Netzkultur verstehen

Ich begreife die virtuelle Welt als eine Art »exotisches Ausland«. Sie verfügt über eine eigene Sprache, einen besonderen Verhaltenskodex und eigene »Traditionen«. Kontakt und Begegnung im Internet sind anderen Spielregeln unterworfen als in der Offline-Welt. Die klassischen Konzepte der Psychotherapie und Beratung können nicht 1 : 1 ins Internet übertragen werden. Therapie im Internet wird nicht akzeptiert, wenn sie die Netzkultur ignoriert.

Wer Therapie im Web anbieten will, muss Internetnutzer da abholen, wo sie sich befinden. Daher habe ich im ersten Jahr des

Forschungsprojekts viel Zeit darauf verwendet, ausführliche Interviews mit Menschen zu führen, die auf Videokonferenz-Servern Partner für Video-Chats gesucht haben.

Die neuen therapeutischen Methoden von Screentherapy, vor allem also die MIMMIs, orientieren sich an den so gewonnenen Erkenntnissen über Einstellungen und Online-Lifestyle der künftigen Klienten. Die MIMMIs haben den großen Vorteil, dass sie sich inhaltlich für die Bedürfnisse unterschiedlicher Zielgruppen modifizieren lassen, ja sogar mit Inhalten gefüllt werden können, die auf den einzelnen Klienten und den Therapieverlauf eingehen.

Das Ziel war und ist, ein für die Nutzer attraktives und dabei therapeutisch sinnvolles – also immer multimediales – Begegnungsangebot zu erarbeiten, um Menschen zu erreichen, die bisher, aus welchen Gründen auch immer, noch keine Praxis aufsuchen wollen oder können. Videokonferenz allein könnte dies nicht bieten.

Screentherapy als Modell der virtuellen Praxis

Von Anfang an habe ich es als einen wichtigen Aspekt des Forschungsprojekts Screentherapy angesehen, die Frage nach verbindlichen Qualitätsmaßstäben für Online-Praxis und Online-Therapie zu beantworten: Wie muss eine virtuelle Praxis aussehen und geführt werden, um erfolgreich in der Online-Welt arbeiten zu können?

Trotz des schwierigen Praxisumfelds ist der Internet-Plattform *www.screentherapy.de* inzwischen gelungen, als seriöses Angebot für Online-Therapie akzeptiert zu werden. Die Site erfüllt alle Qualitätsanforderungen, die von Klienten an eine professionell geführte Online-Praxis gestellt werden:

Transparenz von Angebot und Qualifikation

Worin besteht das Angebot, was wird tatsächlich getan und welche Kosten entstehen dem Nutzer? Welche Person oder Organisation steht hinter der Website und welche Qualifikationen bringen sie mit?

- Die Klienten erwarten ausführliche Informationen sowohl über die Leistungen und Vorteile des Angebots als auch über die ganz praktischen Schritte seiner Nutzung. Dazu dienen bei Screentherapy unter der Überschrift »Teilnehmen« die Seiten »Übersee-Klienten«, »Antistress-Therapie«, »Die Interviews«, »Vorteile für Gesunde«, »Keine Kosten« und »Privacy«. Schon auf der Startseite werden alle diese Themen kurz behandelt.
- Interessierte Nutzer wollen möglichst viel über die Fachleute hinter den Kulissen wissen, über ihre Ziele, ihre Einstellungen und ihre Ausbildung. Auf der Screentherapy-Site findet der Besucher Seiten zu den Themen »Ziele der Studie«, »Philosophie«, »Zur Person«, »Qualifikation« und »Kontakt«. Durch viele Fotos der Therapeutin und ihrer Arbeitsumgebung wird die Site besonders persönlich und glaubwürdig.
- Die Seriosität des Angebots wird durch die Seite »Pressespiegel« unterstrichen.

Erkennbare Aktualität

Das Internet ist voll von Websites, die halbwegs professionell aussehen, aber seit mehr als einem Jahr ohne Änderung verwaist auf einem Server herumliegen. Gerade bei Beratungs- oder Hilfeangeboten, bei denen es auf schnelle Reaktion ankommt, suchen potentielle Online-Klienten nach objektiven Zeichen regelmäßiger Aktualität und Präsenz.
- Einmal pro Woche biete ich eine »Offene Sprechstunde« an. Die genauen Zeiten der nächsten Sprechstunde können ständig auf der Startseite nachgeschaut werden. Jede Woche wird die Startseite von Screentherapy aktualisiert und sogar ein Tagebuch dieser Aktualisierungen veröffentlicht. So beweise ich Kontinuität und Zuverlässigkeit.
- Eine dynamisch generierte Grafik auf der Homepage signalisiert den Nutzern in Echtzeit, wenn ich online bin. Man kann dann unmittelbar mit mir in Kontakt treten: mich über Netmeeting anrufen, mich über die weltweite Community »ICQ« ansprechen oder mir ein E-Mail schicken, das ich innerhalb von Minuten beantworte.

Kurze Reaktionszeiten, sichere Termine

Bei allen Tests von Websites ist dies ein wichtiges Qualitätskriterium. Screentherapy beantwortet E-Mails fast immer am gleichen Tag. Terminvorschläge werden zeitnah per E-Mail unterbreitet. Weitere Online-Termine verabrede ich am Ende der Sitzung, bestätige sie per E-Mail und halte sie dann präzise ein.

Erkennbare persönliche Präsenz des Therapeuten und des Klienten

Eine Beziehung basiert auf Verbindlichkeit und persönlicher Präsenz. Durch den Einsatz der Webcam in der Videokonferenz können Nutzer sicher sein, dass sie es mit mir persönlich zu tun haben und nicht von »Praktikanten« oder gar »Automaten« behandelt werden. Umgekehrt kann auch ich nicht getäuscht oder Opfer eines Scherzes werden.

Datenschutz/Privacy

Auch im Internet ist der Therapeut zu Verschwiegenheit und Diskretion verpflichtet. Dem Nutzer bietet Screentherapy ein hohes Maß an Vertraulichkeit, zum Beispiel durch die Verwendung einer Firewall und, wenn der Nutzer dies wünscht, den Einsatz von Sicherheitssystemen wie PGP.

Professioneller Webauftritt

Intensive Internetnutzer haben höchste Ansprüche an Inhalt, Funktionalität und Anmutung von Online-Angeboten. Inhaltliche und gestalterische Professionalität schaffen einen gewissen Vertrauensvorschuss. Laienhaft gestaltete und mangelhaft gepflegte Webauftritte diskreditieren ihren Veranstalter.

Branding

Weit mehr als in der »normalen« Offline-Welt muss ein Anbieter sich im Internet einen Namen aufbauen, und zwar im Sinn einer Marke (Brand). Nur so kann sich das Angebot unter Millionen anderen behaupten. Der Markenaufbau über den Namen, Logo, Anmutung (CI) und Bilder erzeugt einen Wiedererkennungswert, sorgt für eine gute Internetadresse und grenzt das Angebot gegen die Konkurrenz ab, die kein professionelles Niveau bietet oder als Trittbrettfahrer auf Verwechslung mit dem Original hofft.

Ausblick und Anwendungsgebiete für Suizidprävention

Videokonferenz

Videokonferenz wird sich als Hauptform der Echtzeitkommunikation im Internet und beim Mobile Computing gegen das derzeit dominierende Chatten durchsetzen. Auf diese Entwicklung müssen sich alle rechtzeitig einstellen, die Therapie oder Beratung im Internet anbieten.

Einsatz von MIMMIs

Wie die praktischen Erfahrungen von Screentherapy zeigen, kann der frühzeitige Zugang zu schwierigen und skeptischen Klientengruppen dadurch erleichtert werden, dass zielgruppenspezifische MIMMIs eingesetzt werden. Dies bietet interessante Perspektiven für die Prävention.

MIMMIs können als Früherkennungs- und Screening-Instrumente entwickelt und als niedrigschwellige Einladung zum Dialog eingesetzt werden.

Wiederum andere MIMMIs könnten als Arbeitsinstrumente zum Einsatz kommen, um akute Krisen zu bearbeiten. Gerade Depressionen und akute Suizidalität zeichnen sich dadurch aus, dass die Perspektive des Patienten pathologisch eingeengt ist.

Über den assoziativen oder spielerisch interaktiven Umgang mit MIMMIs gelingt es recht gut, dem Patienten Alternativen zu erschließen.

Nachsorge

In der Kombination von Videokonferenz und Multimedia bietet das Screentherapy-Konzept zudem gute Möglichkeiten zur intensiven Nachsorge für Psychiatrieklienten, die im ländlichen Raum leben und über keine einfachen Zugänge zur behandelnden Klinik verfügen.

Suizid-Ambulanz

Eine rund um die Uhr besetzte »Suizid-Ambulanz« über Videokonferenz wäre ebenfalls denkbar. Durch die Vernetzung von Therapeuten in ganz Deutschland könnte unter einer einheitlichen Internetadresse ein bundesweit operierendes Team von Spezialisten als Anlaufstelle etabliert werden. Dank Videokonferenz könnten die Klienten einen persönlichen Kontakt zu einem »echten« Experten aufbauen. Für Therapeuten brächte Videokonferenz den Vorteil, den Klienten über das Videobild wesentlich besser einschätzen zu können.

Reinhold Fartacek und Anton Nindl

www.lebens-klick.info
Stellenwert der Website für die Arbeit von *Suizidprävention Salzburg*

Obwohl sich im Bundesland Salzburg neben dem Sonderauftrag für Krisenintervention an der Landesklinik für Psychiatrie I der Christian-Doppler-Klinik eine Reihe von weiteren psychosozialen Einrichtungen sowie niedergelassene Fachleute finden, die Hilfe für Menschen in Lebenskrisen und für suizidgefährdete Menschen anbieten, hat dies dennoch an der Häufigkeit suizidaler Handlungen langfristig wenig geändert. Es liegt daher nahe, umfassende Strategien zu entwickeln, mit denen mittel- bis langfristig die Häufigkeit von Suiziden verringert werden können.

Salzburg hat als bisher einziges Bundesland in Österreich mit April 2000 ein gesundheitspolitisches Signal zur Suizidprävention gesetzt und das Projekt *Suizidprävention Salzburg* etabliert. Im Rahmen des »WHO/EURO Network on Suicide Prevention and Research« ist *Suizidprävention Salzburg* (Christian-Doppler-Fonds und Christian-Doppler-Klinik) als »Centre of Excellence« und damit als offizieller WHO-Partner ausgewiesen. Eine zusätzliche internationale Kooperation besteht mit »SUPPORT«, einer Arbeitsgruppe von in der Suizidprävention tätigen Experten, in der mit Wissenschaftlern aus Schweden, Norwegen, Irland, Finnland, Ungarn sowie in loser Zusammenarbeit aus weiteren osteuropäischen Staaten Erfahrungen ausgetauscht und gemeinsame Forschungsarbeiten durchgeführt werden. Durch die internationale Vernetzung soll nicht nur ein breit angelegter Erfahrungsaustausch ermöglicht werden, sondern es soll im Rahmen der Forschung auch eine Evaluation bestehender Bemühungen in der Suizidprävention erfolgen. Darüber hinaus ist geplant, auf Grundlage der internationalen Zusammenarbeit mögliche neue Wege in der Suizidprävention zu entwickeln.

Auf regionaler Ebene ist neben der Schaffung von erhöhtem Bewusstsein zum Thema Suizid, einer Verbesserung von Strukturen sozialer Unterstützung und einer Erweiterung psychiatrisch-psychotherapeutischer Behandlungsmöglichkeiten ein besonderes Angebot für die Anliegen und Gefährdungen spezifischer Altersgruppen bereitzustellen. Außerdem soll die adäquate Versorgung von Risikogruppen gewährleistet und die Aus- und Fortbildung von verschiedenen Berufsgruppen forciert werden.

Das wesentliche Ziel von *Suizidprävention Salzburg* besteht darin, funktionierende Strategien und Strukturen zu entwickeln, die in der Folge Suizidprävention als gesundheitspolitisches Anliegen etablieren und dazu führen, dass eine niedrigere Suizidrate erreicht werden kann. Eine vielversprechende Strategie stellt das Internet mit seinen exponentiell ansteigenden Besucherzahlen als Informations- und Kommunikationsmedium auch in der Suizidprävention dar. Das Web-Portal von *Suizidprävention Salzburg* wird primär für Information, interne Kommunikation und für Aus- und Weiterbildung eingesetzt und ist zumindest derzeit nicht als Beratungs- oder Therapieforum konzipiert. Allerdings finden suizidal eingeengte Personen Hinweise für Beratungs- und Behandlungsmöglichkeiten, das Hauptaugenmerk wird allerdings auf die adressatengerechte Vermittlung von Wissen und Schaffung von Bewusstsein zu Suizidalität und psychischen Störungen gelegt.

Suizidpräventionsmodelle

Sonneck (1999) erstellte im Auftrag des österreichischen Bundesministeriums für soziale Sicherheit und Generationen ein Konzept zur Suizidprävention und differenziert in diesem Aktionsplan für Österreich zwischen genereller und spezieller Suizidprävention.

Die *generelle Suizidprävention* im Sinne von primärer Prävention beinhaltet allgemeine, unterstützende Maßnahmen psychologischer, pädagogischer, sozialer und medizinischer Art. Es geht dabei darum, die Konfliktfähigkeit, das Zusammenleben und die Arbeitsbedingungen zu verbessern oder Gewalt und Ausgrenzungstendenzen zu vermindern. Die Fähigkeit der Menschen, ihr eigenes Leben entsprechend zu gestalten, soll erhöht und der Umgang mit Lebenskrisen und Suizidproblemen verbessert werden.

Spezielle indirekte Suizidprävention umfasst beispielsweise die primäre, sekundäre und tertiäre Prävention von psychischen Krankheiten, zielt auch auf einen adäquaten Umgang mit alten Menschen und soll allgemein dazu beitragen, die Anzahl der Suizidhandlungen in Risikogruppen und Risikosituationen dadurch zu reduzieren, dass Maßnahmen gesetzt werden, die den kontextuellen Aspekt der Krise fokussieren. So sollen beispielsweise die Verfügbarkeit und Erreichbarkeit von Suizidmitteln erschwert oder die Imitationseffekte durch eine verantwortungsvolle Medienberichterstattung minimiert werden.

Spezielle direkte Suizidprävention orientiert sich im Sinne der Prävention, Intervention und Postvention unmittelbar an der suizidalen Entwicklung. Krisenintervention und der Umgang mit Suizidgefährdung stehen im Blickpunkt, der Suizid und suizidales Verhalten werden im individuellen Zusammenhang betrachtet. Auch diese Maßnahmen zielen auf individuell effiziente Umweltinterventionen ab, die die Erreichbarkeit oder die Anzahl von Suizidmitteln erschweren.

Anhand eines Pilotprojekts in Nürnberg entwickeln Althaus und Hegerl (2001) Modellvorstellungen zum Thema Suizidprävention. Bezüglich suizidpräventiver Maßnahmen unterscheiden die beiden Autoren zwischen Strategien, die sich auf die Allgemeinbevölkerung beziehen, und Strategien, die auf Hochrisikogruppen fokussieren. Bei den auf die Allgemeinbevölkerung abzielenden Strategien kommt der Aufklärung der Bevölkerung im Sinne von »Awareness« sowie der Fortbildung von Allgemeinmedizinern besondere Bedeutung zu. Die Autoren fokussieren dabei in erster Linie auf das Thema Erkennung und Behandlung von Depressionen im Rahmen pädagogisch ausgerichteter Programme.

Generelle Suizidprävention im Kontext von *Suizidprävention Salzburg*

Auch wir gehen davon aus, dass ein erheblicher Anteil der Menschen, die sich das Leben nehmen, zu diesem Zeitpunkt an einer schweren psychischen Störung leiden. Das Wissen über diesen Umstand hat aber noch nicht im erforderlichen Ausmaß dazu geführt, dass verbesserte Behandlungsstrategien verfolgt würden, in deren Folge es zu einer Abnahme der Häufigkeit von Suiziden käme. Es stellt sich vor allem die Frage, wie ein Hilfsangebot konzipiert sein muss, damit suizidgefährdete Personen die Hilfe wahrnehmen und auch annehmen können. Es ist bekannt, dass es Menschen mit Suizidrisiko sehr oft nicht gelingt, den direkten Weg zu professionell Helfenden (Fachärzte[1] für Psychiatrie, Psychotherapeuten, Kriseninterventionszentren, Psychiatrische Kliniken) zu finden.

Dabei wissen wir, dass mehr als die Hälfte von den Menschen, die sich das Leben nehmen, im letzten Monat vor ihrer suizidalen Handlung aus den verschiedensten Gründen zwar ihre Ärztin oder ihren Arzt aufsuchen, kaum einer aber über seine Absichten sprechen kann (Michel 1986). So konnte eine finnische Studie aufzeigen (Isometsä et al. 1994), dass 18 Prozent späterer Suizidenten am Tag ihres Suizids bei ihrem Arzt waren. Nur ein Fünftel der Patienten konnte die Suizidgefährdung ansprechen. Betroffene klagten fast ausschließlich über somatische Beschwerden. Offensichtlich ist es für Patienten schwierig, über emotionale Probleme mit ihrer Ärztin oder ihrem Arzt zu sprechen, sie schämen sich und befürchten, als psychisch Kranke stigmatisiert zu werden. An dieser Stelle wird bereits die enorme Bedeutung der Ärztinnen und Ärzte für eine gelingende Suizidprävention sichtbar. Aufgrund der mitmenschlichen Nähe und alltäglichen Vertrautheit zum Patienten und dessen Umfeld ist der Arzt für Allgemeinmedizin wohl am ehesten damit konfrontiert, einen Suizidgefährdeten zumindest fakultativ zu erreichen. Dabei geht es nicht

---

1 Diese Sprachform repräsentiert hier beide Geschlechter. Aus Gründen der besseren Lesbarkeit wurde weitgehend auf eine geschlechtsspezifische Ausdrucksweise verzichtet.

nur um das Feststellen eines akuten Suizidrisikos, sondern auch um das Erkennen von emotionalen Problemen, die sich zu einer suizidalen Krise entwickeln können. Es geht also für die Mitglieder dieser Berufsgruppe in ihrem Berufsalltag – trotz Stress, Zeitdruck und Arbeitsüberlastung – auch darum, die existentielle Krise eines Menschen zu erkennen. Besonders wichtig ist das Bemühen, den betroffenen Menschen in seiner Not zu verstehen. Praktische Ärzte sind auch regelmäßig mit der Diagnose und Behandlung von Depressionen konfrontiert. Eine Reihe von Studien belegt, dass die richtige Behandlung von Depressionen durch Allgemeinmediziner einen suizidpräventiven Effekt nach sich zieht. So konnten Rutz et al. (1992) für die schwedische Region Gotland in der Evaluation eines Fortbildungsprogramms für praktische Ärzte, dessen Kern in der Diagnostik und Behandlung von depressiven Störungen lag, ein deutliches Absinken der Suizidrate in Gotland nach dieser einschlägigen Schulung nachweisen. Allerdings kehrte die Suizidrate zwei Jahre nach Abschluss des Projekts wieder auf das Ausgangsniveau zurück, was die Notwendigkeit von kontinuierlicher bewusstseinsbildender Suizidprävention unterstreicht. Es soll auch darauf hingewiesen werden, dass Kenntnisse in der Behandlung von Depressionen offensichtlich allein nicht ausreichen, um Suizide zu verhindern.

Wir bemühen uns daher, suizidale Entwicklungen nicht nur diagnoseabhängig zu sehen, sondern in der Präventionsarbeit mit der Allgemeinbevölkerung und mit professionell Helfenden das Verständnis für suizidale Prozesse zu fördern. Hier erscheint uns die Arbeit von Edwin Shneidman sehr hilfreich. Shneidman (1993) versucht, sich dem Thema Suizid zu nähern, indem er beschreibt, was suizidale Menschen in der Zuspitzung von Krise oder Krankheit empfinden. Er formuliert Gemeinsamkeiten des Suizids, deren Beschreibung an der individuellen Erfahrung von Betroffenen ansetzt und die weitgehend auf psychopathologische Termini verzichtet.

– Der Suizid wird durch einen unerträglichen psychischen Schmerz ausgelöst.
– Der Zweck des Suizids ist die Suche nach einer Lösung.
– Das Ziel des Suizids ist das Aufhören des Bewusstseins.

- Es dominieren Gefühle von Hoffnungslosigkeit und Hilflosigkeit.
- Die Verzweiflung ist geprägt durch den kognitiven Zustand der Ambivalenz.

In der suizidpräventiven Arbeit bevorzugen wir diese deskriptive und erlebnisnahe Sichtweise, da sie sowohl für die meisten suizidal eingeengten Personen wie auch für den »Mann von der Straße« nachvollziehbar ist und nicht so leicht als einseitig medizinisches Paradigma abgelehnt werden kann. Auch sind wir der Überzeugung, dass Helfende unterschiedlicher originärer Berufe sich mit diagnoseunabhängigen Aspekten psychischen Leidens auseinander setzen sollten. Dabei geht es uns darum, dass eine funktionale Konsultation um raumkonstituierende, empathische und die betroffene Person in ihrer Identität berücksichtigende Aspekte erweitert wird, wodurch sich im Gespräch schon der Halt, die Zuwendung und die Wertschätzung erleben lassen, die für eine Annahme des Hilfsangebots die Grundlage bilden und in weiterer Folge eine Neuorientierung ermöglichen.

Grundzüge der Präventionsarbeit mit der Allgemeinbevölkerung

- Das Thema Suizid geht jeden an.
- Jeder ist potentieller Helfer, jeder kann aber auch selbst in eine Krise kommen oder an einer psychischen Erkrankung leiden.
- Derzeit gesunde Menschen sind wahrscheinlich leichter als potentielle Helfer erreichbar und nicht als Mensch, der irgendwann in der Zukunft selbst erkranken könnte.
- Mitmenschliche Verständnisbereitschaft zuerst.
- Mitmenschlicher Helfer als wesentlicher Vermittler in Richtung professioneller Hilfe.
- Nutzen von bestehenden flächendeckenden Institutionen: Erwachsenenbildung (z. B. Salzburger Bildungswerk).

Grundzüge der Präventionsarbeit mit Laien-, semiprofessionellen- und professionellen Helfern

- »Was taucht auf in mir beim Thema Suizid?« – Teilnehmer an Weiterbildungsveranstaltungen hinterfragen ihre eigene Einstellung zum Suizid, reflektieren Erfahrungen mit dem Thema in ihrem persönlichen und beruflichen Umfeld. Persönliche Position in der Freitod-Debatte sowie in der Diskussion über den assistierten Suizid.
- Wer hat Kontakt zu potentiell Suizidgefährdeten? Herausfinden derjenigen Einrichtungen und Personen, die im Rahmen des Arbeitsalltags mit potentiellen Risikogruppen in Berührung kommen.
- Verständnis von Suizidalität.
- Haltung vor Handlung.
- Wahrnehmen von Verzweiflung, psychischem Schmerz, Hoffnungslosigkeit, Isolation (Shneidman).
- Biologische, psychotherapeutische, psychosoziale Therapiemöglichkeiten.
- Vernetzung der genannten Helfergruppen.

Unterstützung der mitmenschlichen Helfer, der Laien-, semiprofessionellen und der professionellen Helfer durch hochspezialisierte Einrichtungen

- Ambulante Krisenintervention (Träger Pro Mente Salzburg, maximal drei Kontakte) für die Vermittlung von längerfristigen Behandlungsmöglichkeiten.
- Telefonische Krisen-Hotline rund um die Uhr als ein niederschwelliges Angebot.
- Stationäre Suizidprävention für die Behandlung von Hochrisiko-Patienten; Kriseninterventionsstation an der Christian-Doppler-Klinik Salzburg.
- Präventionsambulanz.

Bei der Präventionsambulanz handelt es sich nicht um eine neue Spezialambulanz für suizidgefährdete Menschen; die Aufgabe der Präventionsambulanz ist primär die Beratung und Unterstützung der Helfer, und zwar sowohl beim Krisenmanagement in einer Akutsituation wie auch in der Einschätzung des momentanen und längerfristigen Suizidrisikos. Erst wenn es zum telefonischen oder persönlichen Kontakt zwischen Helfern und uns gekommen ist, können Patienten mit hohem Suizidrisiko zu einem ambulanten Gespräch kommen oder kann ein Vorschlag für das weitere Vorgehen gemeinsam erarbeitet werden. Wir möchten eine Entwicklung begünstigen, dass Helfer im weitesten Sinn sich möglichst frühzeitig mit uns in Verbindung setzen, noch bevor es zu einer suizidalen Zuspitzung gekommen ist. So sollte es längerfristig möglich werden, Menschen, die wir bisher nicht erreicht haben, in gemeinsamer Anstrengung dahingehend zu helfen, die Entscheidung in Richtung Leben zu treffen. Die Präventionsambulanz stellt also einen Weg dar, wie die genannten Helfergruppen und *Suizidprävention Salzburg* enger als bisher zusammenarbeiten können. Sämtliche Angebote stehen kostenlos zur Verfügung. Wir bieten zweimal pro Woche eine telefonische Beratungsmöglichkeit zu fixen Zeiten an. So können uns Partner besser erreichen und ersparen sich zeitaufwendiges Herumtelefonieren in der Klinik.

Der Telefonkontakt ermöglicht auch die Vereinbarung individueller Termine, um beispielsweise Fallbesprechungen durchführen zu können. Die Fallbesprechungen ermöglichen eine gemeinsame Reflexion von Therapiekonzepten unter Berücksichtigung des Suizidrisikos. Auf diese Art und Weise können wir durch eine konstruktive Zusammenarbeit ein tragfähiges Netz für suizidgefährdete Menschen knüpfen.

Vernetzungspartner – Flächendeckende Einrichtungen

– Engagierte Mitmenschen,
– Exekutive (Polizei und Gendarmerie),
– Priester, Diakone, Pastoralassistenten,
– Ärzte für Allgemeinmedizin,
– Psychotherapeuten,
– Fachärzte für Psychiatrie/Neurologie,

– Allgemeine Krankenhäuser,
– Psychiatrisches Krankenhaus.

Bedeutung des Web-Portals www.lebens-klick.info für *Suizidprävention Salzburg*

Das Web-Portal *www.lebens-klick.info* bietet *Suizidprävention Salzburg* eine gute Möglichkeit, einen großen Kreis interessierter Personen anzusprechen. Der Kreis umspannt dabei Suizidgefährdete und unmittelbar betroffene Familienangehörige genauso wie professionell Helfende oder die Mitglieder der interessierten Öffentlichkeit. Dabei ist durch die Heterogenität der User die Beachtung ihres spezifischen Informationsbedürfnisses durch den Anbieter zu berücksichtigen. Für eine Initiative wie *Suizidprävention Salzburg*, die sich mit einem in der Gesellschaft immer noch größtenteils tabuisierten Gegenstandsbereich beschäftigt, bietet sich in diesem Medium die Möglichkeit, sachlich zu informieren und Vorurteile abzubauen. Bei suizidalen Personen kann dieses Medium die Hemmschwelle senken und erst einmal einladen, sich über Suizidalität zu informieren und in der Folge vielleicht Kontakt mit einem Hilfsangebot aufzunehmen. Durch das Web-Portal wird die Kooperation zwischen Fachkollegen und besonders zwischen Helfenden aus verschiedenen Berufsfeldern leichter hergestellt und verbessert. Das dafür notwendige adressatenorientierte Angebot erfordert eine spezifische Differenzierung der Inhalte, um eine gute Akzeptanz der Website zu erzielen.

Damit das Web-Portal von *Suizidprävention Salzburg* in der Salzburger Bevölkerung die erwünschte Akzeptanz finden kann, ist eine entsprechende elektronische Vernetzung der Haushalte in dieser Region notwendig. Das Bundesland Salzburg hat auf den EU-Beschluss von Lissabon, den Internet-Zugang für die Bürger kostengünstiger zu ermöglichen, mit der Aktion »Internet für jederm@n« reagiert und den Internetzugang für breite Bevölkerungsschichten finanziell mittels eines Internet-Schecks unterstützt. Die seither zunehmende elektronische Vernetzung in Salzburg war auch ein Grund, einen wesentlichen Eckpfeiler von

Suizidprävention Salzburg in der Implementierung des Web-Portals *www.lebens-klick.info* zu sehen. Dabei geht es aber nicht nur um die Wirkung nach außen; das Web-Portal kann auch wertvolle Dienste zur Vernetzung und als Kommunikationsplattform innerhalb der Strukturen leisten, die in sekundäre und tertiäre Suizidprävention involviert sind. So können die Mitarbeiter etwa über die Aktivitäten anderer Arbeitsgruppen oder Abteilungen informiert werden, das Web-Portal übernimmt somit auch die Funktion eines Intranets. Durch die Beschreibung von Tätigkeiten und die Konzeption von Entwicklungsschritten in *www.lebens-klick.info* kommt es zu einer stärkeren Identifikation mit dem Anliegen und mit der Institution, was zu einer Verbesserung der Motivation und der Corporate Identity führt.

Wenn wir also davon ausgehen, dass in den nächsten Jahren immer mehr Haushalte über einen Internetzugang verfügen und die Anzahl der Internetnutzer in allen Altersschichten steigen wird, kann es als zukunftsträchtige Investition angesehen werden, die Suizidprävention in Salzburg durch ein attraktives Web-Portal zu unterstützen. Dabei wird das Web-Portal als wichtiges Arbeitsmedium im Gesamtprojekt erachtet, das die Kooperation und Vernetzung mit unseren Partnern, aber auch die Kommunikation im Projekt selbst fördern und erleichtern soll. Es werden Hilfestellungen für Betroffene und deren Angehörige aufgezeigt, ohne dass dabei an eine Online-Therapie oder E-Mail-Beratung gedacht ist. Dies würde die personellen Ressourcen übersteigen und zudem vom personalen Kontakt zu Suizidgefährdeten wegführen, was wir nicht für sinnvoll erachten. Bezogen auf Aspekte der Anonymität und der Senkung von Hemmschwellen erscheint uns allerdings für Betroffene die motivationale Funktion des Web-Portals von Bedeutung. Ganz wesentlich wird das Web-Portal in Richtung eines Ressource-Centers für Vernetzungspartner ausgebaut. Die im Netz installierte Datenbank ermöglicht es, unterschiedlichen Helfergruppen spezifische Angebote zu unterbreiten. Dadurch kann die Intensität der Kooperation bestimmt und der Grad der Vernetzung gesteuert werden.

Benutzeroberfläche von *www.lebens-klick.info*

Beim Besuch von *www.lebens-klick.info* begrüßt den User eine *Animation* zum Thema Suizid, die auf einen rettenden Ausweg aus der Ausweglosigkeit zusteuert. Der erscheinende Text beispielsweise zur Mühsal des Lebens wiederholt diese Bewegung und beinhaltet am Schluss bereits den Funken Hoffnung, der vielleicht die Not des Suizids als »Krankheit der Hoffnung« (Farber 1968) wenden kann. Der User wird in der Folge nach seiner existentiellen Befindlichkeit befragt und, falls er oder sie Hilfe benötigt, auf der nächsten Seite mit *Hilfsadressen* versorgt. Suizidal Gefährdete oder unmittelbar Betroffene können auf diesem Weg schnell und einfach mögliche Hilfsangebote abrufen. User, die nur an der Thematik interessiert sind, werden auf das *Inhaltsverzeichnis* mit dem Angebot des Web-Portals weitergeleitet. Hier gibt es Hinweise zu einführenden oder vertiefenden Manuskripten, Artikeln und Studien sowie zu Überblicksarbeiten. Dabei sind die Dokumente zur Einführung an die Zielgruppe der Interessierten aus der Allgemeinbevölkerung adressiert, um ein grundlegendes Verständnis zum Themenbereich Suizidalität zu ermöglichen. Vertiefende Texte, Studien und Übersichten richten sich eher an semiprofessionelle oder professionelle Helfende und an Studierende und Fachkollegen. Ein weiterer Punkt der Website umfasst *Literaturhinweise* zum Thema, in denen Bücher kurz vorgestellt und teilweise rezensiert werden. So genannte *FAQs* (»frequently asked questions«) sollen die Lebendigkeit der Diskussion zum Gegenstandsbereich illustrieren und hartnäckige Vorurteile beseitigen helfen. Einen wichtigen Bereich betrifft die Rubrik *Aktuelles*, die insbesondere Aktivitäten von *Suizidprävention Salzburg* beleuchtet. Es wird darin auf Vorträge, Seminare, wissenschaftliche Neuerscheinungen, Tagungen oder auf das alljährliche Benefizkonzert zugunsten von *Suizidprävention Salzburg* hingewiesen. Unter einem weiteren Button wird auf *Links* zu den Homepages von Organisationen verwiesen, die sich hauptsächlich mit Suizidprävention und Hilfe bei psychischen Problemen beschäftigen. Daneben gibt es statische Seiten, die über Grundlegendes zu den Absichten und Zielen von *Suizidprävention Salzburg* informieren und das Team und die Kontaktmöglichkeit vorstellen. Auf dieser Leiste findet sich auch ein Login-Button, der gruppenspezifische Zugänge ermöglicht. Diese gruppenspezifischen Logins sind für die Nutzung des Web-Portals als Ressource-Center und als Kommunikationsplattform für bestimmte Zielgruppen von besonderer Bedeutung.

Funktionalität von *www.lebens-klick.info*

Das Web-Portal von *Suizidprävention Salzburg* bietet seinen Anwendern einfach bedienbare Funktionen an (vgl. Kattinger 2002), die ausnahmslos einem zentralen Sicherheitsmechanismus unterliegen, der die Verwaltung von Anwendern, von Zugriffsrechten und von Dokumentkategorien ermöglicht. So stehen neben der Administratorfunktion *externe* (anonyme) und *interne* (authentifizierbare) Anwendertypen zur Verfügung. Externe Anwender gehören nicht zu *Suizidprävention Salzburg* und verwenden das Portal als anonyme Internetbenutzer. Sie sind nicht identifizierbar und haben die Möglichkeit, alle öffentlichen Dokumente zu lesen und herunterzuladen. Dagegen können interne Anwender (beispielsweise die Mitarbeiter der Kriseninterventionsstation) das Portal mit einem vom Administrator zugeteilten Benutzerkonto verwenden. Sie können neben dem Lesen und Herunterladen der öffentlichen Dokumente alle internen Dokumente im Rahmen vordefinierter Zugriffsberechtigungen verwenden. Außerdem ist es ihnen möglich, Dokumente zwecks Veröffentlichung beim Administrator einzureichen. Der Administrator besitzt alle Möglichkeiten der externen und internen Anwender und kann zusätzlich wie bereits erwähnt die Benutzerkonten für die internen Anwender verwalten und ihnen bestimmte Rechte zuweisen. Außerdem ordnet er die zur Veröffentlichung eingereichten Dokumente den Kategorien *öffentlich* oder *intern* zu. Dabei impliziert die Kategorisierung eines Dokuments als *öffentlich*, dass externe und interne Anwender darauf lesenden Zugriff haben, während Dokumente der Kategorie *intern* nur für interne Anwender mit entsprechendem Zugriffsrecht sichtbar sind. Allerdings kann beispielsweise ein Protokoll einer Teamsitzung der Mitarbeiter der Kriseninterventionsstation nicht von einem internen User einer anderen Abteilung der Christian-Doppler-Klinik gelesen werden, da ihm ein entsprechendes Zugriffsrecht vom Administrator auf dieses interne Dokument nicht zugewiesen wird. Neben der Zugriffsberechtigung, ein Dokument zu lesen, gibt es auch noch die, es zu ändern oder es herunterzuladen.

Im Überblick ergeben sich also folgende Funktionen des Web-Portals von *Suizidprävention Salzburg*:
- Erstellen, Ändern und Löschen von Benutzerkonten.
- Kategorisierung von Dokumenten.
- Zuweisen von Zugriffsrechten.
- Antrag auf Veröffentlichung eines Dokuments.
- Bearbeiten von Anträgen und Veröffentlichen von Dokumenten.
- Verwendung öffentlicher und interner Dokumente unter Berücksichtigung der gesetzten Sicherheitsmaßnahmen.
- Einfache Suchfunktion zum Durchsuchen der Metadaten eines Dokuments.

Die Verwaltung aller Daten und Dokumente erfolgt in einer relationalen Server-Datenbank, womit die zentrale Steuerung der Zugriffsrechte und die zentrale Sicherung aller Daten gewährleistet ist. Dabei handelt es sich um ein skalierbares System, das ein »Mitwachsen« mit den Anforderungen sowohl hinsichtlich der Benutzeranzahl wie auch des Datenvolumens möglich macht. Es kann also von einer stabilen und leistungsfähigen Plattform für die Suizidprävention in Salzburg gesprochen werden. Außerdem ermöglicht dieses zentrale Dokumentenmanagement, dass via Internet unabhängig von Standort und Gerät problemlos auf das Web-Portal zugegriffen werden kann und dass es vom Medientyp (Dokument, Audio, Video) unabhängig ist.

Schlussbemerkung

Verwendet man in einem regionalen Suizidpräventionsprojekt ein Web-Portal, so ist natürlich zu bedenken, dass das Internet keine Grenzen kennt, man also weltweit, zumindest aber im deutschen Sprachraum präsent ist. Dessen ungeachtet haben wir versucht, die Angebote von *Suizidprävention Salzburg* auf den Seiten des Web-Portals in erster Linie für die Bevölkerung und die Gesundheitsexperten unseres Bundeslandes zu gestalten, wenn auch in der Hoffnung, dass die Inhalte auch überregional ansprechend wirken. Für die Verwendung des Portals zur spezifischen Arbeit mit Zielgruppen von Helfern sind wir in der Lage, den Regionalbezug durch die gezielte Vergabe von Berechtigungen entsprechend zu steuern. Wir hoffen, dass wir dadurch wertvolle Impulse in Richtung einer immer dichter werdenden Vernetzung von suizidpräventiv tätigen Personen und Einrichtungen setzen können. Wird das Portal in zunehmendem Ausmaß besucht, so könnte dies auch eine Hilfe darstellen, Betroffene, deren Angehörige und Helfer unterschiedlicher Professionen einander näher zu bringen. Darüber hinaus eröffnet sich durch das Internet aber auch die Möglichkeit zum fruchtbaren Erfahrungsaustausch auf internationaler Ebene.

Literatur

Althaus, D.; Hegerl, U. (2001): Evaluation suizidpräventiver Maßnahmen. Nervenarzt 72: 677- 684.
Farber, M. L. (1968): Theory of Suicide. New York.
Isometsä, E. T.; Henriksson, M. M.; Aro, H. M.; Lönnqvist, J. K. (1994): Suicide in bipolar disorder in Finland. American Journal of Psychiatry 151: 1020-1024.
Kattinger, T. (2002): Machbarkeitsstudie. Unveröffentlichtes Manuskript.
Michel, K. (1986): Suizide und Suizidversuche: Könnte der Arzt mehr tun? Schweizer Medizinische Wochenschrift 116: 770-774.
Rutz, W.; Knorring, L. van; Walinder, J. (1992): Long-term effects of an educational program for general practitioners given by the Swedish Commitee for the Prevention and Treatment of Depression. Acta Psychiatr. Scand. 85: 83-88.
Shneidman, E. S. (1993): Suicide as Psychache. A Clinical Approach to Self-Destructive Behavior. Northvale/London.
Sonneck, G. (1999): Suizidprävention in Österreich. Kriseninterventionszentrum Wien. Bundesministerium für soziale Sicherheit und Generationen. Wien.

▪ Christiane Fux

Blickpunkt Depression – Die Internet-Community bei NetDoktor

> *»Chat rettet Selbstmörderin«*, titelte unlängst die »Bild am Sonntag« und berichtete weiter: »Weil sie im Internet von Selbstmord sprach, konnte eine Frau (32) aus Valencia (Spanien) gerettet werden. Ihr Chat-Partner aus dem 450 km entfernten Linares alarmierte die Polizei. Die junge Frau wurde mit aufgeschnittenen Pulsadern gefunden.«

Um es gleich vorwegzunehmen: Derartig spektakuläre Rettungseinsätze gehören glücklicherweise nicht zum Alltag einer Depression-Community. Doch was sind die Möglichkeiten, Grenzen und Gefahren, die die Teilnahme an einer Internet-Community zum Thema Depression mit sich bringt?

Communities sind so alt wie die Menschheit. Schon immer haben sich Menschen mit ähnlichen Interessen und Zielen zusammengeschlossen, um sich untereinander auszutauschen und gegenseitig zu unterstützen. Das Internet bietet heute die Möglichkeit, ebendies auch im virtuellen Raum zu tun. Mithilfe von Diskussionsforen und Chaträumen haben auf diesem Weg Menschen die Gelegenheit zusammenzufinden, die in großer Entfernung voneinander leben.

Blickpunkt Depression – Eine virtuelle Selbsthilfegruppe

Eine spezielle Community für Menschen mit Depressionen bietet das medizinische Online-Portal NetDoktor seit Oktober 2000 in sechs europäischen Ländern an. Sie ist mit rund 120.000 Seitenzugriffen im Monat allein in Deutschland und europaweit mehr als eine halbe Million Zugriffen inzwischen sehr erfolgreich.

»Blickpunkt Depression«, wie die Community getauft wurde, wurde gemäß der NetDoktor-Philosophie in enger Zusammenarbeit von Medizinern und Journalisten entwickelt. Die deutsche Seite wurde mit der fachlichen Unterstützung von Prof. Ulrich Hegerl sowie Dr. Patrick Bussfeld, beide Universität München, aufgebaut.

Die Idee, eine Community für Menschen mit Depressionen aufzubauen, erscheint viel versprechend. Zum einen sind die Grundvoraussetzungen erfüllt, die es braucht, eine Internet-Community zu etablieren:
– eine Zielgruppe, die groß genug ist,
– ein starkes gemeinsames Interesse der Mitglieder,
– die Möglichkeit, voneinander zu profitieren.

Im Vordergrund steht die Erfahrung »Ich bin nicht allein«

Viele Menschen mit Depressionen fühlen sich einsam und unverstanden oder halten sich gar für Versager. In der Community Menschen zu treffen, die in einer ähnlichen Situation sind, ist eine große Erleichterung und ein erster Schritt, offen mit der Krankheit umzugehen und kompetente Hilfe zu suchen. Darüber hinaus bietet eine derartige »virtuelle Selbsthilfegruppe« Menschen mit Depressionen besondere Vorteile, die eine traditionelle Gruppe nicht anbieten kann:
– Anonymität: Mit einem Spitznamen wie »Lonelymoon« oder »Tagundnacht« bleiben die Mitglieder auf Wunsch anonym; bei einer stigmatisierenden Krankheit wie der Depression ist dies besonders wichtiger Faktor.
– Rund um die Uhr geöffnet: Depression ist eine Krankheit, die einen jederzeit heimsuchen kann. Ob mitten in der Nacht oder am Weihnachtsmorgen – in der Community können Mitglieder 24 Stunden am Tag Ihr Herz ausschütten.
– Hilfe in nächster Mausklicknähe: Wesentliches Kennzeichen einer Depression ist die Antriebslosigkeit. Menschen mit Depressionen können sich oft nicht mehr dazu aufraffen, Hilfe zu suchen. Die Gefahr, sich immer mehr im Schneckenhaus zu verkriechen, ist bei dieser Erkrankung besonders groß. Die

Möglichkeit, von zu Hause aus per Mausklick mit Menschen zu kommunizieren, ist daher eine unschätzbare Hilfe.

Die Ziele und Inhalte der Community: Aufklärung, Information und Austausch

Das Thema Depression ist noch immer mit vielen Vorurteilen behaftet. Eine wesentliche Aufgabe der Depression-Community ist daher, umfassende Aufklärungsarbeit zu leisten. Depression ist noch immer eine in hohem Maß stigmatisierende Erkrankung. Wer sich und sein Leben nicht in den Griff kriegt, gilt häufig als Verlierer. In der Rubrik »Fakten und Forschung« wird den Besuchern anhand verschiedener Artikel folgende Tatsache vermittelt: Depression ist eine Krankheit, keine Charakterschwäche, und: Sie ist heilbar. Darüber hinaus soll über die Ursachen und Behandlungsmöglichkeiten der Krankheit informiert werden sowie der aktuelle Stand der Forschung weitergegeben werden. Das Herzstück der Community ist jedoch der Treffpunkt.

Menschen mit Depressionen leiden unter Einsamkeit und dem Gefühl, von anderen nicht verstanden zu werden. In Diskussionsforen oder im Chat treffen sie Menschen mit denselben Problemen. Verständnis, Unterstützung und Zuwendung helfen oft mehr als so manches Medikament.

Ich wünsche dir, dass du hier Leute findest, die genauso fühlen wie du (das ist hier eigentlich immer der Fall), und dich mit ihnen austauschen kannst. Denn oft hilft es einfach schon ungemein, wenn man Leute trifft, denen man nicht alles erklären muss, die einen verstehen und sogar ähnlich fühlen. (Alanna)

Wie man Teil der Community wird

Die Vorgehensweise ist oft gleich. Die Besucher kommen mit der Intention, sich zum Thema Depression zu informieren. Dann verfolgen sie einige Zeit die Beiträge anderer Mitglieder. Irgendwann beginnen sie, Kommentare zu einigen Äußerungen abzugeben. In diesem Moment wird die Schwelle zur Mitgliedschaft überschritten, denn für die Teilnahme an der Diskussion muss man sich anmelden und sich einen Namen zulegen. Schließlich beginnen die frischgebackenen Mitglieder, von sich selbst zu erzählen, nehmen am Chat teil oder senden ihre Geschichte zur allgemeinen Lektüre ein (vgl. Abb. 1).

Das Klima in der Community ist überwiegend fürsorglich. Ein deutlicher Trend besteht auch darin, dass die Mitglieder einander ermutigen, einen Arzt aufzusuchen oder eine Psychotherapie zu beginnen.

Es ist interessant zu sehen, dass echte Freundschaften auf diesem Weg entstehen können. In diesem Fall werden dann private E-Mail-Adressen oder Telefonnummern ausgetauscht oder es kommt zu persönlichen Treffen.

Ich halte es aber für wichtig, hier Kontakte zu knüpfen und die auch außerhalb von Netdok auszubauen (wie du es ja gerade wieder tust ;-) Wenn ich heute ein absolutes Tief habe, gehe ich damit nicht in den Chat, sondern zu einigen wenigen Leuten, die ich dort kennen gelernt habe und bei denen ich weiß, dass sie sich Zeit für mich nehmen. (dariamari)

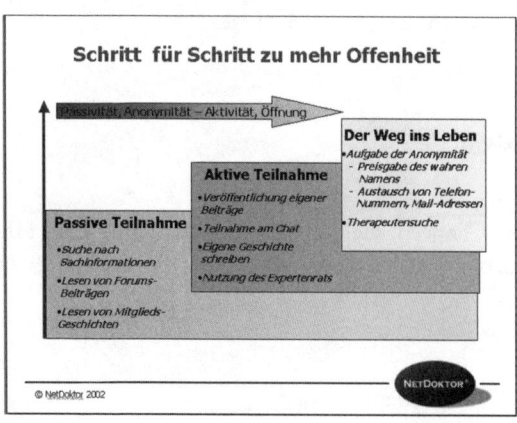

Abbildung 1

Die Diskussionsthemen

Wie groß das Bedürfnis nach Austausch ist, zeigt Abbildung 2. Rund 300 Forenbeiträge wurden innerhalb eines Zeitraums von zwei Wochen ausgewertet. Mehr als 90 Prozent der Beiträge verraten die Intention, sein Herz auszuschütten, nur rund drei Prozent beinhalten Sachfragen, beispielsweise nach bestimmten Medikationen. Ein ähnliches Bild zeigt sich bei den Antworten: 74 Prozent der Antworten geben moralische Unterstützung, 38 Prozent persönliche Ratschläge, lediglich vier Prozent betreffen Sachinformationen.

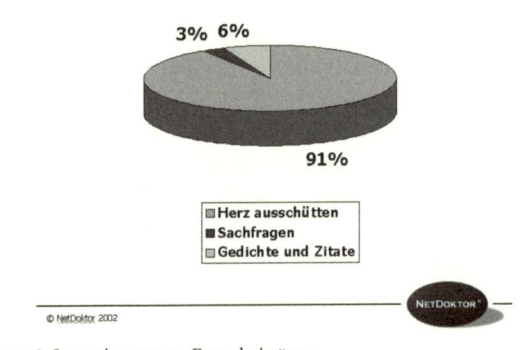

Abbildung 2: Intentionen von Forenbeiträgen

Die Risiken

Bei allen Chancen, die das Internet heute bietet, sind damit jedoch auch spezielle Risiken verbunden, die es im Auge zu behalten gilt.

Negative Einflussnahme

Eine Community wie diese zieht auch Menschen mit anderen psychischen Erkrankungen an, die unter Umständen Schaden anrichten können, indem sie zum Suizid aufrufen oder andere

Mitglieder verletzen. Der Community-Manager hat zwar die Möglichkeit, bestimmte Teilnehmer im Notfall zu sperren oder einzelne Beiträge zu löschen, doch bis dahin können Stunden vergehen. Zudem wirkt sich der Vorteil der Anonymität in solchen Fällen nachteilig aus, da der Störenfried jederzeit unter einem anderen Namen ins Forum zurückkehren kann. Glücklicherweise treten derartige Fälle jedoch sehr selten auf. In den vergangenen 18 Monaten mussten nur in fünf Situationen einzelne Beiträge gelöscht werden, niemand wurde gesperrt. Darüber hinaus hat sich gezeigt, dass eine Community mit gesunden Strukturen auch starke Selbstreinigungskräfte hat: Wer sich nicht gemäß den Spielregeln benimmt und beispielsweise aggressiv auftritt, wird von den Mitgliedern schnell in seine Grenzen verwiesen.

Werther-Effekt

Ein wesentliches Symptom einer schweren Depression sind Suizidgedanken, die im schlimmsten Fall auch umgesetzt werden. Passiert dies im Kreis der Community-Mitglieder, besteht die Möglichkeit, dass es die anderen Teilnehmer in eine schwere Krise stürzt. Im schlimmsten Fall ist es denkbar, dass es Mitglieder gibt, die sich den Suizid eines Mitglieds zum Vorbild nehmen. Derartige Vorkommnisse konnten glücklicherweise jedoch bisher bei NetDoktor nicht beobachtet werden.

Rückzug aus dem Leben

Ein weiteres Risiko besteht darin, dass einzelne Mitglieder sich in die Community zurückziehen und nichtvirtuelle Kontakte vernachlässigen. In extremen Fällen können sogar Formen von Internetsucht auftreten, die Betroffenen surfen dann Tag und Nacht durch die Chaträume. Damit würde das Ziel der Community verfehlt. NetDoktor bereitet derzeit eine breit angelegte Studie vor, die auch das Vorkommen derartiger Tendenzen in der Community überprüfen soll.

Fazit

Abschließend lässt sich sagen, dass eine Internet-Community insbesondere für Menschen mit Depressionen eine sehr wirksame Hilfe sein kann. Im Schutz der Anonymität wagen viele Menschen, ihre Masken abzulegen, und finden – vielleicht zum ersten Mal in ihrem Leben – Anteilnahme, Verständnis, sogar Freundschaft. Die Mitgliedschaft in einer Community erleichtert den Weg aus der Einsamkeit, macht Hoffnung auf Heilung und motiviert, selbst aktiv zu werden.

Wichtig ist jedoch, dass die Betreiber die Entwicklungen in der Community jederzeit im Auge behalten und wachsam bezüglich der beschriebenen Risiken sind. Insbesondere in kritischen Situationen müssen die Mitglieder darin unterstützt werden, professionelle Hilfe außerhalb der Community zu suchen.

Eine Internet-Community ist für viele eine großartige Unterstützung auf dem Weg aus der Depression. Sie kann aber in keinem Fall Ersatz für eine Therapie sein.

Gerald Schömbs

Mit neuen Medien neue Zielgruppen erreichen

Wie man das Internet besser nutzen kann (anstatt es zu bekämpfen)

Die Aufklärung über den Suizid ist eine der wichtigsten Aufgaben der Prävention. Nicht nur die Aufklärung und Information von Betroffenen ist damit gemeint, sondern einer breiten Öffentlichkeit – besonders von jungen Zielgruppen. Das Internet ist ein starker Verbündeter, um Informationen über Suizid und Depressionen zu verbreiten. Preiswert, schnell, flexibel und einfach zu bedienen – wenn man es richtig nutzt und einsetzt. Oder es frustriert, langweilt und enttäuscht. Dann hat der Anbieter seine Chance vertan. Denn im World Wide Web ist die nächste Site nur einen Klick entfernt. Der Wettbewerb um die Aufmerksamkeit der Surfer ist groß. Sehr groß sogar.

»Freunde fürs Leben e.V.« haben sich die Förderung der Bildung über das Tabuthema Suizid zur Aufgabe gemacht. Wer Bescheid weiß, kann mitreden, reagieren und helfen. Deshalb lautet unsere Aufforderung:»Informier dich über Selbstmord und Depression«, die sich speziell an junge Menschen – Kinder, Jugendliche und junge Erwachsene – richtet, an eben diese 15- bis 35-Jährigen, bei denen Suizid an zweiter Stelle der Todesursachen steht. Doch genau diese Zielgruppe interessiert sich mehrheitlich nicht für dieses Thema und widmet ihm keine Aufmerksamkeit. Weil sie nicht betroffen sind – denken sie zumindest. Und gerade diese Zielgruppe ist besonders schwer über herkömmliche Kommunikation zu erreichen, also über Broschüren, Ärzte oder Versorgungseinrichtungen.

Wege zu jungen Menschen zu finden, um mit ihnen über das Thema zu kommunizieren, diese Aufgabe haben sich »Freunde fürs Leben e. V.« gestellt. Der Verein ist keine Beratungsstelle oder Hilfseinrichtung, sondern ein Netzwerk für Menschen, die sich mit Kommunikation und verwandten Dienstleistungen beschäftigen. Das sind PR-Leute, Fotografen, Werber, Graphiker, Webdesigner, Texter, Film- und Musikindustrie, Medien und Prominente. Sie alle haben sich gefragt, warum es Aufklärungskampagnen über Verkehr, Drogen und Aids gibt – aber keine nationale Aufklärungsinitiative über Suizid. Dabei gibt es nicht nur genug Gründe dafür, sondern wichtige Fakten und Informationen, die einen positiven Einfluss auf die Suizidrate haben können.

Der Suizidforscher Edwin Shneidman (1995) meint: »Wenn man der Öffentlichkeit kommuniziert, dass Suizid jeden betreffen kann, dass es Hinweise in Äußerungen und im Verhalten von Menschen gibt, auf die man achten kann, und dass Hilfe verfügbar ist, ist das ein Weg, um Suizid zu verhindern.«

Die ersten Schritte bei der Entwicklung eines neuen Kommunikationsangebots sind heutzutage die Entwicklung eines geeigneten Namens und eines Logos. Und gleich im Anschluss kommt das Internet, man erstellt eine eigene Website. Es gibt keinen einfacheren und schnelleren Weg, um Informationen zu einem Thema weltweit für jeden verfügbar zu machen. Das meint man zumindest. Dass es aber auch im Internet kompliziert zugehen kann und die gesuchten Informationen ganz und gar nicht »einfach« und »schnell« verfügbar sind, konnten wir bei unserer Arbeit lernen. Deshalb wollen wir von einigen unserer »Learnings« berichten und Tipps geben, wie man sein Angebot nicht nur »verfügbar«, sondern für seine Zielgruppen auch leichter auffindbar macht.

Wer jetzt eine komplette Anleitung erwartet, wie man seinen eigenen Internetauftritt programmiert und ins Netz stellt, wird enttäuscht werden. Das wird in sehr vielen praktischen Büchern und Zeitschriften bereits ausführlich beschrieben. Abgesehen davon sollte man sich für viele dieser Schritte doch besser der Hilfe eines Profis bedienen, weil die Möglichkeiten (und auch die Ansprüche!) inzwischen sehr umfangreich sind. »Freunde fürs Leben e. V.« ist keine Webagentur, sondern macht sich Gedanken um die inhaltliche Seite und deren Darstellung: Wie kann ich das Internet nutzen und damit neue Zielgruppen erreichen?

Vorausgegangen war eine Diskussion über die Foren im Netz.

Auf den Webseiten treffen sich Interessierte und Gleichgesinnte, um sich in Chats live oder mit Hilfe von Postings (Beiträgen) zeitversetzt über festgelegte Themen auszutauschen. Diese Diskussionsforen sorgten dafür, dass das Internet im Zusammenhang mit Suizid bislang nur für negative Schlagzeilen gut war. Dabei sind gerade die Foren eine der ältesten und lebendigsten Belege dafür, wie das Internet Meinungsvielfalt, Information und damit Demokratie fördert. Foren gibt es im Internet unzählige, und das nicht erst seit Mitte der neunziger Jahre, als die Erfindung des WWW für den allgemeinen Durchbruch des Internets sorgte, sondern als Newsgroups schon seit den achtziger Jahren.

Gleichgesinnte helfen hier Gleichgesinnten – in rein technischen Fragen, in Verbraucherangelegenheiten ebenso wie in Fragen der Lebenshilfe. So kann man auf *www.schwarze-rose.de* über das Selbstmordforum lesen: »In diesem Forum habe ich viele nette Menschen gefunden (und einen ganz besonderen!), die sich so wie ich mit der Frage unseres Daseins und den Problemen des täglichen Mit- und Gegeneinanders befassen. Manche von ihnen sind suizidal, manche kommen mit dem Leben nicht klar und suchen Hilfe oder nur jemanden, der sie versteht, und andere wiederum versuchen zu helfen und zu verstehen.« »So gesehen lässt sich an der Existenz von Selbstmordforen auch Positives ablesen«, schreibt dazu der Journalist Michael Nagenborg in seinem Artikel »Die interaktiven Leiden des jungen Werther«, »nämlich die Bereitschaft von Suizidgefährdeten (wenn sie es denn wirklich sind), sich unter geeigneten Rahmenbedingungen über ihre Befindlichkeit zu äußern. Hinzu kommt die Behauptung einiger, dass ihnen diese Foren geholfen hätten, ihre Krise zu überwinden.«

Aus diesen Gründen stellt sich freilich nicht mehr die Frage, was man nun gegen solche Suizid-Foren tun könne oder ob man sie gar abschalten solle (was ohnehin nicht geht); auch nicht, ob man sie reglementieren muss (auch das wird im Internet nicht funktionieren) oder ob die Beteiligten über ausreichende Qualifikationen verfügen (danach fragt bei Stammtischdiskussionen auch niemand), sondern die Frage ist: Warum haben Angebote wie *www.selbstmord.de* oder *www.nur-ruhe.de* so einen großen Erfolg (bei Betroffenen)? Und was kann ich tun, damit auch mein Angebot mehr Menschen erreicht (auch Nichtbetroffene)? Damit sich mehr (junge) Menschen für mein Thema interessieren?

Das Internet macht es leicht, schnell an Informationen heranzukommen. Wenn mich ein Thema interessiert, gebe ich den Begriff direkt ein (*www.handy.de*, *www.mietwagen.de* etc.) oder füttere eine Suchmaschine damit (*www.google.de*). Werbeprofis nutzen es in Spots oder auf Plakaten und sparen so Zeit für Bezugsquellenhinweise, Preise, Telefonnummern zum Anfordern von Prospekten: Mehr als www.audi.de, www.playmore.de oder www.lastminute.de muss ich mir in der kurzen Zeit nicht merken, um an meinem Computer anschließend eine Reise zu buchen oder Preis und Händler für eine Xbox ausfindig zu machen.

Doch was so einfach klingt, wird in der Praxis noch viel zu oft ignoriert. Wir haben sechs »Verhinderer« ausfindig gemacht, die dafür sorgen, dass der Besucher einer Website, die sich dem Suizid widmet, entweder frustriert weiterklickt (zu Themen, die vielleicht weniger wichtig sind, aber interessanter daher kommen) oder erst gar nicht draufstößt (obwohl er vielleicht sogar daran interessiert war):
- die Webadresse,
- Auffindbarkeit,
- Design und Ansprache,
- Fachjargon,
- technische Voraussetzungen,
- inhaltliche Struktur.

Die Webadresse: Leicht zu merken?

Die URL ist die Adresse, unter der das Angebot im Netz steht. Genau genommen gibt sie den Server und damit den Ort (Location) an, an dem sich die Seite befindet. Sie ist die Straße, die Hausnummer, das Türschild und die Telefonnummer. Der potentielle Besucher muss sich nur diesen einen Namen merken, schon findet er die dazugehörige Seite. Einfach? Dann versuchen Sie das mal bei *www.suicidology.de*, *www.suizidprophylaxe.de* und *www.kompetenznetz-depression.de* (stellen Sie sich auch mal die

E-Mail-Adressen dazu vor). Ganz anders bei *www.jugend-notmail.de* (die zudem auch über *www.junoma.de* auffindbar sind) und *www.neuhland.de*: Hier weiß man, was gemeint ist, und muss sich nur ein Wort einprägen. Schön einfach auch *www.forlife.de*. »Freunde fürs Leben e. V.« hatten es auch nicht leicht, weil der Name schon vergeben war. Wir haben uns als Alternative für eine Form der Abkürzung entschieden, indem wir die Vokale weggelassen haben: www.frnd.de steht für »Freunde«, kann aber auch »Friend« heißen. Unsere E-Mail-Adresse ist übrigens auch ganz leicht: freunde@frnd.de.

Tipp: Überlegen Sie sich ein paar einfache Begriffe und schauen Sie bei *www.sedo.de* nach, ob sie noch verfügbar sind. Lassen Sie Bindestriche am besten weg. Fortgeschrittene tricksen mit der Endung wie etwa die www.bullypara.de (leider war *www.freun.de* auch schon besetzt).

Aufgespürt: Schwer zu finden?

Ist man im Internet auf der Suche nach einem Thema, stößt man entweder über themenverwandte Seiten, Webverzeichnisse oder Suchmaschinen auf das gewünschte Angebot. Gibt man zum Beispiel bei www.google.de die Stichwörter »Informationen + Selbstmord« ein, findet man nicht unbedingt die wirklich relevanten Angebote unter den ersten Treffern.

Warum? Zunächst müssen die Webdienste einmal von dem entsprechenden Angebot erfahren – man muss sich »anmelden«. Das kann man einzeln bei den wichtigsten Suchmaschinen machen oder man nutzt entsprechende Dienste des Profis, der die Anmeldung bei mehreren Hundert Suchmaschinen übernimmt. Die Suchmaschinen scannen dann die Seiten auf bestimmte Schlüsselwörter, Redakteure eines Verzeichnisses rubrizieren die Seite entsprechend ihres Inhalts. Sie können dies unterstützen, indem Sie die wichtigsten Begriffe in den Titel der Seite (Name des Fensters oben in der Mitte), in die Programmierung (so genannte Meta-Tags) und in den Text auf der Startseite aufnehmen.

Tipp: Überlegen Sie sich mögliche Suchbegriffe, unter denen jemand nach Ihnen suchen könnte (Sorgen, Hilfe, Selbstmord,

Beratung, Schule, Liebe, Krankheit, aber auch beispielsweise Ort und Straße). Bitten Sie Ihren Webprogrammierer, diese Begriffe in die Seite einzuarbeiten. Überlegen Sie sich für die Webverzeichnisse einen Satz, der Ihr Angebot so genau und umfassend wie möglich beschreibt und in dem möglichst viele Schlüsselwörter auftauchen wie »Freunde fürs Leben informieren über Selbstmord und Depression (mit Informationen, Links, Checklisten, Infomaterial, Buchtipps)«.

Design und Ansprache: Wie komme ich rüber?

Hier geht es um die Optik und das Design. Die Tonalität in der Sprache wird im nächsten Punkt noch genauer beleuchtet. Aber nicht nur die Optik, sondern das generelle Konzept des Auftritts spielt hier eine wesentliche Rolle. Es ist gut, ein Logo zu haben! Das kann man überall einsetzen, es prägt sich ein und unterstützt den professionellen Eindruck. Denn wir befinden uns im Wettbewerb um die Aufmerksamkeit der Besucher mit unzähligen Angeboten von Profis. Da kann es nicht schaden, wenn der erste Eindruck Kompetenz und Professionalität vermittelt. Das schafft Vertrauen. Und der Besucher bleibt – zumindest für einen zweiten Blick.

Abbildung 1: Logo

Tipp: Aussehen wie die »Großen« muss nicht teuer sein, auch sie nutzen oft die Kreativität von kleinen Agenturen oder freien Designern (so ist auch www.frnd.de entstanden). Klicken Sie einfach bei Seiten, die Ihnen gefallen, auf das Impressum oder den Hinweis auf den Gestalter/Programmierer (meist unten auf der Homepage).

Gerald Schömbs

Fachjargon: Klinge ich krank oder gesund?

Strahlt die Webseite Krankheit, Medizin und Wissenschaft aus? Klingt sie nach Krankenkasse oder mehr nach Gesundheitskasse? Mehr suizidprophylaxe.de oder forlife.de? Gegen einen www.netdoktor.de ist wohl nichts einzuwenden, wenn er mir ein bestimmtes Krankheitsbild erklärt (hier das »Depressionsportal«). Will man aber nicht nur Betroffene anziehen und seinen reichhaltigen Fremdwortschatz vermitteln, dann muss man das in einer klar verständlichen Sprache tun, die sagt und benennt, was gemeint ist. Viel zu oft verstecken sich die »Selbstmordgedanken« hinter den »Suizidalen«. Und die »Vorbeugung« hinter der »Prävention«. Hier kann man von der Arbeit der Aids-Aufklärung lernen: Verhütung und Safer Sex statt Immunschwäche-Prävention. Wenn ich das brauche, kaufe ich mir ein medizinisches Fachbuch. Das Thema ist schon schwer genug zu begreifen, da haben Fachjargon und Fremdwörter nichts verloren. Sie verschrecken unsere Besucher und machen es ihnen unnötig schwer. Dabei wollen wir etwas von ihnen (nämlich sie mit unseren Informationen erreichen) – nicht umgekehrt.

Tipp: Sagen Sie, was sie wollen, was sie bieten können und was man bei Ihnen erwarten kann. Sagen Sie es auf Deutsch. Und interessieren Sie Ihre Leser mit anschaulichen Beispielen, statt sie durch geballtes Fachwissen in die Flucht zu schlagen.

Technische Voraussetzungen: Kein Anschluss unter diesem Computer?

Unser Zugang ins Internet wird immer schneller – 56 KByte sind mittlerweile Standard – und neue Rechner verfügen über ausreichend schnelle Chips und jede Menge Speicher. Damit sind Downloads von umfangreichen Seiten und größeren Dokumenten ebenso möglich wie das Abspielen von Sound, Live-Radio und Film-Clips. Doch schon mit einem Rechner, der älter als drei Jahre ist, oder mit einem Analog-Modem mit 28,8 KByte hat man bei den meisten Highend-Seiten Probleme. Klicken Sie mal auf *www.bravo.de* oder *www.mtv.de* und warten sie, bis sich die

Seite aufgebaut hat. Selbst wenn die Hardware stimmt, braucht man für viele Seiten immer die neuesten Browser (wie IE 5.X) und Plug-Ins (beispielsweise für Flash-Seiten). Das sind eine Menge Hürden, die hier aufgebaut werden – unnötige Hürden. Eine PR-Agentur kann sich erlauben zu sagen: Meine potentiellen Kunden sollten das haben, wenn sie meine Seiten sehen wollen. Wenn wir aber den Anspruch haben, dass möglichst viele, möglichst junge Menschen etwas sehen, wenn sie auf meine Seite gehen (da wir nicht MTV oder »Bravo« sind, können wir nicht davon ausgehen, dass sie viel Geduld mitbringen), müssen wir Überflüssiges über Bord werfen und nach dem kleinsten gemeinsamen Nenner suchen. Angenehmer Nebeneffekt: Je weniger und einfacher, desto schneller. Betrachten Sie *www.frnd.de* mal unter diesem Aspekt.

Die Technik ist aber nicht nur ein Verhinderer, sondern bietet auch Möglichkeiten, die man auf seiner Site nutzen sollte. Erst dann unterscheidet sich eine Website wirklich von einer Broschüre. Zum Beispiel kann man ein Gästebuch oder ein Forum einrichten (da ist es wieder!), wo die Besucher Hinweise, Erfahrungsberichte und Tipps hinterlassen können. Gut zu beobachten ist dies beim Radiosender www.fritz.de (unter »Lebenshilfe«) und bei www.kompetenznetz-depression.de.

Tipp: Bitten Sie Bekannte, mal auf Ihre Seite zu gehen, und befragen Sie sie nach Ladezeiten und etwaigen Problemen in der Darstellung. Fragen Sie sie auch, welches Betriebssystem sie benutzen (Mac/Windows), welchen Browser (Netscape/Internet Explorer) und nach ihrer Verbindung ins Netz (Analog/ISDN). Entmüllen Sie Ihre Seite in jedem Fall von schmückenden Elementen wie lustigen bewegten Grafiken, die nur Ladezeit kosten.

Inhaltliche Struktur: Alles auf einen Blick?

Weiß ich immer genau, wo ich gelandet bin, wenn ich auf eine Webseite komme, und was ich hier erwarten kann? Oder muss ich erst mühsam herausfinden, was man eigentlich von mir will? Der Besucher ist nicht nur frustriert, wenn er nicht auf einen Blick weiß, worum es geht, sondern auch, wenn er nicht sofort sieht, wo er was findet und wie er weiterkommt. Oft sind die einzelnen Abteilungen mit netten Begriffen versehen, wo man nur durch Raten oder Ausprobieren herausfindet, was sich dahinter verbirgt. Oder die gesuchten Punkte verstecken sich in einer Unternavigation statt auf der Hauptebene. Eigentlich sollte man direkt von der Homepage zur Kontaktaufnahme gelangen (steht da die komplette Anschrift mit Telefon oder nur eine E-Mail-Adresse?). Wo kann ich Infomaterial anfordern? Wer suchet, der findet – das kostet Zeit. Da geht man doch lieber woanders hin ...

Die Struktur steht auf dieser Liste der »Verhinderer« zwar ganz am Ende, gehört bei der Entwicklung einer Website selbstverständlich an den Anfang, dorthin wo es auch um die Namensfindung geht. Aber die Tücken lauern in allen Phasen der Entwicklung – ganz gleich, ob es sich um eine Seite handelt, die schon online ist oder noch entwickelt werden muss. Mehr noch: Die meisten der angesprochenen »Verhinderer« treten nicht nur im Internet auf, sondern ziehen sich quer durch die eigene Kommunikation. Angefangen beim Briefpapier (der Briefbogen ist der wichtigste, weil häufigste und direkteste Kontakt, hier kann ich alle meine Schlüsselbotschaften unterbringen) bis zum Infoblatt.

Betrachten Sie unter den vorgenannten Aspekten jetzt einmal eine Website wie *www.selbstmord.de* oder *www.selbstmordforum.de* – und sie werden feststellen, dass die meisten Punkte erfüllt werden:
– schneller Aufbau,
– eindeutiger Name,
– klare und verständliche Information über den Inhalt,
– einfache Struktur und schnörkellose Programmierung.

Kein Wunder, verfügen die Anbieter dieser Seiten doch bereits über viele Jahre Online-Erfahrung. Sie wissen, was funktioniert und was nicht.

Auch »Freunde fürs Leben e. V.« haben sich vorgenommen, die voranstehenden Punkte zu beachten und umzusetzen: Als erstes haben wir uns einen Namen gegeben, der nicht nach Medizin oder Krankheit schmeckt. Wir wollen zunächst eine positive Message aussenden, die zur genaueren Betrachtung anregt.

Das Logo bringt mit seinen vier Köpfen, den »Freunden«, den Namen nicht nur auf den Punkt, sondern stellt die Web-Location komplett in den Mittelpunkt. Es funktioniert ganz für sich allein, und das in fast jeder Größe und Farbe.

Kommt man auf die Website *www.frnd.de*, sieht man gleich, dass eine einfache Struktur und übersichtliche Navigation die Seite und die Benutzerführung leicht und schnell machen, keine technischen Hürden, kein Problem für weniger hochgerüstete Surfer. Der Einführungstext erklärt, warum es diese Seite gibt und was man dort findet. Die wichtigsten Begriffe findet man oben im Fenster. Eine Besonderheit ist die doppelte Navigation. Auf jeder Seite finden sich rechts unten »Klicktipps«, mit denen der Besucher thematisch durch die Seite geführt wird, anstatt der stark strukturierten Hauptnavigation zu folgen.

Wenn wir das Internet als Medium nutzen wollen, um neue, junge Zielgruppen mit Informationen über Suizid zu erreichen, dürfen wir bei dieser Mission keine Hindernisse aufbauen, seien sie noch so gering. Noch nie war die Zugangsschwelle zu Informationen und zum Dialog für unsere Zielgruppen so niedrig, nie war es für uns einfacher, eine so große Öffentlichkeit zu erreichen. Jedoch ist die Zeitspanne, die uns zur Kontaktaufnahme bleibt, auch noch nie so kurz gewesen und die Beziehung (zumindest zu Beginn) flüchtiger als mit der Maus in der Hand vor dem Computer.

Und wie geht's weiter? Jetzt das eigene Netzwerk knüpfen

Zahlreiche und dauerhafte Bindungen über das Internet lassen sich nur bilden, wenn man seine Seite nicht nur ausreichend promotet, sondern seinerseits ein Netzwerk knüpft, in das das Webangebot und andere Leistungen eingeflochten werden.

Dazu gehört zunächst einmal das ganz eigene Netzwerk an Kommunikationsaktivitäten: Haben Sie einen Hinweis auf die Dialogmöglichkeiten per Internet auf allen Druckmaterialien wie Briefpapier, Visitenkarten und Broschüren? Vielleicht machen Sie ein eigenes Infoblatt zur Website, damit Interessierte ermuntert werden, sich hier tiefer zu informieren (dass kann man auch gut in öffentlichen Einrichtungen auslegen). Haben Sie auch Anzeigen in den »Gelben Seiten« berücksichtigt? Denken Sie daran: Die (hoffentlich) einprägsame Webadresse merkt man sich leichter als die Telefonnummer. Sie können ein Poster mit Ihrer Webadresse machen, das an Schulen ausgehängt werden kann.

Weiter geht es mit dem externen Netzwerk: Weiß die (örtliche) Presse Bescheid, dass Sie über eine Seite verfügen? Stellen Sie bei Presseberichten, bei Radio- oder TV-Interviews sicher, dass man auf Ihre Website hinweist.

Was ist mit Büchern, in denen Sie im Anhang genannt werden können – sind die Verlage auf dem Laufenden? Ärzte, Mitarbeiter von öffentlichen Einrichtungen, Beratungsstellen, Kirchen: Sie alle müssen wissen, welche interessanten Websites sie empfehlen können. Machen Sie ein Mailing!

Zu guter Letzt nutzen wir natürlich auch die Mittel der Online-Promotion: Suchen Sie Sites, die zu Ihnen passen, und bitten Sie sie per E-Mail, in ihren Empfehlungen (»Wichtige Links«) auf Ihr Angebot hinzuweisen. Denken Sie dabei nicht nur an themenverwandte Seiten (Hilfseinrichtungen o. Ä.), sondern auch an Seiten, wo Ihre Zielgruppe hinsurft, um sich zu informieren, wie beispielsweise die Seite der Radiostation und das offizielle Angebot der Stadt. Vergessen Sie nicht Ihre E-Mail-Signatur und die aller Mitarbeiter: Mit keinem anderen Medium – vorausgesetzt, Sie nutzen E-Mail für die alltägliche Kommunikation – erreichen Sie so viele Kontakte. Deshalb muss unter jeder E-Mail zu allererst ein Hinweis auf Ihr Webangebot stehen.

Wenn Sie Fragen zu diesem Beitrag haben oder mit dem Autor in Kontakt treten wollen, schreiben Sie eine E-Mail an gerald@frnd.de. Die Links in diesem Beitrag und viele andere finden Sie auf der Website von »Freunde fürs Leben e. V.« in dem Bereich »Noch mehr Wissen«. Klicken Sie in dem Bereich »Presse/Werbung« auf »Logos«, finden Sie Banner zum Downloaden, um auf Ihrer Website auf unsere hinzuweisen, wofür wir Ihnen dankbar wären (vorausgesetzt, es gefällt Ihnen und Sie können sie als nützlich weiterempfehlen).

www.frnd.de – Informier dich über Selbstmord und Depression – schnell und übersichtlich. »Freunde fürs Leben e. V.« wollen aufzuklären über die Tabuthemen »Depressionen und Suizid« und einen Beitrag leisten im Rahmen der Suizidprävention, indem wir Mittel und Wege finden, Informationen und Inhalte über dieses Thema insbesondere an junge Zielgruppen zu bringen.

Kontakt: freunde@frnd.de

Literatur

Shneidman, E. (1995): Definition of Suicide. Northvale.

Kinder und Jugendliche

Michael Witte

Kinder und Jugendliche im »world *wild* web«

Nicht erst nach dem Amoklauf in einer Erfurter Schule im April 2002, bei dem 16 Menschen von einem 19-jährigen erschossen wurden, wird intensiv der Zusammenhang zwischen Gewaltbereitschaft und Internet- und Computerspielkonsum Jugendlicher diskutiert. Berichte in den Medien über im Internet verabredete und gemeinsam begangene Suizide hatten die mediale Diskussion auf die Homepages der Suizid-Foren geführt und infolge dieser oftmals zum Suizid auffordernden Forenbeiträge die Gefahr einer Welle von Suiziden gesehen. Ähnlich gefährliche Wirkungen waren bei Jugendkulturen wie den »Grufties« oder »Gothics« wahrgenommen worden, deren Veröffentlichungen teilweise Todessehnsucht ausstrahlen. Deshalb stellt sich die Frage nach der Bedeutung derlei medialer und (sub-)kultureller Einflüsse für die Entwicklung der Kinder und Jugendlichen in einer von neuen Medien geprägten Welt.

Jugendliche haben die höchsten Internetnutzer-Anteile

Die ARD/ZDF-Online-Studie 2001 berichtet, dass im Mai/Juni 2001 38,8 Prozent der bundesdeutschen Bevölkerung ab 14 Jahren online waren (zum Vergleich 1997: 6,5 %) davon 48,3 Prozent männlichen und 30,1 Prozent weiblichen Geschlechts. Die Gruppe der jungen Menschen zwischen 14 und 19 Jahren nimmt inzwischen mit 67,4 Prozent die Spitzenposition unter den Online-Nutzern je Altersgruppe ein (zum Vergleich die Gruppe der 60-Jährigen und älter: 8,1 %). Diese Entwicklung hoher Anteile junger Internetnutzer hat sich erstmals im Jahr 2001 ausgeprägt.

Lag der Anteil der unter 19-Jährigen noch im Jahr 2000 mit 48,5 Prozent Online-Nutzern der Altersgruppe hinter der Gruppe der 20- bis 29-Jährigen, so sind jetzt die 20- bis 29-Jährigen als zweitstärkste Gruppe mit 65,5 Prozent hinter den Jüngeren. Dies spricht für die erhebliche Bedeutung der Online-Nutzung durch junge Menschen.

Auch der Ort der Internetnutzung hat sich dieser Untersuchung zufolge seit 1997 verändert: Wurde seinerzeit hauptsächlich von Arbeitsplatz, Schule oder Ausbildungsstätte aus auf das Internet zugegriffen, so dominiert inzwischen die Internetnutzung von zu Hause mit 78 Prozent Zugangsmöglichkeit. Die Studie berichtet sogar, dass der größte Teil der Internetnutzer (46 %) ausschließlich zu Hause die Möglichkeit hat, das Internet zu nutzen (2001, S. 385).

Da es sich beim Internet um einen sehr rasant wachsenden Markt handelt, müssen alle vorliegenden Untersuchungen bereits wieder als veraltet gelten, so dass inzwischen die Tendenz zur hohen Präsenz junger Menschen im Internet noch erheblich gewachsen sein wird. Die Nutzung bestimmter Online-Angebote zeigt auch einige Vorlieben der jungen Internetnutzer. So berichtet die ARD/ZDF-Studie, dass nur 27 Prozent aller Internetnutzer Musiktitel aus dem Internet abgerufen haben. Unter den 14- bis 19-Jährigen sind jedoch bereits 88 Prozent erfahrene MP3-User.

Diese Studie untersuchte auch die Nutzung des Internets durch Kinder. »3 von 4 Kindern, die das Internet nutzen, sind zwischen 10 und 13 Jahre alt, nur jedes vierte Kind ist 9 Jahre alt und jünger« (2001, S. 395).

Die Eltern sehen die Internetnutzung ihrer Kinder kritisch. 74 Prozent der Eltern bemühen sich zumindest gelegentlich, dabei anwesend zu sein und mit den Kindern über die aufgerufenen Websites zu reden (62 %). Es wird festgestellt, das »zwei Drittel der Kinder in Haushalten mit mindestens einem erwachsenen Internetanwender keinen Zugang zum Internet haben. ... Nur ein Viertel der Internetanwender halten eine zeitliche Beschränkung der Internetnutzung für unnötig. Drei Viertel sprechen sich dafür aus, dass sich der zeitliche Rahmen des Internetkonsums in Grenzen hält« (2001, S. 395). Den Eltern sind also die Problematik der häufigen Internetnutzung und insbesondere auch die Gefahren von Internetseiten mit Erotikangeboten oder gewalthaltigen Inhalten bekannt.

Die Bedeutung von Kindern und Jugendlichen für die Verbreitung der Internetnutzung hat der amerikanische Provider AOL erkannt und in einer Studie (1999) festgestellt, dass die amerikanischen Kinder und Jugendlichen oftmals in ihren Familien wegbereitend für eine intensivere Nutzung des Internets sind und sich die Erwachsenen häufig der Hilfe der Jugendlichen bei der Internetnutzung bedienen: »Not only do 9-to-17 year-olds say that going online is better for them than the television, they even prefer it to either watching television or talking on the telephone. They also report that the medium plays a central role in their family lives, that it makes their schoolwork better, and that communication with friends and family is their favorite online activity.

The study also revealed that 49 % of young people say that they influenced their parents' decision to connect their home to the Internet, and 66 % report that they help their parents use the medium« (AOL 1999, S. 2).

Christine Feil schätzt die Nutzung des Internets durch Kinder sehr viel weniger euphorisch ein: »Die sozialen Hürden sind hoch, ein heimischer Internetzugang erfordert nicht nur die notwendige Geräteausstattung, sondern auch die Begleichung der laufenden Kosten. Darüber hinaus sind die Kinder – auch dies unterscheidet das Internet von anderen Medien wie dem Fernseher oder Kassettenrecorder – weitgehend auf Hilfe und Unterstützung interneterfahrener Eltern (oder Geschwister) angewiesen« (2000, S. 4). Weiter schreibt sie: »Auch wenn Zugangsmöglichkeiten außer Haus bestehen und viele Kinder gerne mal ins Internet schauen würden, ändert sich nichts an der Tatsache, dass das Internet noch kein Alltagsmedium für Kinder ist.« Christine Feil stellt fest, dass die Nutzungsdauer pro Tag bei den 9- bis 17-Jährigen nur 6 Minuten für das Internet beträgt, während die gleiche Altersgruppe täglich 104 Minuten fernsieht, 68 Minuten Radio hört, 59 Minuten Musik von CD oder MC hört und 21 Minuten in einem Buch liest.

Fragt man danach, was die Kinder im Netz machen, so berichtet Regina Decker über Kinderhomepages aus einer Studie von

1999, dass Kinder zwischen 6 und 8 Jahren nur wenig im Internet herumschauen, herumsurfen, deutlich weniger spielen und kaum in Chat-Gruppen sind (was Schreibfertigkeiten verlangt), während bereits die Gruppe der 12- bis 14-Jährigen im Netz zu 36 Prozent Informationen suchten, zu 34 Prozent E-Mails und zu 32 Prozent in Chat-Gruppen waren.

Inzwischen hat die Einsicht der Eltern in die Notwendigkeit eines Internetzugangs für ihre Kinder zugenommen oder – richtiger gesagt – der Druck auf Eltern, einen Internetzugang für die Kinder zu schaffen, ist erheblich gewachsen. Unter dem oft auch medial vermittelten Eindruck, dass für eine gute Ausbildung die Internetnutzung schon möglichst früh verfügbar sein müsse, bemühen sich viele Eltern um Internetverfügbarkeit für ihre Kinder.

In den Schulen ist mit verschiedenen Programmen inzwischen fast flächendeckend der Computer eingezogen, wobei sich auch hier überwiegend der Wunsch der Erwachsenen, dass die Kinder und Jugendlichen die Computer für Informationsrecherchen und für ihre Ausbildung nutzen, nicht mit der tatsächlichen Anwendung durch die Jugendlichen und Kinder deckt, die überwiegend Spaß bei Online-Spielen oder Musik-Downloads und Chats suchen.

Im 11. Kinder- und Jugendbericht der Sachverständigenkommission der Bundesregierung vom Januar 2002 heißt es: »Die Entwicklungen im *technisch-medialen* Bereich verändern das Leben der Kinder und Jugendlichen tiefgreifend. Virtuelle Sinneserfahrungen und indirekte Interaktionsformen nehmen zu; das Interesse an fernen Welten wächst. Dennoch mindert sich das Interesse der Kinder und Jugendlichen an direkten Kontakten im eigenen Freundeskreis nicht« (S. 10). Die positive Grundhaltung der Expertenkommission gegenüber den neuen Medien kommt auch in der weiteren Einschätzung zum Ausdruck: »Einerseits eröffnet sich ihnen hierdurch die Möglichkeit, Empathie und Verantwortungsbewusstsein, Rollendistanz und Ambiguitätstoleranz zu erwerben; andererseits kann es zu Überforderungen kommen. Ein Fernhalten der Kinder oder Jugendlichen von diesen Einflüssen ist weder möglich noch wünschbar. Auch hier gilt, dass Kinder und Jugendliche über bemerkenswerte Ressourcen verfügen, sich in der medialen Welt zu orientieren und mit ihr umzugehen. Gleichwohl benötigen sie die Unterstützung der Institutionen von *Bildung und Erziehung*, und zwar nicht nur im Sinne der technischen Anleitung, sondern vor allem um die komplexen Medienwelten zu durchschauen und zu verstehen. Allen muss ein gleicher Zugang zu den Medien und zu den neuen Informations- und Kommunikationstechnologien ermöglicht werden. Das gilt insbesondere für Kinder und Jugendliche mit Migrationshintergrund sowie aus ärmeren Familien – und nach wie vor für Mädchen.

Es ist ein Anliegen der Kommission, dass die von ihr in den Mittelpunkt ihrer Analyse der Lebenslagen gerückten Entwicklungen der kulturellen Vielfalt und der Informationstechnologien auch im Bereich der Kinder- und Jugendhilfe Ausdruck finden« (S. 10). So fordert die Kommission nicht nur, die Schulen ans Netz zu bringen, sondern auch die Kindertageseinrichtungen (11. Kinder- und Jugendbericht 2002, S. 11).

SMS-Nutzung durch Jugendliche

Mit der Verbreitung der Handys ist insbesondere unter den Jugendlichen die Nutzung von SMS zu einer jugendtypischen Anwendung geworden. Im Jahr 2000 wurden bereits 15 Milliarden SMS-Nachrichten versendet. Die Autoren Höflich und Rössler (2001) geben aus der Shell-Jugendstudie die Informationen wieder, dass das Handy vor allem ein Medium der großstädtischen Jugend sei. Für die Handynutzung geben die Jugendlichen erhebliche Geldmittel aus. Höflich und Rössler fanden bei ihrer Untersuchung durch Befragung von 204 Handybesitzern im Alter zwischen 14 und 18 Jahren, dass diese im Schnitt zirka 36 Euro (70 DM) monatlich für ihr Handy ausgaben. Die meisten SMS-Nutzer gaben an, mit SMS Verabredungen treffen zu wollen und sich nach dem Befinden von Freunden zu erkunden. Die Befragten führten durchschnittlich täglich 3 Handytelefonate und schickten beziehungsweise erhielten 6 SMS. Ein Zusammenhang zur Internetzung gibt es insbesondere unter den Jugendlichen, die SMS übers Internet verschicken. Dies tun etwa die Hälfte aller befragten Jugendlichen, die das Internet nutzen, jedoch scheinen diese noch häufiger E-Mails anstelle von SMS zu versenden, weshalb die Autoren vermuten, »dass Online-Nutzung für diese Jugendlichen den dominanten Kommunikationsstil repräsentiert, in den auch die SMS-Anwendung eingeordnet wird« (Höflich u. Rössler 2001).

Gefahren der Mediennutzung durch Kinder und Jugendliche

Jugendgefährdende Inhalte

Alle Medien transportieren auch Inhalte, die als jugendgefährdend einzustufen sind. Filme, die brutale Gewaltszenen zeigen, oder Pornofilme werden jedoch durch Medienkontrollen wie der FSK (Freiwillige Selbstkontrolle) geprüft, gegebenenfalls werden Szenen geschnitten und der Zugang zum Kino durch Altersbeschränkung begrenzt. Im Fernsehen ist die Zugangsbeschränkung nicht so einfach, jedoch werden solche Filme auf sehr späte Sendezeiten gelegt und auf die Altersbeschränkung wird hingewiesen.

Im WWW gibt es alles jederzeit und ohne irgendwelche Zugangskontrollen: Pornoseiten, gewaltverherrlichende und rassistische sowie kriminelle Inhalte, die zum Beispiel auch sexuelle Gewalt an Kindern darstellen.

Technischer Schutz: Filter

Während die in den Handel kommenden Computerspiele noch durch Medienkontrollen teilweise kontrollierbar sind, zum Beispiel auf den Verpackungen Altersbeschränkungen ausweisen und im Laden erworben werden müssen, ist im weltweiten Netz höchstens durch den Einsatz von Filtertechnologie der Zugriff auf bestimmte Seiten auszuschließen. Dies ist zwar technisch möglich, meistens jedoch im Ergebnis sehr unbefriedigend, da das Angebot im Netz sich ständig verändert. Untersuchungen zufolge werden Filter von Eltern kaum angewendet.

Weder Gesetze noch technische Mittel sind wirksam in der Lage, den Kinder- und Jugendschutz im WWW zu sichern, wie auch die Sachverständigenkommission der Bundesregierung feststellt:

»Die Kommission beschränkt sich in einer *Lage allgemeiner öffentlicher Hilflosigkeit* darauf, eine öffentliche Debatte über den Kinder- und Jugendschutz einzufordern, und zwar mit dem Ziel, eine deutliche Position für die erforderlichen europäischen und weltweiten Entscheidungen zu formulieren« (11. Kinder- und Jugendbericht 2002, S. 11).

Veränderung des Freizeitverhaltens

In den Diskussionen über die Computernutzung durch junge Menschen kommen die gleichen Fragen auf wie beim Fernsehkonsum: Inwieweit verdrängt der intensive Fernseh- beziehungsweise Computerkonsum andere Ausbildungs- und Freizeitaktivitäten? Führt diese Veränderung im Freizeitverhalten zu immer mehr Bewegungsverarmung und zum Verlust im Bereich des freien Spiels?

Carola Podlich und Wilhelm Kleine (2000) haben diesen Sachverhalt am Beispiel des Mediums Fernsehen untersucht. Sie stellten die extrem hohe Varianz von Fernsehkonsumzeiten in ihrer Untersuchung fest (im Einzelfall von wenigen Minuten bis zu mehr als 11 Stunden täglichen Fernsehens). Interessanterweise haben bestimmte untersuchte Gruppen mit erhöhtem Fernsehkonsum (Jungen in ländlicher Umgebung) gleichzeitig erhöhte körperliche Aktivitäten ausgewiesen. So wie der Fernsehkonsum an bestimmte Bedingungen – Fernseher, selbständige Nutzungsmöglichkeit – geknüpft ist, so sind auch die Voraussetzungen für aktive Bewegung – sozialräumliche Flächen, Bewegungspartner und anderes mehr – erforderlich. Auch jüngere Kinder haben für das Fernsehen keine deutlichen Einschränkungen in der Spieltätigkeit hingenommen. Das gemeinsame Fernsehen hatte jedoch vielfach die wesentliche Funktion der Familienzusammenkunft.

Veränderung der Kindheit?

Nicht nur von den Medienpädagogen wird intensiv und kontrovers die These von der Veränderung der Kindheit durch die Medien diskutiert.

Folgt man der These, dass Kindheit erst mit der Schulpflicht ein institutionalisierter Lebensabschnitt seit Beginn des 20. Jahrhunderts geworden ist, nachdem die Säuglingssterblichkeit drastisch zurückgegangen war (vgl. Honig 1999), so kann man für die Bundesrepublik Deutschland als einen weiteren wichtigen Veränderungsaspekt für Kindheit den mit Ende der sechziger Jahre erheblichen Rückgang der Geburtenzahlen konstatieren, der dann zu einem deutlich gesteigerten Interesse an Kindern geführt hat. Seit dieser Zeit sind die Kinder und Jugendlichen auch immer stärker als Konsumenten entdeckt und angesprochen worden, womit sich das Verhältnis zu ihnen ebenfalls veränderte, da sie in der Rolle der Konsumenten wie Erwachsene behandelt werden und sie damit auch an eine frühere Selbständigkeit, wie sie in der Erziehungsdebatte verfolgt wurde, auch aus ökonomischen Gründen herangeführt wurden.

Stephan Aufenanger (2001) weist darauf hin, dass dieser Prozess des früheren Selbständigwerdens und des spezifischen Kompetenzzuwachses von Kindern und Jugendlichen durch die elektronischen Medien sprunghaft beschleunigt worden ist. Während anfangs der Computer kein Jugendmedium war, so veränderte sich dies schnell durch das Aufkommen von Video- und Computerspielen, deren Anforderungen an Geschicklichkeit und feinmotorischen Fähigkeiten sowie spielerisch-technisches Verständnis zuerst von Kindern und Jugendlichen erfüllt wurde. Auch die komplexeren Abenteuerspiele, die neuerdings den Markt erobern, verlangen vielfältige Fertigkeiten. Man muss in verschiedene Rollen schlüpfen, Denkaufgaben lösen und schwierige Parcours bewältigen. Simulationsspiele fordern heraus, verschiedene Faktoren aufeinander zu beziehen sowie die Veränderung der Simulation durch diese Faktoren zu steuern. All dies fällt Erwachsenen meist schwer und sie bewundern, wie kleine Kinderhände flink die Knöpfe auf einem Joypad bedienen und vorausahnend im Adventure-Spiel die richtigen Wege gehen, die sie selbst nie gefunden hätten. Der amerikanische Autor Don Tapscott zitiert in seinem Buch »Net kids« (1998) ein 15-jähriges Mädchen: »Zum erstenmal in unserer Zivilisation bringen Kinder den Erwachsenen was bei. Jugendliche sind viel geschickter im Umgang mit den Computern. Eltern, Lehrer und andere Erwachsene bitten Kinder um Hilfe, wenn sie mit Computern und ähnlichem Technikkram nicht zurecht kommen« (zit. n. Aufenanger 2001, S. 60).

Wie Aufenanger in seinem Aufsatz die Kinder und Jugendlichen beschreibt, wird die Situation auch in vielen anderen Medien derart dargestellt, dass die Elterngeneration auf diesem Sektor von den Jüngeren lernt und auch in den Schulen die Schüler vielfach in den Umgangsfertigkeiten bei der Handhabung von Computern den Lehrern voraus sind. Aufenanger fragt: »Gab es historisch gesehen jemals den Fall, dass die Kinder mehr wussten und konnten als die Erwachsenen?« (S. 60). Natürlich geht auch Aufenanger davon aus, dass dies nicht eine völlige Rollenumkehrung bedeutet, sondern dass die Erwachsenen in vielen anderen Bereichen den Kindern und Jugendlichen weithin überlegen sind, Probleme besser lösen und ein erheblich umfangreicheres Wissen über die Welt haben. Angesichts der Bedeutung, die Computer in unserer Welt haben, bedeutet die Erfahrung, Eltern auf diesem Sektor etwas beibringen zu können, dennoch etwas die Kindheit Veränderndes.

Die bedeutende Rolle, die gegenwärtig die Computer auch im Schulbetrieb einnehmen, wird durch Fortbildungsprogramme für Lehrer zur Qualifizierung im Umgang mit PCs unterstrichen und bestätigt die Wichtigkeit dieses partiellen Wissens.

Der Einzug der PCs in die Schule, der immense Summen verschlingt und bei begrenzten Sachmitteln mit den teilweise verschlissenen sonstigen Lehrmaterialien kontrastiert, bleibt nicht unwidersprochen. Clifford Stoll gibt den Kern seiner Aussage bereits im Buchtitel preis: »Warum Computer nichts im Klassenzimmer zu suchen haben und andere High-Tech-Ketzereien« (2001). Er verweist auf Untersuchungen, nach denen Stress, Vereinsamung und Depression durch die ständige Online-Nutzung wachsen, und warnt vor dem Einsetzen großer Geldmittel in die schnell veraltenden PCs.

Adoleszenz

Die Adoleszenz leitet die Ablösung von den Eltern ein. Entsprechend konfliktreich ist es in dieser Phase für die Kinder und Jugendlichen, sich selbst auch in Widerspruch zu den Eltern zu setzen, weshalb oftmals Konfrontation und Provokation der Erwachsenen Eltern und Jugendliche gleichermaßen belastet.

Zum Suchen nach der eigenen Identität gehört für viele auch die eigene Verortung in der Nähe einer Jugendsubkultur. Die verschiedenen Jugend- und Medienszenen mit ihren »demonstrativ-provokativen Praktiken und Emblemen signalisieren exklusive Identitätszeichen und Symbolautonomie, letztlich besetztes Terrain, in dessen szenischen Rahmen die Insider einerseits als eigenständige Gestalter lebensweltlicher Bezüge und Ordnung in Erscheinung treten, andererseits aber auch eine sichtbare und expressiv-ausdrückliche Abgrenzungs- und Absetzbewegung auf sozio-kultureller Ebene vornehmen« (Vogelgesang 2000, S. 153). Zur Bedeutung der Medien bemerkt Vogelgesang, dass die Jugendlichen »kompetente Pendler und Grenzgänger zwischen primären (physischen) und sekundären (medialen, virtuellen) Räumen« sind. »Ob Star-Trek-Fans oder Graffiti-Sprayer, ob Computer-Hacker oder Cyber-Punks, was sie jenseits aller stilistischen Besonderheiten eint, ist der spielerische Umgang mit dem Unterschied zwischen Phantasie- und Alltagswelt ... In spielerisch-aufreizender Lässigkeit demonstrieren sie die ungleiche Verteilung von Medienkompetenzen« (2000, S. 155). Vogelgesang geht davon aus, dass die Jugendlichen mit dem schnellen »Offline-Online-Wechsel« sehr viel besser umgehen können als die Erwachsenen und durch den Umgang mit Computerspielen sehr gut zwischen virtueller Welt und realer Welt wechseln können. Während gerade für die aggressiven Computerspiele (»Ballerspiele«) oftmals gemutmaßt wird, dass die Jugendlichen dann mit den entsprechenden Aggressionen auch gegen ihre Umwelt vorgehen, hat Vogelgesang in seiner Untersuchung festgestellt: »Vor allem die so genannten ›Abschießspiele‹ bieten die Möglichkeit, aggressive Impulse auszuagieren. Gerade bei männlichen Jugendlichen konnten wir immer wieder beobachten, wie aus Alltagserfahrung resultierende negative Gefühle wie Angst oder Wut durch bestimmte Spieltypen und -praktiken absorbiert werden. Nicht das Spiel erzeugt aversive Stimmungen und Affekte, jedenfalls haben wir hierfür keine Anhaltspunkte gefunden, sondern außerhalb des Spiels gemachte Frusterfahrungen werden in den Spielrahmen übernommen und beim Spielen abgebaut« (S. 157). Und weiter führt er aus: »In bewusster Distanz zu den Selbstdisziplinierungs-Anforderungen auf gesamtgesellschaftlicher Ebene entstehen affektive Räume und Situationen, in denen gezielt außeralltägliche Zustände hergestellt werden.« Auf dieser Grundlage kommt Vogelgesang dahin zu fragen, »ob nicht viele Medienkritiker letztlich ein sehr ›moralisches‹ Medienverständnis haben« (S. 158).

Seit dem Amoklauf von Erfurt ist insbesondere die Diskussion über die Gewaltverherrlichung in Computerspielen nicht nur in den Medien, sondern auch in der Politik zu einem wichtigeren Thema geworden.

Spiele wie zum Beispiel »Counterstrike«, bei denen es Spielziel ist, so viele Menschen wie möglich zu töten, sind widerwärtig, dennoch scheint der unmittelbare Schluss, dass diese Spiele zu Gewalttaten der Spieler führen, zu kurz gegriffen. Der 19-jährige Amokschütze von Erfurt mag seinen entsetzlichen Plan beim Counterstrike-Spiel im Kopf gehabt haben, so wie die Attentäter vom 11. September 2001 in New York den Anflug auf das World-Trade-Center mit Microsofts Flightsimulator trainiert haben mögen, dennoch sind die Ursachen damit nicht erfasst. Amokläufe haben ihre eigene, in der Persönlichkeit des Täters und in der Gesellschaft liegende Dynamik, wie Adler und auch Wedler in der Zeitschrift »Suizidprophylaxe« (2001) der Deutschen Gesellschaft für Suizidprävention (DGS) darlegen.

Tatsächlich fließt im Spiel eines potentiellen Amokläufers die in der Vorbereitung befindliche Tat mit den Bildern des »Ballerspiels« zusammen und sie können sich gegenseitig aufheizen, dennoch wird ein solches Geschehen nach unserem derzeitigen Wissen nicht durch diese Spiele ausgelöst.

Auch Vogelgesang, der sich gegen die These von den aggressionsschürenden Spielen ausspricht, weist jedoch unmissverständlich darauf hin, dass »sowohl in Einzelfällen – vor allen Dingen bei einer bestimmten (devianten) Persönlichkeitsstruktur – als auch in bestimmten Jugendgruppierungen Simulationswirkung und Nachahmungseffekte nicht auszuschließen sind. Gerade in gewaltzentrierten Szenen wie etwa Jugendbanden oder den Fascho- und Neonazigruppen, aber auch in den Reihen der Waffenfreaks und Skinheads können Gewaltfilme zur Legitimierung von diffusen Weltanschauungen und aggressiven Handlungsmustern verwandt werden« (Vogelgesang, S. 158). Er hat dies auch bei seiner Untersuchung in einer Berliner Streetgang beobachten können und weist auf die Nachahmungstaten nicht nur im Zusammenhang mit Gewalt an Schulen, sondern auch im Zusammenhang mit Suizid hin. Dennoch warnt er: »Zwischen gewaltdisponierten Jugendlichen respektive gewaltaffinen Gruppierungen und den jugendkulturellen Medienszenen liegen Welten. Diese Differenz zu ignorieren, kann gefährliche Kurzschlüsse nach sich ziehen und zu wirklichkeitsfremden Zuschreibungen und schlimmen Diskriminierungen führen« (S. 160).

Zudem stellt er dar, dass man diese Differenzierung auch sorgfältig beachten sollte, zumal in den Jugendszenen der »Medienstil dabei manchmal auch ein gezieltes Spiel mit den Ängsten der Erwachsenen ist, ist entwicklungspsychologisch nur zu verständlich« (S. 161).

Eine ähnliche Position nimmt auch Jan-Uwe Rogge (2000) ein. Er setzt sich kritisch mit der zum Teil populistischen Berichterstattung über Gewalt in den Medien auseinander. Und er illustriert beispielhaft, mit welcher Lust Jugendliche die Erwachsenen provozieren und erschrecken. In diesem Sinn sind manche Äußerungen auf Internetseiten beziehungsweise in Chats sicherlich auch als Provokation der Erwachsenenwelt zu verstehen. Schockiert oder zumindest verständnislos schauen wir auf manche Internetseiten oder auch auf Zeitschriften, die jugendkulturellen Gruppen wie den Gothics nahe stehen.

Gothic-Szene

Unter den verschiedenen Jugendkulturen fällt in der Auseinandersetzung mit Suizid beziehungsweise Suizidprävention besonders die Gothic-Szene auf, die Mitte bis Ende der achtziger Jahre als Gruftie-Szene entstanden war. Diese Szene formuliert das Erleben von Einsamkeit, Isolation und Enttäuschung in Beziehungen, gibt sich einem melancholischen Denken hin und beschäftigt sich mit dem Tod, mit dem Schicksal der Menschheit, apokalyptischen Vorstellungen, Endzeit, Umweltzerstörung. Birgit Richard (1995) erläutert, dass »die Intensität der Beschäftigung mit dem Tod auch eine Beschäftigung mit dem Selbstmord nach sich zieht. Der Suizidgedanke ist in der Szene vertraut und nachvollziehbar, wird aber nicht als Lösung der Probleme eigener Existenz akzeptiert, sondern als Flucht und eingestandenes Scheitern an den eigenen Gefühlen von Verlust, Tod und Trauer ausgelegt. Damit wird der Selbstmord zum zweiten Faszinosum der Szene, das auf der imaginativen Ebene verarbeitet wird. Daher sind die Gothics keine Subkultur des Todes, die ihre Mitglieder in den Suizid treiben, wie es Medien und Politiker behaupten, sondern das Gegenteil davon: Ein Versuch, sich mit der eigenen Einsamkeit und Todesnähe kritisch und zusammen mit anderen auseinanderzusetzen und nicht etwa einer, den Tod zu verherrlichen oder ihn sehnlichst herbeizuwünschen. Grufties entwickeln eine andere Beziehung zum Tod, da sie die große Angst anderer Menschen vor dem Sterben überwunden haben und dadurch neue Perspektiven für ihr Leben gewinnen. Die Beschäftigung mit dem Tod verdeutlicht den Grufties, dass sie hier und jetzt leben und ihre Probleme bewältigen müssen« (Richard 1995).

Zeitschriften der Gothic-Szene belegen diese ständige, hingebungsvolle Auseinandersetzung mit dem Tod. Die Schwierigkeit besteht in der Praxis der Suizidpräventionsarbeit darin, zu differenzieren zwischen dem jugendkulturellen Habitus und der individuellen Geschichte des Einzelnen, der in eine suizidale Krise treibt.

Suizid-Foren

Die Auseinandersetzung mit Tod und Suizid findet auch in den Suizid-Foren statt und oftmals in einer für Erwachsene erschreckend provozierenden Weise, bei der ebenfalls sehr schwer zu trennen ist zwischen szenemäßigem Klagen über die kaputte

Welt, zerstörte Umwelt und zerstörte Beziehung und akuter Suizidalität. Hier tut sich für die Erwachsenen die gleiche Schwierigkeit auf, die schon in der Diskussion um Gewaltspiele deutlich wurde, nämlich der schnelle Online-Offline-Wechsel, also das schnelle Wechseln zwischen dem, was im Spiel an Aggressionen ausgelebt wird, und dem, was in der realen Welt gesellschaftlichen Beschränkungen unterliegt. Die Auseinandersetzung mit suizidalen Gedanken – auch wenn sie in den Foren ein langes Austauschen deprimierender Erfahrungen und depressiver Gefühle beinhaltet – kann Teil eines jugendkulturellen Erlebens sein, das den Tod thematisiert, ohne dass akute Suizidalität gefördert wird; im Gegenteil: Suizidalität kann so vielleicht sogar abgebaut werden.

Die Schwierigkeit bleibt jedoch auch hier, wie bei der Auseinandersetzung mit der Gewalt in den Medien, dass es im Einzelfall durchaus die Situation gibt, dass junge Menschen in einer suizidalen Krise beim Eindringen in diese Gruppierungen oder auch bei der Teilnahme an einem entsprechenden Forum anstelle von Hilfe eine Verstärkung ihrer eigenen suizidalen Krise erfahren. Hilfe für die Betroffenen kann jedoch nicht durch Verbot gegenüber ganzen Gruppen geschehen, sondern muss umgekehrt darauf fußen, dass Hilfeangebote so intensiv und deutlich platziert werden, dass sie Wege leiten zu Hilfsangeboten im Netz und bei Bedarf aus dem Netz heraus, also von einer Online- in eine Offline-Kommunikation mit Beratern im persönlichen Gespräch.

Literatur

11. Kinder- und Jugendbericht der Sachverständigenkommission der Bundesregierung vom Januar 2002.
Adler, L. (2001): Amok im Spektrum homizidal-suizidaler Handlungen. Suizidprophylaxe 107/3: 103ff.
AOL (1999): The America Online – Roper/Starch Youth Cyberstudy.
Aufenanger, S. (2001): Wie die neuen Medien Kindheit verändern. medien praktisch 25: 4-7.
ARD/ZDF-Online -Studie (2001): Veröffentlicht in: Media Perspektiven 8/2001.

Decker, R. (1999): Neue und alte Medien. K39, Seite 46 KICS 99, Chart 24 u. 25, Onlinedokument: www.dji.de/www-kinderseiten

Feil, C. (2000): »Kinder im Internet: Angebote, Nutzung und Medienpädagogische Perspektiven«. Veröffentlicht in: Diskurs 1/2000, in: Kinder im Internet, Angebote und Nutzung, Deutsches Jugendinstitut, Onlinedokument: www.dji.de/www-kinderseiten/angebot.htm (S. 4).

Höflich, J.; Rössler, P. (2001): Email für das Handy: SMS-Nutzung durch Jugendliche. Onlinedokument, Universität Erfurt, Article Version 19/09/2001 – 14: 47.

Honig, M.-S. (1999): Entwurf zu einer Theorie der Kindheit. Frankfurt a. M.

Podlich, C.; Kleine, W. (2000): Medien- und Bewegungsverhalten von Kindern im Widerstreit. Aachen.

Richard, B. (1995): Todesbilder, Kunst, Subkultur, Medien. München.

Rogge, J.-U. (2000): Die Gefahr des Bösen, die Lust am Bösen. In: Gesellschaft für Medienpädagogik und Kommunikationskultur in der Bundesrepublik Deutschland (GMK) e.V. / Bergmann, S. (Hg.), Mediale Gewalt – eine reale Bedrohung für Kinder? Bielefeld, S. 164ff.

Stoll, C. (2001): Warum Computer nichts im Klassenzimmer zu suchen haben und andere High-Tech-Ketzereien. Frankfurt a. M.

Vogelgesang, W. (2000): Jugendliches Medienhandeln in Gruppen. In: Gesellschaft für Medienpädagogik und Kommunikationskultur in der Bundesrepublik Deutschland (GMK) e.V. / Bergmann, S. (Hg.), Mediale Gewalt – eine reale Bedrohung für Kinder? Bielefeld.

Wedler, H. (2001): Über den Terroristen-Suizid. Suizidprophylaxe Nr. 107/3: 98ff.

■ Jürgen Schramm und Stefanie Schramm

JugendTelefon und *JugendTelefon-Online*

Erfahrungsbericht und Ausblick einer niedrigschwelligen suizidpräventiven Einrichtung

JugendTelefon – ein telefonisches Gesprächsangebot von Jugendlichen für Jugendliche – ein Projekt der Telefonseelsorge Krefeld-Mönchengladbach-Rheydt-Viersen in Zusammenarbeit mit der Aidshilfe und dem Kinderschutzbund in Krefeld.

JugendTelefon-Online – eine Weiterentwicklung des Projekts JugendTelefon – ein Gesprächsangebot via E-Mail von Jugendlichen für Jugendliche.

JugendTelefon

»Himmelhochjauchzend, zu Tode betrübt …?«, »Total quer drauf …?«, »Niemand da zum Reden …?«, »… dann ruf uns an!«:

Montag – Mittwoch – Freitag von 15.00 bis 19.00 Uhr, Tel.: 0800-111 0 444

JugendTelefon – Jugendliche für Jugendliche.

Seit 1997 macht das *JugendTelefon* Jugendlichen ein anonymes, vertrauliches und kostenfreies telefonisches Gesprächsangebot.

Vorüberlegungen

In den Jahren vor der Entstehung des *JugendTelefon* in Krefeld (1996/1997) machte die Telefonseelsorge die Erfahrung, dass trotz insgesamt steigender Anruferzahlen Jugendliche das Gesprächsangebot der Telefonseelsorge kaum nutzten. Diese Erfahrung stand im Kontrast zu den durch zunehmende Individualisierung und gesellschaftliche Veränderungen eher vielschichtiger und komplizierter werdenden Anforderungen an Kinder und Jugendliche (Jugendwerk der Deutschen Shell 1997) und die ihnen daraus erwachsenden Probleme. Fischer und Münchmeier (1997) stellten in der 12. Shell-Studie »Jugend '97« fest: »… die gesellschaftliche Krise hat die Jugend erreicht« (Jugendwerk der Deutschen Shell 1997, S. 13).

In vielen Gesprächen mit Jugendlichen anlässlich Informationsveranstaltungen über das Angebot der Telefonseelsorge wurde die Erfahrung gemacht, dass die Komplexität der Probleme und die damit verbundene Erfahrung subjektiver wie objektiver Hilflosigkeit bei der eigenen Zukunftsgestaltung bei vielen Jugendlichen Zukunftsängste und Perspektivlosigkeit auslöst. In Kombination mit noch nicht oder nur mangelhaft ausgebildeten Lösungsstrategien werden persönliche und entwicklungsbedingte Probleme oft zu Problembergen, die psychische Störungen auslösen können. Fremd- und selbstdestruktive Verhaltensweisen wie erhöhte Gewaltbereitschaft, Essstörungen, selbstverletzendes Verhalten, parasuizidales und suizidales Verhalten treten auf; die hohe Zahl jugendlicher Suizide und Suizidversuche (u. a. Schmidtke et al. 1996; Schmidtke et al. 1998; Schmidtke et al. 2000; Döring et al. 2001) spricht für sich.

Eine explorative Studie, die Johannes Weiss (1998) im Raum Krefeld im Rahmen einer Diplomarbeit in Zusammenarbeit mit der Telefonseelsorge durchführte, kam ebenso zu dem Ergebnis, dass Jugendliche Belastungen in vielfältigen Kontexten empfinden, die zu reduzieren es oftmals an adäquaten Partnern und Hilfsstrukturen mangelt. Eltern und Freunde werden einerseits als die wichtigsten Ansprechpartner in Problemsituationen von den Jugendlichen benannt, sind aber andererseits oft die Konfliktpartner und können somit nicht neutral beraten. Zwar steht den Jugendlichen auch ein verhältnismäßig dichtes psychosoziales Versorgungsnetz zur Verfügung, das jedoch strukturell vorrangig an den Befindlichkeiten und Bedürfnissen Erwachsener orientiert ist.

Nicht nur dass Jugendliche sich von erwachsenen Beratern

mit ihren Problemen oft nicht ernst genommen fühlen, auch ist die Schwelle für die Inanspruchnahme von Hilfe, unter anderem bedingt durch lange Wartezeiten, sehr hoch. Jugendliche haben hier und jetzt Probleme und wünschen sich sofort einen schnellen Rat und nicht erst ein paar Wochen später, wenn ihr Problem nicht mehr relevant ist. So erklärt sich vielleicht auch die Diskrepanz zwischen vorhandener Problembelastung und zurückhaltender Inanspruchnahme von Hilfe. Döring et al. (2001) bemerken dazu: »Gefühle der Ohnmacht und Ratlosigkeit finden sich häufig bei Menschen, die mit Suiziden und Suizidversuchen bei jungen Menschen zu tun haben. Reagiert wird meist erst, wenn Hilfe nicht mehr möglich ist.«

Auf diesem Hintergrund entstand der Gedanke, Jugendliche im Sinne des »Peer Involvement« als Gesprächspartner für Gleichaltrige in Alltags- und Problemsituationen auszubilden. So sollte den Jugendlichen neben den Gesprächsmöglichkeiten mit Eltern oder Freunden oder innerhalb des bereits etablierten Beratungsspektrums ein adäquat jugendspezifisches und niedrigschwelliges telefonisches Gesprächsangebot eröffnet werden. Gleichzeitig sollte damit Jugendlichen die Gelegenheit geboten werden, neben dem Da-Sein für den Anrufer sich selbst ein soziales Betätigungsfeld zu erschließen und aktiv mitzugestalten. Diese Form der Betätigung ist suizidpräventiv, da sich durch sie soziale Kompetenz und Problemlösungsfähigkeit erhöhen und somit zusätzliche Freiheitsgrade entstehen.

Diese Idee der Telefonseelsorge, Kindern und Jugendlichen ein niedrigschwelliges telefonisches Gesprächsangebot durch Gleichaltrige zur Verfügung zu stellen, wurde im Rahmen eines Projekts des Jugendamtes Krefeld, dem sich auch die Aidshilfe und der Kinderschutzbund Krefeld anschlossen, im Jahr 1996 realisiert. Seit Januar 1997 sind ausgebildete Jugendliche telefonisch für Gleichaltrige erreichbar.

Konzeptentwicklung

Die Entwicklung des Konzepts berücksichtigte die Ergebnisse der Shell-Studie »Jugend '97« (Jugendwerk der Deutschen Shell 1997) zur Motivation ehrenamtlichen Engagements Jugendlicher: »Bei jungen Leuten gibt es zwei Motivationsbündel für Engagement, die man allerdings nicht als Gegensatz sehen darf, sie verteilen sich eher altersspezifisch:

Die Jüngeren (jünger als 15 Jahre) haben eher eine »Nutzenorientierte Motivation« für ihr Engagement, wobei wichtig für sie ist, dass »Freunde mitmachen«, »dass es etwas anderes ist, als ich in der Schule/ Betrieb mache«, »dass mir keiner Vorschriften« macht. Nutzen bedeutet aber nicht wie oft fälschlich angenommen, dass finanzielle Entschädigung, Freizeitausgleich, Freistellung von der Schule oder Arbeit vorrangig sind. Jugendliche haben Interesse an der Mitarbeit in Vereinen und Organisationen, lehnen aber die Sozialisation durch deren Verhaltensnormen strikt ab.

Bei den Älteren ab etwa 15 Jahren zeigt sich eine eher »zielorientierte Motivation«. Am allerwichtigsten sind ihnen Motive wie »muss ich mitbestimmen können, was genau ich tue«, »will ich meine besonderen Fähigkeiten einbringen können« und »muss das Ziel in angemessener Form erreicht werden«. Auch in dieser Dimension wird eine Art von Nutzen für die Jugendlichen formuliert, aber er löst sich von dem eher sozialen Nutzen der vorhergehenden Motivation und enthält stärker Aspekte des Inhalts, der Form und Funktion der persönlichen Beteiligung. Diese Motivation bleibt auch bei Älteren erstaunlich konstant.«

Diese Ergebnisse wurden im Projekt *JugendTelefon* dahingehend berücksichtigt, dass den Jugendlichen kein fertiges Konzept vorgegeben wurde, sondern ein Rahmen, den die Jugendlichen prozessorientiert in Zusammenarbeit mit den hauptamtlichen Mitarbeitern ausfüllen konnten. Sowohl die Organisation als auch die Aus- und Fortbildungsbedingungen wurden und werden auf diese Weise gemeinsam entwickelt und den sich verändernden Bedingungen angepasst.

Dem Motiv der jüngeren Jugendlichen, mit Freunden etwas gemeinsam außerhalb der Schule zu unternehmen, was Spaß macht, wurde durch die Gruppenarbeit mit gemeinsamen Lern- und Selbsterfahrungseinheiten und Freizeitangeboten Rechnung getragen.

Malgosia, 15 Jahre (Jugendliche des *JugendTelefon*): »Im Mai besuchte ich dann mit einigen aus meiner Gruppe die Anti-Drogen-Disko, wo das *JugendTelefon* einen Infostand hatte. Hier bekam ich mein erstes gelbes *JugendTelefon*-T-Shirt und lernte einige von den Älteren kennen. Es hat mir sehr viel Spaß gemacht.«

Die Ausbildung der Jugendlichen

Dass Jugendliche mit entsprechender Unterstützung kompetent und in der Lage sind, Probleme und Krisen zu bewältigen und Freunde und Freundinnen zu (unter-)stützen, bestätigte sich in der Ausbildung sehr schnell. Subjektive Erfahrungen im Umgang mit Problemen und vorhandene persönliche Ressourcen bildeten die Grundlagen, auf denen die Ausbildung aufbaute.

Ziel der Ausbildung war und ist es, aufbauend auf den subjektiven Erfahrungen im Umgang mit Problemen und den vorhandenen Kompetenzen die Jugendlichen auch am Telefon, in der E-Mail-Beratung und langfristig im Online-Chat zu befähigen, adäquate und selbständige Gesprächspartner für Kinder und Jugendliche zu werden.

Um dieses Ziel zu erreichen, werden den Jugendlichen innerhalb ihrer Ausbildung nicht nur fachliche Fertigkeiten beispielsweise in der Gesprächsführung vermittelt, sondern es wird auch die individuelle Entwicklung ihrer Persönlichkeit gefördert. Letzteres geschieht durch die Förderung der Eigenverantwortung und die Umsetzung eigener Ideen in praktisches Handeln, die Erhöhung der sozialen Kompetenz und des Verständnisses für sich und andere, die Steigerung der Selbstsicherheit und des Selbstwertgefühls, die Verbesserung eigener Problem- und Konfliktlösungsstrategien. Auf diesem Hintergrund werden, soweit es die Kapazitäten erlauben, alle interessierten Jugendlichen ohne Vorauswahl in die Ausbildung aufgenommen. So wird auch und gerade Jugendlichen, die auf den ersten Blick eher weniger geeignet erscheinen, die Möglichkeit zum Engagement mit und für Gleichaltrige sowie zur eigenen Persönlichkeitsentwicklung gegeben. Zum Schutz der Gesprächspartner beider Seiten und zur Aufrechterhaltung eines gewissen Qualitätsstandards in der Beratung werden immer wieder Selbst- und Fremdeinschätzungen (durch die Ausbilder und die Gruppenmitglieder) vorgenommen, die sich mit der Frage beschäftigen, ob jeder Einzelne geeignet und bereit für den Dienst am Telefon ist.

Schwerpunkte der Ausbildung sind unter anderem Gesprächsführungstrainings, die die Gesprächssituation am Telefon zum Gegenstand haben, praktische Übungen und Rollenspiele sowie die Beschäftigung mit den für die Telefonberatung relevanten Themenbereichen. Hierzu zählen vor allem Familie, Partnerschaft, Liebe, Sexualität, (sexuelle) Gewalt, Missbrauch, Drogen, Abhängigkeit, Sucht, Jugendschutz, Erziehungshilfe, schulische Belange, Gewalt gegen sich selbst (Autoaggression, Suizidalität), Essstörungen und psychische sowie psychosomatische Auffälligkeiten und Erkrankungen.

Malgosia, 15 Jahre: »Bei den Rollenspielen, die unsere Ausbilder am Anfang mit uns machten, merkte ich, dass es gar nicht so schwer ist, ein Gespräch zu beginnen und Vertrauen aufzubauen. Ich glaube, dass jeder von uns das schon konnte, ohne sich aber bewusst vor Augen gehalten zu haben, was er da machte. Bei den Rollenspielen wurde aber genau darauf geachtet, wie wir uns verhalten und wie wir uns gefühlt haben und auch wie es dem Anrufer in dieser Situation ging. Auch hatten wir die Möglichkeit zu vergleichen, wie die anderen in der Gruppe ein Gespräch führten, und man konnte sich das eine oder andere für sich selbst merken. Ich fand das sehr hilfreich, denn jeder von uns hatte seine eigene Art, mit einem Anrufer umzugehen, das heißt seine eigenen Formulierungen und so weiter.«

Weiterer Bestandteil der Ausbildung ist das Kennenlernen psychosozialer Einrichtungen. Zum Abbau von Schwellenängsten finden verschiedene Ausbildungseinheiten in den Einrichtungen selbst und mit deren Mitarbeitern statt. Im Rahmen dieses Ausbildungsabschnitts werden Einrichtungen wie die Aidshilfe, der Kinderschutzbund, die Drogenberatung, das Jugendamt, ein (Jugend-)Gefängnis, eine Kinder- und Jugendpsychiatrie sowie das Kriminalkommissariat Vorbeugung besucht.

Selbsterfahrung hat innerhalb der Ausbildung, aber auch nach deren Abschluss im aktiven Telefon- und Online-Dienst einen zentralen Stellenwert. Die Auseinandersetzung der Jugendlichen mit sich selbst, mit den anderen Gruppenmitgliedern und den

Erfahrungen mit den Ratsuchenden (am Telefon wie auch online) wird gefördert.

Die Ausbildung besteht aus zehn bis zwölf Ausbildungseinheiten. Diese werden von hauptamtlichen Mitarbeitern der Telefonseelsorge und der Aidshilfe in enger Zusammenarbeit mit den älteren Jugendlichen des *JugendTelefon* und mit verschiedenen Mitarbeitern der oben aufgeführten Institutionen durchgeführt. Nach Abschluss der Ausbildung finden neben den Gruppentreffen und dem Telefon- und Online-Dienst regelmäßig Weiterbildungsveranstaltungen zu den verschiedensten Themenbereichen statt. Dabei soll vermieden werden, die Jugendlichen zu »Mini-Psychologen« oder »Mini-Seelsorgern« zu schulen. Sie sollen ihre jugendliche Sprache und Ausdrucksweise ebenso behalten, wie ihre Spontaneität und Kreativität im Umgang mit sich und anderen.

Eine kontinuierliche Begleitung und Unterstützung der Jugendlichen ist in allen Phasen gewährleistet. Ziel ist hier vor allem, die Jugendlichen zu befähigen und darin zu bestärken, sich selbst zu schützen. Sie lernen, sich abzugrenzen, die Probleme der Anrufer sich nicht zu eigenen zu machen und stattdessen Grenzen und Begrenzungen zu erkennen, zu äußern und bei sich selbst und anderen zu akzeptieren.

Die Jugendlichen

Die Jugendlichen beim *JugendTelefon* sind im Alter von 15 bis 21 Jahren, gehen zur Schule, machen eine Ausbildung oder studieren bereits. Sie investieren einen Großteil ihrer Freizeit ehrenamtlich für Ausbildung, begleitende Besprechungen und Supervision, Öffentlichkeitsarbeit und die eigentliche Telefon- und Online-Beratung.

Ines, 18 Jahre (Jugendliche des *JugendTelefon*): »Ich verbinde das Jahr 1999 mit sehr vielen schönen Erinnerungen und relativ großen Ereignissen. Da ich im Januar 1998 meine Ausbildung bei der TS Krefeld begonnen habe, waren die ersten Monate 1999 noch meine Anfänge beim aktiven Telefondienst. Eine sehr aufregende Zeit! Ich war regelrecht besessen von den Diensten, die für mich mindestens einmal pro Woche dazugehörten.«

Die Jugendlichen nennen in der Beratung ihre Vornamen. Innerhalb ihres Freundeskreises und ihrer Schulen sind sie als Angehörige des *JugendTelefon* bekannt. Sie dürfen und sollen andere Jugendliche über ihre Arbeit, ihre Erfahrungen am Telefon und inzwischen auch online, sowie ihre Erfahrungen mit professionellen Beratern informieren. Somit sind sie auch Modell für andere Jugendliche und können helfen, Ängste und Vorbehalte vor kirchlichen und anderen Institutionen und ihrer Inanspruchnahme abzubauen.

Vorrangige Qualifikation der Jugendlichen ist ihre Jugendlichkeit, Spontaneität und Vertrautheit mit den Befindlichkeiten, Problemen und Themen ihrer Altersgruppe. Darüber hinaus durchlaufen die Berater des *JugendTelefon* eine neun Monate dauernde Ausbildung.

Die Arbeit am Telefon und die Begleitung

Je zwei Jugendliche teilen sich den jeweils vierstündigen Dienst. Sie melden sich mit »*JugendTelefon* Krefeld, Hallo …« und wer möchte, meldet sich zusätzlich mit dem Vornamen.

Während und nach der Telefon- wie auch der Online-Beratungszeiten ist immer ein erwachsener Berater ansprechbar. Dies dient der Entlastung der Jugendlichen und birgt – auf Wunsch des Beraters und nach Abstimmung mit dem Anrufer – die Möglichkeit der Übernahme eines besonders problematischen oder persönlich belastenden Gesprächs. Zur Aufarbeitung belastender Beratungssituationen, aber auch zur Thematisierung möglicher gruppeninterner Probleme findet in achtwöchigen Intervallen externe Supervision statt. Die Teilnahme an der Supervision ist für alle Jugendlichen im aktiven Beratungsdienst obligat.

Konzeptionell nicht vorgesehen sind Gesprächsreihen oder gezielte Inanspruchnahme einzelner Berater und persönliche Face-to-face-Gespräche, womit der Schutzbedürftigkeit der Jugendlichen ebenso Sorge getragen wird wie personellen und anderen Rahmenbedingungen.

Zielgruppen des *JugendTelefon*

Zielgruppen des *JugendTelefon* sind die Jugendlichen des telefonischen Einzugsgebiets, und zwar sowohl die Anrufer als auch die jugendlichen Berater selbst.

Die Anrufer

Jährlich machen etwa 350 Jugendliche von dem Angebot des *JugendTelefon* Gebrauch. Es rufen mehr Mädchen als Jungen an. Aus der Statistik ergibt sich, dass der typische Anrufer des *JugendTelefon* 15 Jahre alt ist und etwa eine halbe Stunde mit dem jeweiligen Berater über die Themen Beziehungsprobleme, Eltern/Familie, Freund/Freundin, Partnerwahl oder Sexualität spricht. Neben diesen Themen geht es außerdem um Gewalt, Ängste, Missbrauch, Suizidgedanken, »nur mal quatschen wollen«, Informationen zum *JugendTelefon* und Hinweise auf andere Stellen.

Die Auslastung des *JugendTelefon* liegt bei etwa 22 Prozent, was der Auslastung der ehrenamtlichen Telefonseelsorge in etwa entspricht (Uhrmann 2000). Es kann davon ausgegangen werden, dass die Jugendlichen sehr bewusst das *JugendTelefon* in Anspruch nehmen. Dies unterstreicht die Bedeutung eines explizit jugendlichen Beratungsangebots.

JugendTelefon als Jugendarbeit

Jugendarbeit geschieht beim *JugendTelefon* insofern, als unter fachlicher Anleitung den Beteiligten die Möglichkeit geboten wird, sich mit der eigenen Person und den anderen Jugendlichen des *JugendTelefon* auseinander zu setzen und dadurch Lebens- und Problemlösungskompetenzen zu entwickeln, die auch an Dritte weitergegeben werden können. Methoden sind die Begegnung untereinander und die Selbsterfahrung.

Die Jugendlichen wurden von Anfang an inhaltlich sehr stark in Entscheidungen und in die Organisation bei der Projektrealisierung sowie den Aus- und Weiterbildungsablauf einbezogen. Sie gestalten das *JugendTelefon* gemeinsam mit den erwachsenen Ausbildern und können dadurch grundlegende Strukturen und Ziele miterarbeiten und mitbestimmen. Diese Art der Arbeit erhöht die Identifikation jedes Einzelnen mit der Einrichtung und verstärkt das persönliche Engagement.

Ines, 18 Jahre: »Das war auch die Zeit, in der ich ebenfalls großen Gefallen an der Öffentlichkeitsarbeit gefunden habe. Dort und bei der Arbeit am Telefon habe ich meiner Meinung nach sehr viele wichtige Erfahrungen gesammelt. Nicht nur Erfahrungen, die für mich selbst nützlich waren, sondern besonders welche, die sich extrem positiv auf den Umgang mit anderen Menschen ausgewirkt haben und somit natürlich meine Arbeit stärken.«

Über das Engagement für andere hinaus nutzen die jugendlichen Mitarbeiter beim *JugendTelefon* immer wieder auch die Möglichkeit, miteinander über persönliche Probleme zu sprechen und gemeinsam mit der Gruppe Lösungswege zu erarbeiten. Dies zeigt das große Maß an Vertrauen, das die Jugendlichen zueinander und zu den Ausbildern aufbauen. Es lässt sich, besonders während der Ausbildungsphase, beobachten, dass sich unter den Jugendlichen ein sehr starker Zusammenhalt entwickelt, der verbunden ist mit einer großen Sensibilität und Achtung im Umgang miteinander. Auf diese Weise erfüllen die Jugendlichen füreinander eine wichtige Funktion in ihrer Entwicklung, da sie es schaffen, Unabhängigkeit und wechselseitige Abhängigkeit zu integrieren, wie es für eine gut funktionierende und stabilisierende Peergroup nach Oerter und Dreher (1995) unerlässlich ist.

Malgosia, 15 Jahre: »Es war am Anfang sehr ungewohnt für mich, so vielen Fremden etwas Persönliches über mich zu erzählen, aber mit der Zeit fühlte ich mich in der Gruppe immer sicherer.«

So wurde die Arbeit mit den Jugendlichen des *JugendTelefon* zu einem Wert an sich, der über die Ursprungsidee, Kindern und Jugendlichen ein angemessenes telefonisches Gesprächsangebot zu machen, weit hinausgeht. Wie wichtig die Arbeit des *JugendTelefon* ist, zeigt sich nicht nur an der Resonanz der Anrufer, sondern auch daran, wie sie von verschiedenen offiziellen Seiten honoriert und auch finanziell unterstützt wird. So wurde dem *JugendTelefon* beispielsweise im Jahr 1999 der Preis für »bürgerliche Selbsthilfe« der Stadt Krefeld verliehen und zunehmend werden die Jugendlichen von anderen Telefonseelsorgestellen zum Gedankenaustausch und zum Voneinander-Lernen eingeladen.

JugendTelefon-Online

Die Erweiterung des telefonischen Beratungsangebots um ein Online-Gesprächsangebot von Jugendlichen für Jugendliche erfolgte im Rahmen der zielgruppenorientierten Weiterentwicklung des *JugendTelefon*. Auch bei dieser Entscheidung spielten Erfahrungen der Telefonseelsorge (insbesondere auch der E-Mail-Beratung) eine große Rolle: 50 Prozent der Ratsuchenden im Internet sind 20 bis 29 Jahre alt, 13 Prozent sogar unter 20 Jahren (s. den Beitrag von Eisenbach-Heck u. Weber in diesem Band).

Um auch diesen Jugendlichen ein spezifischeres Gesprächsangebot zur Verfügung zu stellen, startete im Herbst 2001 bei der Telefonseelsorge Krefeld im Rahmen des *JugendTelefon* ein weiteres Projekt, in dem eine Gruppe junger ehrenamtlicher Mitarbeiter der Telefonseelsorge und des *JugendTelefon* hauptamtliche E-Mail-Berater der Telefonseelsorge bei der Beantwortung der E-Mails Jugendlicher beraten und unterstützen. Verantwortlich für die Beantwortung der E-Mails sind in der noch andauernden Projektphase allerdings die hauptamtlichen Mitarbeiter der Telefonseelsorge.

Die Organisation

Die E-Mails erreichen die E-Mail-Gruppe über die zentrale Adresse der Telefonseelsorge (beratung@telefonseelsorge.org). Von dort werden E-Mails von Absendern, die bis 20 Jahre alt sind, einem hauptamtlichen Mitarbeiter der Telefonseelsorge Krefeld zugeleitet (durchschnittlich drei E-Mails pro Woche). Die Zahl der angeforderten E-Mails hängt von der Zahl der im Lauf der Woche eingegangenen Antwort-Mails ab. Der Ratsuchende wird ermutigt, Folge-Mails direkt an die Adresse der Telefonseelsorge Krefeld zu senden. Die Ratsuchenden werden darauf aufmerksam gemacht, dass der Kontakt in wöchentlichen Abständen erfolgt.

Bei Erst-Mails an beratung@telefonseelsorge.org erhalten die jugendlichen Anfragenden zunächst eine kurze Antwort mit der Frage, ob sie einverstanden sind, dass ihre Anfrage nicht nur von einem einzelnen hauptamtlichen Mitarbeiter beantwortet wird, sondern dass mehrere Jugendliche beratend mitwirken. Ist der Anfragende einverstanden (bisher gab es nur erstaunte, positive Rückmeldungen), kommt es zu weiteren Kontakten.

Die E-Mail-Gruppe

Die E-Mail-Gruppe besteht momentan aus 11 Jugendlichen. Sie erhalten zusätzlich zu der abgeschlossenen *JugendTelefon*-Ausbildung zunächst eine Einführung in die technische Seite der E-Mail-Beratung sowie in die Besonderheiten systematischer Beantwortung schriftlicher Beratungsanfragen. Weiterhin nehmen die Jugendlichen der E-Mail-Gruppe an den wiederholt stattfindenden thematischen Vertiefungsseminaren des *JugendTelefon* teil. Die E-Mail-Gruppe trifft sich wöchentlich, um gemeinsam mit den hauptamtlichen Mitarbeitern über die Beantwortung der E-Mails zu beraten.

Die begleitenden hauptamtlichen Mitarbeiter

Begleitende hauptamtliche Mitarbeiter sind Sozialarbeiter und Psychologen mit langjähriger Erfahrung sowohl am Telefon als auch in der E-Mail-Beratung. Eine Sozialpädagogin im Anerkennungsjahr verstärkt seit April 2002 das Team.

Die hauptamtlich Mitarbeitenden sorgen für die technischen und finanziellen Ressourcen, leiten die Aus- und Fortbildung und halten Kontakt mit der Koordinierungsstelle der E-Mail-Beratung der Telefonseelsorge. Sie liefern Informationen und stehen den Jugendlichen bei der Erarbeitung der Antwort-Mails zur Verfügung. Sie leiten die Gruppe und beobachten die gruppendynamischen Entwicklungen, um gegebenenfalls intervenieren zu können.

Die Mailer

Die E-Mail-Gruppe hat in den ersten sechs Monaten ihrer Tätigkeit 31 Beratungsfälle dokumentiert. Das Durchschnittsalter der Ratsuchenden lag bei 16,2 Jahren und ist damit dem der Anrufer beim *JugendTelefon* sehr ähnlich, das 15,8 Jahre beträgt. In der Regel kommt es zu zwei bis vier E-Mail-Kontakten, der überwiegende Teil beschränkt sich jedoch auf zwei E-Mails.

Die Themen der Mailer

Die Themen unterscheiden sich nicht wesentlich von denen der telefonischen Beratung. Häufig benannte Themen sind Autoaggression (selbstverletzendes Verhalten wie Ritzen, Schneiden und Ähnliches wird nicht nur aus eigener Betroffenheit, sondern auch häufig von hilflosen oder helfen wollenden Freunden und Angehörigen thematisiert), Beziehungsprobleme/ Trennung, Familie, Schule/ Beruf und Sinnkrisen, die vielfach verknüpft sind mit Fragen aus dem philosophisch-theologischen Spektrum. Es wird deutlich, dass Jugendliche sich in der Pubertät viele Fragen zum Sinn ihres Lebens stellen und auf der Suche nach den unterschiedlichsten Wegen ihrer Beantwortung sind, aber vor allem nach einem geschützten Raum für diese Fragen. Übergeordnetes Thema ist die Angst, nicht ernst genommen zu werden.

Anonymisierte E-Mail-Beratungsanfragen an das *JugendTelefon-Online* in Krefeld

Beispiel 1, Erst-Mail

»Hi,
ich bin sei 3Monaten in Amerika, als Austauschschuelerin fuer ein Jahr.
Ich habe hier so viele Probleme und weiss nicht mehr was ich machen soll und
was ich eigentlich falsch mache.
Ich vermisse meinen Freund in Deutschland und meine Mutter ziemlich doll,
darum bin ich hier auch manchmal ein bisschen schlecht gelaunt oder eher
ruhig.
Als ich ankam, schien noch alles gut zu laufen, aber jetzt komme ich mir
hier ganz alleine vor, weil ich fast keine Freunde mehr habe. Wir haben hier 7 Austauschschueler an der Schule und alle Amerikaner koennen die
leiden, aber mich nicht. Manchmal sind die auch ziemlich gemein zu
mir (z.B. »Oh, ich will nicht mit der zusammen arbeiten«) und wenn ich meine
Familie dann so uebelst vermisse, gehts mir echt schlecht. Ich uebergebe
mich auch oft und vor 2Wochen wollte ich mich auch umbringen, weil mir
alles über den Kopf gestiegen ist.
Ich hoffe du kannst mir helfen, weil ich wieder Freunde haben will, da ich
hier ja noch 7Monate bin. Ich denke, die können mich nicht so gut leiden,
da ich in meiner Vergangenheit viel durchgemacht habe: meine Eltern haben
sich scheiden lassen, meine Mutter hat viele psychische Probleme und da ich

*mit ihr wohne, hat die mich sozusagen mit reingezogen und dann ist auch
noch mein Opa eine Woche bevor ich hier her kam gestorben ... und das aendert
einen Menschen auch.
Ich moechte einfach wissen wie ich wieder Freunde finden kann und was ich
eigentlich falsch mache.«*

Beispiel 1, Ausschnitt aus Folge-Mail 1

*»Hallo ihr!
Ich freue mich sehr, dass ihr geantwortet habt, weil ich hoffe, dass ihr mir helfen könnt.
Mir war klar, dass ihr viele Fragen habt, weil ich ja nur alles oberflächlich erklärt hatte.«*
[Anmerkung der Autoren: Es folgt eine ausführliche Problemschilderung, die endet:]
Ich hoffe, ihr könnt euch jetzt ein bisschen besser was unter meinem Leben vorstellen und ich wuerde mich sehr freuen, wenn ihr mir helfen koennt!«

Beispiel 1, Ausschnitt aus Folge-Mail 2

*»hi ihr!
mir geht es jetzt schon besser, weil 1.habe ich hier eine neue freundin bekommen [und] ausserdem [2.] habe ich letzte woche einen brief von meinem freund aus deutschland bekommen.*
[Anmerkung der Autoren: Es folgt ein längerer Bericht über die gebesserte Stimmungslage, der endet:]
ok, ich hoffe ihr versteht mich halbwegs und danke, dass ihr mir gute ratschläge gebt!«

Die Antwort-Mail des *JugendTelefon* auf Folge-Mail 2 wurde nicht mehr beantwortet. Es ist zu vermuten, dass die Mailerin mit sich und ihrer Umwelt wieder im Einklang war und im Moment keine weitere Hilfe benötigte.

Beispiel 2, Erst-Mail

»hallo
ich bin 14 jahre und habe soooo viele probleme zuhause. ich lebe mit meinen großeltern. die scheißen mich nur zusammen und ich muss um sechs uhr zuhause sein. meine freundin wohnt in einer Wohngruppe für kinder und die darf bis halb zehn raus. meine großeltern hasse ich mittlerweile richtig und ich war am überlegen, ob ich nicht abhauen soll. ich kann nicht mehr wegen jedem scheiß motzen die mich an. ich weiß auch nicht mehr wie ich mich wehren soll wenn die rummotzen, weil ich dann das maul halten soll.
hilfe ich kann nicht mehr.«

Beispiel 3, Erst-Mail

»Betreff: HILFE!!!
Hallo, ich bin 14 Jahre.
In meiner Klasse ist ein Junge, der mir vor einem halben Jahr erzählt hat,
dass er mich schon seit 5 Jahren liebt, ich habe nicht die gleichen Gefühle
wie er. das habe ich ihm aber auch nicht gesagt, ich meinte nur, das wir dann
ja mal was zusammen machen könnten. Am nächsten Tag hat sich das schnell
rumgesprochen und alles waren der Auffassung, das ich ihm einen Korb gegeben
habe, was ja nicht stimmt.
Jetzt hat er mir eine Mail geschrieben, in der steht, dass er bald in eine
bessere Welt verschwindet. Er hat sich schon verabschiedet und mir einen Abschiedsbrief geschrieben, er hat aufgeschlitzte Arme und hatte heute einen Verband, er sagte zwar, dass er sich verbrannt hat, aber ich denke, es sind Schnittwunden.
Heute will er sich umbringen!
BITTE HELFT MIR, Was soll ich tun???«

Möglichkeiten des E-Mail-Angebots

Die Beratung per E-Mail ist noch anonymer als die Beratung am Telefon. Es findet kein direkter Kontakt mit dem Gegenüber statt; der Ratsuchende muss sich nicht mit der Reaktion des Gegenübers auseinander setzen. Man stellt sich nicht bloß, egal, wie lächerlich einem die eigene Frage auch erscheinen mag. So schreibt beispielsweise eine 14-jährige Jugendliche in ihrer E-Mail: »Bei so einem Sorgentelefon hätte ich nie angerufen. Wenn ich mich schon damit [Anmerkung der Autoren: mit ihrem Problem] an jemand wende, dann will ich schließlich so anonym wie möglich bleiben.«

Viele Jugendliche verfügen mittlerweile über einen eigenen Computer mit Internetanschluss, so dass sie die E-Mails ungestört von Eltern und Geschwistern versenden wie auch empfangen können.

Gerade für Hilfesuchende mit schambesetzten und tabuisierten Themen wie beispielsweise Suizidgedanken oder -absichten ist die E-Mail-Beratung eine niedrigschwellige »Gesprächsmöglichkeit«. Vielen dieser Hilfesuchenden erscheint es nicht im Rahmen ihrer Möglichkeiten, sich mit der eigenen Stimme an eine telefonische Krisenberatung zu wenden.

Vorteile des Settings für die jugendlichen Berater

Die Jugendlichen der E-Mail-Gruppe haben durch die zeitliche Versetzung zwischen Frage und Antwort die Möglichkeit, sich intensiver mit dem jeweiligen Thema auseinander zu setzen, als es am Telefon möglich ist. Gemeinsam werden mögliche Antworten diskutiert und artikuliert. Der Einzelne bringt sein beraterisches Talent ein und kann sich mit der Gruppe und den hauptamtlichen Beratern abstimmen und erhält so Anregungen und Bestätigung. In der Gruppendiskussion liegt auch die Möglichkeit sozialer Kompetenzerweiterung. Es stellt sich ein intensiver Kontakt untereinander wie auch zu den Begleitern der Gruppe ein, was die Möglichkeit der Aussprache persönlicher Probleme und Konflikte erleichtern kann.

Positiv wird von den Jugendlichen erlebt, dass die Anfragen über dieses Medium ernsthafter Natur sind, Scherz-Mails kommen kaum vor.

Weiter wird die Medienkompetenz der beratenden Jugendlichen gestärkt. Sie werden für das Medium Internet sensibilisiert, indem sie die Möglichkeiten, aber auch die Grenzen persönlicher Kontakte durch das Internet erfahren. Entfällt bei der Beratung am Telefon bereits die Reaktionsmöglichkeit auf Gestik und Mimik der Anrufenden, so muss in der Beratung im Internet zusätzlich noch auf Hinweise durch Stimmlage und Ähnliches verzichtet werden. So ist die Beratung per Internet für die Berater eine besondere Herausforderung, die sie nach den bisherigen Erfahrungen jedoch gern auf sich nehmen.

Bewertung

Die gemeinsame E-Mail-Beratung von ehrenamtlichen Jugendlichen und erwachsenen hauptamtlichen Beratern/ Ausbildern ist für alle Beteiligten ein Gewinn: Schriftbasierte Kommunikation ist bei den Jugendlichen auf Seiten der Hilfe Suchenden wie auch auf Seiten der Beratenden »in« und wird gern genutzt.

Beratende Jugendliche lernen ebenso wie die Ratsuchenden in diesem Beratungsprozess, ihre Gefühle, ihre inneren Widersprüche und ihr Befinden in Worte zu kleiden. Dies fördert den Prozess des Erkennens und Verstehens eigener problemhafter Verhaltensweisen und erzeugt unter Umständen das erleichternde Gefühl, dass ein Problem beschreibbar und damit auch verstehbar werden kann. In der gemeinsamen Beantwortung der E-Mails lernen Jugendliche und Hauptamtliche miteinander und voneinander – das eröffnet Möglichkeiten gegenseitigen Verständnisses und gegenseitigen Vertrauens ebenso wie Einsichten in die Lebenswelten anderer, was letztlich nicht nur den Beratenden zugute kommt. Insbesondere können die Erwachsenen von den Hilfe Suchenden und beratenden Jugendlichen lernen, wie man schnell »zur Sache« kommen und auch im Internet mit Hilfe von Emoticons – bestimmte Kombinationen von Tastaturzeichen, beispielsweise :-) – Gefühle ausdrücken kann. In der webspezifischen Chat- und Mail-Sprache sind die Jugendlichen wesentlich geübter als Erwachsene.

JugendTelefon und *JugendTelefon-Online* erfüllen somit nicht nur den eigenen Anspruch, niedrigschwelliger Ansprechpartner für Jugendliche und somit auch suizidpräventiv zu sein, sondern werden damit auch dem Anliegen des Kinder- und Jugendberichts der Sachverständigenkommission der Bundesregierung vom Januar 2002 gerecht, in dem es heißt: »Die Entwicklungen im technisch-medialen Bereich verändern das Leben der Kinder und Jugendlichen tiefgreifend. Auch hier gilt, dass Kinder und Jugendliche über bemerkenswerte Ressourcen verfügen, sich in der medialen Welt zu orientieren und mit ihr umzugehen. Gleichwohl benötigen sie die Unterstützung der Institutionen von Bildung und Erziehung, und zwar nicht nur im Sinne der technischen Anleitung, sondern vor allem um die komplexen Medienwelten zu durchschauen und zu verstehen« (11. Kinder- und Jugendbericht der Sachverständigenkommission der Bundesregierung 2002, S. 10).

Literatur

11. Kinder- und Jugendbericht der Sachverständigenkommission der Bundesregierung vom Januar 2002.
Döring, G.; Grégorie, S.; Joos-Körtje, A.; Meurer, S.; Sobania, N. (2001): Zwischen Selbstzerstörung und Lebensfreude. Hinweise für die Suizidprävention bei jungen Menschen. Herausgegeben vom Verein für Suizidprävention e. V., Hildesheim in Kooperation mit der Deutschen Gesellschaft für Suizidprävention (DGS) e. V.
Fischer, A.; Münchmeier, R. (1997): Die gesellschaftliche Krise hat die Jugend erreicht. Zusammenfassung der zentralen Ergebnisse der 12. Shell Jugendstudie. In: Jugendwerk der Deutschen Shell (Hg.), Jugend '97. Opladen.
Jugendwerk der Deutschen Shell (Hg.) (1997): Jugend '97. Opladen.
Oerter, R.; Dreher, E. (1995): Jugendalter. In: Oerter, R.; Montada, L. (Hg.), Entwicklungspsychologie. Ein Lehrbuch. 3. Auflage. Weinheim.
Schmidtke, A.; Weinacker, B.; Fricke, S. (1996): Epidemiologie von Suizid und Suizidversuch. Nervenheilkunde 15: 496-506.

Schmidtke, A.; Weinacker, B.; Fricke, S. (1998): Epidemiologie von Suiziden und Suizidversuchen in Deutschland. Suizidprophylaxe, Sonderheft: 37-49.
Schmidtke, A.; Weinacker, B.; Löhr, C. (2000): Epidemiologie der Suizidalität im 20. Jahrhundert. In: Wolfersdorf, M.; Franke, C. (Hg.), Suizidforschung und Prävention am Ende des 20. Jahrhunderts. Regensburg.
Uhrmann, P. (2000): Seelsorgerische Beratung am Beispiel der hauptamtlichen Telefonseelsorge Krefeld und des ehrenamtlichen Projektes JugendTelefon. Praktikumsbericht – Berufsanerkennungsjahr SP. Fachhochschule Mönchengladbach.
Weiss, J. (1998): Subjektive Problembelastung und Hilfewahrnehmung im Jugendalter. Eine empirische Studie. Diplomarbeit im Fach Psychologie, Universität Trier.

Hans Wedler

Helfen die neuen Medien in der Suizidprävention?

Ein kritischer Rückblick

Wer die vorstehenden Artikel in diesem Band gelesen hat, wer die vielen differierenden Sichtweisen, Erfahrungen und Prognosen von Autoren unterschiedlichster Herkunft und Professionalität auf sich hat wirken lassen, wird sich einer gewissen Faszination kaum entziehen können. Im Bereich der Suizidprävention, die nun schon seit mehreren Jahrzehnten innerhalb der großen Familie der psychosozialen Therapien ein eher bescheidenes Schattendasein geführt hat, ist plötzlich eine Aufbruchstimmung spürbar, ein Enthusiasmus, der bisher unübersteigbare Barrieren zu sprengen und der Hilfe für suizidgefährdete Menschen ganz neue Ufer zu erschließen scheint, der plötzlich zu realisieren verspricht, was viele Aktivisten der Krisenintervention bis vor kurzem nicht einmal zu träumen wagten.

Wenn die Herausgeber dieses Bandes aber ausgerechnet einen mit den technischen Gegebenheiten der neuen Medien wenig vertrauten, wenngleich im Metier nicht Unerfahrenen (der – wie es so schön heißt – allein deshalb ein Handicap hat, da er nicht einmal ein Handy hat) um einen kritischen Kommentar über die Auswirkungen der neuen Medien auf die Suizidprävention gebeten haben, mögen gewisse Zweifel an dem tatsächlichen Nutzen dabei maßgebend gewesen sein. Vor allem mögen Fragen auftauchen wie die nach der Zukunft, was sich von den neuen Techniken noch in zehn Jahren bewährt haben und was durch noch neuere Medien wieder verdrängt sein wird. (Wie sich bereits die Verdrängung der Chatrooms im Internet durch die Videokonferenz abzeichnet.)

Zum Nutzen der neuen Medien für die Suizidprävention

Die Frage nach dem Nutzen der neuen Medien für die Suizidprävention scheint nach den vorstehenden Artikeln so überflüssig, wie die Sinnfrage für die elektronischen Medien selbst: Sie funktionieren, also sind sie! Allein die Attraktivität des Mediums für eine ständig wachsende Bevölkerungsgruppe macht es für denjenigen interessant, der – wie der Krisenhelfer – viele gefährdete Menschen zu erreichen sucht. Besonders hervorgehoben seien nochmals die Chancen, die sich durch die neuen Medien für die Suizidprävention ergeben (s. a. den Beitrag von Fiedler in diesem Band):

- Es werden bisher und auf anderem Weg nicht erreichbare Suizidgefährdete angesprochen.
- Hilfsangebote über die neuen Medien sind sehr viel niederschwelliger als alles bisher Bestehende.
- Das Hilfsangebot ist (besonders in Notfällen) sehr viel schneller als jede andere Form der Suizidprävention.
- Suizidprävention über die neuen Medien aktiviert Selbsthilfe und führt damit potentiell bereits zur Entlastung des Gefährdeten.
- Informationen über die Möglichkeiten der Suizidprävention und therapeutische Angebote können in fachlich korrekter Form unvergleichlich weit verbreitet werden.
- Konkrete Hilfsangebote können in sehr viel größerer Zahl und in größerer Genauigkeit vermittelt werden als auf konventionellem Weg.
- Endlich kann Suizidprävention Öffentlichkeitsarbeit im großen Stil leisten.

Besonders hervorzuheben ist, dass vor allem Jugendliche, eine wichtige Zielgruppe der Suizidprävention, für Informationen und Angebote über die neuen Medien sehr viel offener und annahmebereiter sind, als bei unmittelbarer Konfrontation mit einem professionellen Helfer. Für im fremdsprachigen Ausland lebende Deutsche mag das Internet die einzige realistische Chance sein, im Fall einer akuten Krise ein professionelles Hilfsangebot zu erhalten (s. den Beitrag von Lindauer in diesem Band).

Tatsächlich scheinen die neuen Medien eine Art »Brücke zum Leben« (s. den Beitrag von Eisenbach-Heck u. Weber in diesem Band) in suizidalen Gefährdungssituationen zu sein.

Gefahren

Den überwältigenden Chancen stehen auch Nachteile und Gefahren gegenüber. So verstärken generell die neuen Medien, die die direkte Beschäftigung nicht mit einem Menschen, sondern mit einem Apparat implizieren, die Neigung zum Rückzug, zur Kommunikationsverweigerung, eventuell auch zur unkontrollierten Selbsttherapie.

Im Einzelnen sind folgende Gefahren hervorzuheben (s. a. den Beitrag von Fiedler in diesem Band):

– Besonders beunruhigend sind die im Internet bereits praktizierten Verfahren der Anleitung zum Suizid, der Beratung zur Beschaffung von Suizidmitteln, der Verabredung zum gemeinsamen Suizid.
– Die »einsame« Beschäftigung mit dem Thema Suizid kann zur Destabilisierung und zur Angstverstärkung führen.
– Die ohnehin oft vorhandene Ablehnung professioneller Hilfe kann verstärkt werden.
– Unsachliche und ideologisch gefärbte Informationen wirken desinformierend.
– Eine Qualitätssicherung der Angebote ist schwer realisierbar.
– Gefahr des unkontrollierten Missbrauchs.

Die mit den neuen Medien verbundene Ambivalenz der Möglichkeiten und emotionalen Reaktionen hat Lindner in seinem Beitrag besonders hervorgehoben:

– Das Gefühl der Allwissenheit, der Omnipotenz und der Zeitlosigkeit steht dem subjektiven Empfinden gegenüber, völlig bedeutungslos und unsichtbar zu sein.
– Dem Gefühl, in einer großen Gemeinschaft (der Internetnutzer), in einem großen Ganzen aufgehoben und geborgen zu sein, steht die vernichtende Angst gegenüber, sich in der Menge aufzulösen und ununterscheidbar zu werden.

– Die Kommunikation im Internet erzeugt einerseits das Gefühl der Unmittelbarkeit, der Authentizität und Intimität, verhindert andererseits nicht das Gefühl der Ablehnung und Verletzung, sobald die Realität der neuen Medien in Form ihrer Unpersönlichkeit spürbar wird.

Formen der Suizidprävention

Obgleich die neuen Medien auf dem Gebiet der primären Suizidprävention besonders viel versprechend erscheinen, beschäftigen sich die bisherigen Angebote damit nur in sehr geringem Maß. Auch für die tertiäre Suizidprävention halten die neuen Medien bisher kaum Angebote bereit. Im Wesentlichen werden Menschen angesprochen, die potentiell suizidgefährdet sind und nach Hilfsmöglichkeiten suchen (sekundäre Prävention).

Einige kritische Themen

Kapazitätsgrenzen

Die meisten der bisher über die neuen Medien vermittelten Hilfs- und Beratungsangebote sind ohne kontinuierliche Expertenpräsenz gar nicht oder nur äußerst lückenhaft und unbefriedigend realisierbar und effektiv. Nach der Einführung gezielter Angebote über Internet, E-Mail oder drahtlose Telefone (SMS-Beratung) stellte sich oftmals die zeitliche Überbeanspruchung der Initiatoren und ihrer Mithelfer heraus. Einige Angebote mussten daraufhin bereits wieder eingestellt werden.

Momentan scheint es so, dass mangels hinreichender Ressourcen viele der über die neuen Medien vermittelten Angebote auf den idealistischen, selbstlosen Einsatz enthusiasmierter Medien-Freaks angewiesen sind. Dass sich hierauf langfristig kein verlässliches Hilfsangebot aufbauen lässt, liegt auf der Hand.

Werbung

Die Angebote der Suizidprävention in den neuen Medien unterscheiden sich in ihrem äußeren Erscheinungsbild in keiner Weise von der bunten Welt der Werbung und Animation, wie sie uns täglich in allen Medien begegnet. Das ist auch zumindest teilweise so gewollt, um die gewohnten gebahnten Kanäle zu einem breiten Publikum zu nutzen. Dieses bunte Outfit der heutigen Welt der Spaßgesellschaft hat jedoch eine oftmals dezent verbrämte Kehrseite, die spätestens dann zu unerwünschten, paradoxen Effekten führen kann, wenn das gut gemeinte Hilfsangebot von der Marktstrategie kommerzieller Produktanbieter ununterscheidbar wird. Eine der Gefahren der großen Verbreitung der neuen Medien, die für die Suizidprävention zugleich eine so große Chance ist, liegt in der Tatsache, dass dieser Vorteil auch von der kommerziellen Werbung mit allen ihr zur Verfügung stehenden Mitteln genutzt werden wird.

»Fastfood«

Es ist auffallend, dass die Faszination, die von den neuen Medien ausgeht, im Handumdrehen einige bisher ehrene Regeln der Präsentation wissenschaftlicher Inhalte außer Kraft zu setzen scheint. So scheint es keine Rolle mehr zu spielen, wenn die meisten mittels PC und Beamer präsentierten Texte nicht einmal in der zweiten Reihe des Auditoriums gelesen werden können und wenn in manchen Präsentationen beinahe jede Zeile mindestens einen orthographischen oder Satzzeichenfehler enthält. Wenn von der SMS-Beratung als dem »Fastfood im seelischen Bereich« (s. den Beitrag von Aebischer-Crettol in diesem Band) die Rede war, so scheint – analog zum Niedergang der Esskultur in einigen der »modernen« Gesellschaften – eine rasante Qualitätsminderung im Bereich der Sprache und der Schrift in den neuen Medien kaum noch aufzufallen.

Suggestive Effekte der Technik

Wie sehr die Möglichkeiten der Technik gerade am Beispiel der neuen Medien nahezu alle Beteiligten in ihren Bann ziehen und faszinieren, wird besonders deutlich, wenn die Technik Probleme bereitet oder einmal versagt. Während bei konventionellen Vorträgen kein Referent seinem Publikum zumuten würde, auch nur ein paar Sekunden warten zu müssen, bis die technische Veranschaulichung der Vortragsinhalte funktioniert, wird auch von einem großen Auditorium quasi selbstverständlich und mit großer Geduld hingenommen, wenn die technischen Vorbereitungen zu Beginn eines Vortrags unter Zuhilfenahme der neuen Medien oftmals mehrere Minuten in Anspruch nehmen. Am spannendsten wird es stets, wenn die Technik trotz aller Bemühungen nicht funktionieren will: Das Auditorium verfolgt dann mit gebannten Blicken und guten Ratschlägen die technischen Bemühungen vorn am Rednerpult und unterwirft sich scheinbar bedingungslos der inneren Zeituhr der Computer. Während das Auditorium – sobald die Technik wieder funktioniert – unmittelbar mit Haut und Haar in die virtuelle Welt, die uns die neuen Medien vermitteln, eintaucht, ist in diesen kurzen Zwischenräumen (noch) nicht funktionierender Technik realistisches Leben und damit etwas unmittelbare Menschlichkeit spürbar.

Spaltung im Selbstverständnis der Suizidprävention

Seit den Anfängen professioneller Suizidprävention und der wissenschaftlichen Beschäftigung auf diesem Gebiet gab es immer wieder unterschiedliche, zum Teil stark divergierende Anschauungen über das, was Suizidalität im Kern eigentlich ausmacht. Mitunter kam es dabei zu Polarisierungen, charakterisiert durch die bekannten Schlagworte: einerseits »Suizidalität als Endpunkt einer krankhaften Entwicklung« (Ringel), andererseits »Suizid als Privileg des Humanum« (Améry).

Glücklicherweise schien in diesem – besonders in den siebziger Jahren heftig ausgefochtenen – Streit ein von allen akzeptierter Kompromiss gefunden zu sein dahin gehend, dass Suizidalität zwar Folge und Ausdruck einer behandlungsfähigen Krankheit sein kann, für sich genommen jedoch keine Krankheit, sondern eine menschliche Möglichkeit darstellt, die so alt wie die Menschheitsgeschichte ist. Auf dieser Basis wurde es möglich, Suizidgefährdete in ihrem Verhalten zu respektieren und nicht zu diffamieren, ihnen zugleich aber glaubhaft und ohne Eingriff in ihre Persönlichkeitsrechte Hilfe anzubieten.

Dieser Konsens scheint plötzlich durch die Hintertür der neuen Medien zumindest wieder in Frage gestellt. Unreflektiert erheben sich Forderungen nach Suizidprävention und Suizidverhinderung »um jeden Preis« einschließlich der Nutzung aller technischen Möglichkeiten bis hin zu Telefonfangschaltungen und Aktivierung polizeilicher Maßnahmen. Bei der Diskussion der juristischen Rahmenbedingungen erging sogar die fachliche Aufforderung an die potentiellen Helfer: »Sie müssen alles tun, damit Sie aus der Verantwortung herauskommen.«

Eine solche Haltung ist mit dem traditionellen Selbstverständnis in der Suizidprävention nicht vereinbar. Suizidprävention heißt immer auch, Verantwortung zu übernehmen, das in der suizidalen Krise enthaltene Leiden, aber auch die in ihr brodelnde Aggressivität auszuhalten und den in die Krise geratenen Menschen freundschaftlich zu begleiten. So wie eine Telefonseelsorge, die sich der Möglichkeiten von Telefonfangschaltungen bedient, sich selbst jeden Vertrauenskredit nimmt, wird eine Suizidprävention, die ihre Aufgabe vorrangig darin sieht, jeden Suizid um jeden Preis zu verhindern, innerhalb kurzer Zeit ins Leere laufen, da sie ihre gewünschte Klientel nicht mehr erreicht.

Das Selbstverständnis der Suizidprävention wird auch auf einer anderen Ebene in Frage gestellt, wenn nämlich trotz der Anonymität und der überbrückten Distanz »seelische Nähe und Wärme« in einem Angebot vermittelt wird, das von einem in Not befindlichen Menschen als persönliches Angebot missverstanden werden und damit falsche, enttäuschungsträchtige Hoffnungen erwecken kann. Die Anonymität ist eine der großen Verlockungen unserer Zeit. Sie erlaubt uns, virtuelle Räume, Zeiten, Kommunikationen als real misszuverstehen (extremes Beispiel: Cybersex), und trägt Erhebliches dazu bei, sowohl die Wirklichkeit wie die Endlichkeit des Lebens zu verdrängen und zu verleugnen.

Was wirkt wirklich wie?

Mitunter hat es den Anschein, dass durch die Nutzung der neuen Medien mit ihren ungeheuer schnell wachsenden technischen Möglichkeiten und der großen Zahl der Menschen unterschiedlicher Professionen, die sich ihrer bedienen, die Übersicht verloren geht, wer eigentlich wem hilft, welche Hilfe was bewirkt und welches der wirkliche Nutzen der unterschiedlichen Angebote ist. Unter der Faszination, aber auch dem Diktat des Internets könnte man versucht sein zu prognostizieren, dass in absehbarer Zeit die eine Hälfte der Internetbenutzer berät, während die andere Hälfte sich beraten lässt – mit durchaus wechselnden Positionen.

Tatsächlich ist bis jetzt nirgendwo wissenschaftlich belegt, welche Form der Beratung, welches Angebot, welche »virtuelle Intervention« über die neuen Medien welchen Effekt hat. Diese Tatsache sollte man vorerst nicht aus dem Auge verlieren.

Anmerkung: Innerhalb der Tagung der Deutschen Gesellschaft für Suizidprävention, die sich mit den Möglichkeiten der neuen Medien befasste, zeigte sich immerhin das erstaunliche Phänomen, dass manche der anwesenden Fachleute plötzlich den Mut fanden, in aller Öffentlichkeit über die Inhalte der von ihnen praktizierten Kriseninterventionen zu sprechen und die oftmals auf vergleichbaren Tagungen benutzte Tarnung dieser »wahren Inhalte« hinter wohlklingenden Formulierungen, wissenschaftlichen Datenbergen und Schönfärberei (aus Angst vor der kritisch zuhörenden Kollegenschaft) aufzugeben.

Als Resümee: Drei offene Fragen

Trotz der großen Möglichkeiten, die die neuen Medien der Suizidprävention eröffnen, trotz der Faszination, die von diesen Möglichkeiten ausgeht und der sich kaum jemand entziehen kann, der auf diesem Feld bisher tätig ist, bleiben am Ende drei gewichtige Fragen nur zum Teil beantwortbar:

Kann eine psychotherapeutische Intervention (also auch die Krisenintervention bei Suizidgefährdeten) erfolgreich durchgeführt werden, wenn sie nicht im unmittelbaren Kontakt zwischen zwei Menschen, sondern im virtuellen Raum stattfindet?

Die Antworten auf diese Frage halten sich zur Zeit noch die Waage. Etzersdorfer hat in seinem Beitrag überzeugend auf die große Bedeutung des Settings für jeden psychotherapeutischen Prozess hingewiesen. Man könnte schließen: Wenn es gelingt, über die neuen Medien ein ähnlich klar strukturiertes Setting aufzubauen, wie es in konventionellen Psychotherapien üblich ist, könnten die neuen Medien nicht nur als (besserer) Weg zur Therapiebahnung, sondern selbst als therapeutisches Mittel genutzt werden.

Ist das Internet gefährlich?
Fiedler hatte in seinem Beitrag die Frage gestellt, ob das Internet die Gefahr enthält, wie ein Hammer zu zerschlagen, was eigentlich großes Feingefühl erfordert, oder ob es in der Lage ist, wie eine Lupe vorhandene, verborgene Problemsituationen deutlich und »lesbar« zu machen. Fiedler war zu dem Ergebnis gelangt, dass das Internet ein »kleiner Hammer« und zugleich eine »große Lupe« sei.

Mit dem gegenwärtigen Wissensstand scheint mir diese Frage noch nicht schlüssig beantwortbar zu sein. Aber es lässt sich sagen, dass das Internet für die Suizidprävention eine Chance ist: in bestimmten Situationen und für bestimmte Menschengruppen. Diese Chance ist zeitgemäß und wird daher akzeptiert und genutzt.

Ermöglichen es die neuen Medien, die noch immer bestehende Tabuisierung des Suizids aufzuheben und für Suizidprävention zu werben?
Es ist ein lang gehegter Traum wohl aller in der Suizidprävention Tätigen, möglichst viele Menschengruppen mit den Möglichkeiten der Suizidprävention vertraut zu machen, sie als Mitstreiter zu gewinnen und damit den Suizid aus dem ihn umgebenden Dunkel herauszureißen und ihm so seinen Stachel zu nehmen.

Es scheint mir fraglich, ob dieser verständliche Wunsch je –

auf welchem Weg auch immer – erfüllt werden kann. Als menschliche Möglichkeit ist Suizidalität zutiefst, wenn auch oft unbewusst, mit dem individuellen Dasein verbunden. Auch wenn sie vergleichsweise selten genutzt wird, ist die Existenz einer »Hinterpforte« sehr vielen, wenn nicht allen Menschen ein bleibender Trost und eine Ermutigung, sich auf die Risiken des Lebens einzulassen. Die Menschen verdrängen den Suizid aus ihrem Bewusstsein und sie tabuisieren ihn im gesellschaftlichen Disput – seine Existenz aber möchten sie nicht missen.

Mit der Tabuisierung des Suizids mag es sich ähnlich verhalten wie mit einem anderen Tabu, das auch in den Kreisen der Helfer (der Ärzte, der Psychologen, der Sozialarbeiter und vielen anderen) unbewusst, aber mit großer Zähigkeit aufrechterhalten wird: das Tabu um die Endlichkeit des Lebens. Menschen in helfenden Berufen sehen es als ihre zentrale Aufgabe, Leben zu bewahren, zu ermöglichen, zu erleichtern. Sie sind stolz, wenn sie ein Leben gerettet haben. Aber sie tabuisieren die Tatsache, dass es stets eine Rettung »auf Zeit« ist, etwas Vorübergehendes, lediglich die Verlängerung eines Lebens. Und sie vermeiden aus guten Gründen die Frage, welchen Preis der Gerettete in dieser Verlängerung seines Lebens zu zahlen hat.

Die Autorinnen und Autoren

Monique Aebischer-Crettol, Dr. theol., ist als SMS-Seelsorgerin in Bern tätig.

Edgar van Eckert, Dipl.-Komm., ist bei www.das-beratungsnetz.de tätig.
E.vaneckert@zone35.de

Cordula Eisenbach-Heck ist tätig in der Fach- und Koordinierungsstelle der Telefonseelsorge im Internet.
koordination@telefonseelsorge.de

Elmar Etzersdorfer, Univ.-Doz. Dr. med., Psychiater, Psychoanalytiker, ist Chefarzt des Furtbachkrankenhauses, Klinik für Psychiatrie und Psychotherapie, in Stuttgart.
etzersdorfer@fbkh.org

Reinhold Fartacek, Dr. med., Psychiater, Psychotherapeut, ist Leiter des Sonderauftrags für Krisenintervention an der Landesklinik für Psychiatrie Salzburg, Christian-Doppler-Klinik (Vorst. Prim.-Univ.-Prof. Dr. Chr. Stuppäck).
R.Fartacek@lks.at

Werner Felber, Prof. Dr. med., Psychiater, ist an der Klinik für Psychiatrie und Psychotherapie, Universitätsklinikum Dresden, tätig.

Georg Fiedler, Dipl.-Psych., ist Wissenschaftlicher Mitarbeiter des Therapiezentrums für Suizidgefährdete in Hamburg-Eppendorf.
tzs@uke.uni-hamburg.de

Christiane Fux ist Community Managerin bei beim Internet-Portal NetDoktor.de.
www.netdoktor.de

Jürgen Kratzenstein ist Pfarrer in Dortmund.
Jkratzenstein@t-online.de

Anja Kruse, Dipl.-Psych., ist Psychologin in der Psychiatrischen Klinik der Universität Würzburg.

Ursula Lindauer, Dipl.-Psych., ist Psychotherapeutin in Berlin.
lindauer@screentherapy.de

Reinhard Lindner, Dr. med., Nervenarzt, Arzt für Psychotherapeutische Medizin, Psychoanalytiker, ist Psychotherapeut am Therapiezentrum für Suizidgefährdete in Hamburg-Eppendorf.
tzs@uke.uni-hamburg.de

m., Forenmaster des Suizidforums für Erwachsene.
m-punkt@everymail.net (homepage: www.die-toteninsel.de.vu/)

Anton Nindl, Dr. phil., Klinischer und Gesundheitspsychologe, Psychotherapeut, Suizidprävention Salzburg.
anton.nindl@existenzanalyse.org

Sylvia Schaller, Dr. phil. Dipl.-Psych., ist an der Universität Mannheim, Otto-Selz-Institut tätig.
Schaller@tpe.uni-mannheim.de

Armin Schmidtke, Prof. Dr. phil., ist Leiter der Abteilung Klinische Psychologie an der Psychiatrischen Klinik der Universität Würzburg.
clips-psychiatry@mail.uni-wuerzburg.de

Gerald Schömbs ist Vorsitzender des Vereins »Freunde für Leben e. V.«
gerald@schoembs.com

Jürgen Schramm, Dipl.-Psych., Psychologischer Psychotherapeut, ist Leiter der Telefonseelsorge Krefeld-Mönchengladbach-Rheydt-Viersen.
Jschramm@telefonseelsorge.de

Stefanie Schramm, Dipl.-Psych., ehemalige Jugendliche des Jugend Telefon, ist am Institut für experimentelle Psychologie der Universität Düsseldorf tätig.
stefanie.schramm@uni-duesseldorf.de

Traugott Weber, Pfarrer, ist Bundesgeschäftsführer der Telefon-Seelsorge in Deutschland.
t.weber@diakonie.de

Hans Wedler, Prof. Dr. med., Internist, Psychotherapeut, ist Chefarzt der Klinik für Innere Medizin II, Bürgerhospital, Stuttgart.

Joachim Wenzel, Dipl.-Päd., Systemischer Therapeut, ist bei der Telefonseelsorge Mainz-Wiesbaden tätig.
wenzel@etc-consulting.de

Michael Witte, Dipl.-Soz. Dipl.-Sozialpäd., Kinder- und Jugendlichenpsychotherapeut, ist Geschäftsführer von »Neuhland – Hilfen für suizidgefährdete Kinder und Jugendliche e.V.«.
michael.witte@neuhland.net

Hamburger Beiträge zur Psychotherapie der Suizidalität

Band 1: Georg Fiedler / Reinhard Lindner (Hg.)
So hab ich doch was in mir, das Gefahr bringt
Perspektiven suizidalen Erlebens
1999. 190 Seiten mit 4 Abb., kart.
ISBN 3-525-45837-1

Der Band enthält ein breites Spektrum zum Thema Suizidalität mit dem gemeinsamen Nenner der Verständnissuche und Hilfe durch Psychotherapie.

Band 2: Paul Götze / Monika Richter (Hg.)
Aber mein Inneres überlaßt mir selbst
Verstehen von suizidalem Erleben und Verhalten
2000. 172 Seiten, kart.
ISBN 3-525-45900-9

Das Verstehen suizidalen Erlebens und Verhaltens erfordert eine Auseinandersetzung mit der ganzen Bandbreite der Suizidalität. In diesem Band werden bisher eher vernachlässigte Themen der Therapie und Forschung ins Zentrum gestellt.

Band 3: Benigna Gerisch / Ilan Gans (Hg.)
Ich kehre in mich selbst zurück und finde eine Welt
Autodestruktivität und chronische Suizidalität
2001. 148 Seiten, kart.
ISBN 3-525-45901-7

In der Persönlichkeitsentwicklung und -struktur schwer traumatisierter Patienten spielen neben der Suizidalität häufig auch andere autodestruktive Verhaltensweisen eine zentrale Rolle. Die Beiträge zeigen die Übereinstimmungen und Differenzen in der Psychodynamik von Suizidalität und selbstschädigendem Körperagieren auf.

Band 4: Benigna Gerisch / Ilan Gans (Hg.)
So liegt die Zukunft in Finsternis
Suizidalität in der psychoanalytischen Behandlung
2003. 162 Seiten, kart.
ISBN 3-525-45902-5

V&R
Vandenhoeck & Ruprecht

Autodestruktives Verhalten, Suizid – Aufgaben der Psychotherapie

Regula Freytag /
Thomas Giernalczyk (Hg.)
Geschlecht und Suizidalität
2001. 165 Seiten mit 20 Abbildungen und 2 Tabellen, kart.
ISBN 3-525-45888-6

Thomas Giernalczyk /
Regula Freytag (Hg.)
Qualitätsmanagement von Krisenintervention und Suizidprävention
1997. 257 Seiten mit 8 Abbildungen, 16 Tabellen und 2 Übersichten, kart.
ISBN 3-525-45814-2

Thomas Haenel
Suizid und Zweierbeziehung
2001. 156 Seiten mit 2 Tabellen, kart.
ISBN 3-525-45895-9

Erik Wenglein / Arno Hellwig /
Matthias Schoof (Hg.)
Selbstvernichtung
Psychodynamik und Psychotherapie bei autodestruktivem Verhalten
1996. 187 Seiten mit 9 Abbildungen und 27 Tabellen, kart.
ISBN 3-525-45786-3

Regula Freytag /
Michael Witte (Hg.)
Wohin in der Krise?
Orte der Suizidprävention
1997. 233 Seiten mit zahlreichen Abbildungen und Tabellen, kart.
ISBN 3-525-45795-2

Kurt und Gudrun Eberhard
Typologie und Therapie der depressiven Verstimmungen
1997. 143 Seiten, Paperback
ISBN 3-525-01436-8

Michael Klöpper /
Reinhard Lindner (Hg.)
Destruktivität
Wurzeln und Gesichter
2001. 136 Seiten mit 1 Abbildung, kart.
ISBN 3-525-46159-3

Jürgen Kind
Suizidal
Die Psychoökonomie einer Suche
3. Auflage 1998. 203 Seiten, kart.
ISBN 3-525-45749-9

V&R
Vandenhoeck & Ruprecht